雷龍Bhutan之吼

The Roar of the Thunder Dragon

不 丹 王 國 生 存 奮 鬥 史

2008 年加冕大典期間，第四任國王陛下將
渡鴉頭冠 (Raven Crown) 傳交給第五任國王。

敬獻天龍嘉波陛下

－ 不丹國王 吉美・格薩爾・南嘉・旺楚克 －

這些文字描繪出不丹所發生的關鍵性歷史發展——一個直到廿世紀初葉仍不斷遭受國內政爭威脅的國家，它的存續繫於強權鄰國，並不時遭逢滅絕危機。在這樣的背景下，很少有人能夠質疑不丹統治者所展現的堅決政治意願。畢竟，正是旺楚克王朝在上個世紀中確保國家主權，並使不丹免於受到內部紛擾與嚴重外來威脅的重要時刻。因為有這樣的領導者，不丹才能以主權與獨立之姿嶄露頭角，最終成為民主國家。無論國家的政治體制為何，顯而易見所有種族與背景的不丹人民內在信念就是，雖然採行憲政民主制度，但為求心理慰藉、面對國家危難，以及個人利益與福祉受到影響之時，總是求助於君主。人民將繼續仰賴國王，期待他滿足社會中弱勢族群的期待，並成為人民對抗所有形式欺凌、剝削、腐敗及壓迫的堅實後盾。

To His Majesty The Druk Gyalpo
Jigme Khesar Namgyel Wangchuck
King Of Bhutan

These writings demonstrate the critical historical developments that have taken place in Bhutan-a country constantly threatened till the early 20th century by internal squabbles, and its very survival dependent on, and endangered from time to time by powerful neighbors. It is in this context that few can dispute the determined political will displayed by Bhutan's rulers. Above all, it was the Wangchuck dynasty who ensured the country's sovereignty and was able to safeguard Bhutan from both internal conflicts and dire external threats for the last century. It is this leadership that has enabled Bhutan to emerge and prosper as a sovereign, independent, and finally, a democratic nation. Whatever the system of governance, it is evidently inherent in the belief of the Bhutanese people of all ethnicities and background that while adopting constitutional democracy they will always look to their Monarch "for comfort" and to confront dangers to the nation and those that affect their personal welfare and wellbeing. The people will continue to look up to the King to meet the expectations of the vulnerable sections of society and be their shield against all forms of bullying, exploitation, corruption and suppression.

旺楚克王朝 Wangchuck Dynasty

第一任國王
烏金・旺楚克
(King Ugyen Wangchuck)

第二任國王
吉美・旺楚克
(King Jigme Wangchuck)

第三任國王
吉美・多杰・旺楚克
(King Jigme Dorji Wangchuck)

第四任國王
吉美・辛格・旺楚克
(King Jigme Singye Wangchuck)

第五任國王
吉美·格薩爾·南嘉·旺楚克
(King Jigme Khesar Namgyel Wangchuck)

第五任不丹國王吉美・格薩爾・南嘉・旺楚克 (King Jigme Khesar Namgyel Wangchuck)
與王后杰尊・貝瑪・旺楚克 (Queen Jetsun Pema Wangchuck)

第七十任法王
杰・堪布 (Je Khenpo)

第四任國王
吉美・辛格・旺楚克
(King Jigme Singye Wangchuck)

第五任國王
吉美・格薩爾・南嘉・旺楚克
(King Jigme Khesar Namgyel Wangchuck)

←不丹第一任總理的父親
嘎卓聽列 (Gyaldroen Thinley)

↓首任民選總理吉美‧廷禮
(Jigme Y. Thinley) 與總理夫人
歐姆‧仁熙‧丹 (Aum Rinsy
Dem)。

第三任國王與印度吉里總統 (V.V.Giri)。左一為阿熙德謙‧旺姆‧旺楚克 (Ashi Dechen Wangmo Wangchuck)，右一為第四任國王。

第四任國王陛下與英迪拉‧甘地 (Indira Gandhi) 女士。

第四任國王陛下與拉杰夫‧甘地 (Rajiv Gandhi) 先生及索尼婭‧甘地 (Sonia Gandhi) 女士。

第四任國王陛下與印度總理曼莫罕‧辛格 (Manmohan Singh) 及總統阿卜杜爾‧卡拉姆 (Abdul Kalam) 博士，左一為王儲吉美‧格薩爾‧南嘉‧旺楚克。

↑ 第三任國王吉美‧多杰‧旺楚克 (King Jigme Dorji Wangchuck) 以及王后阿熙凱桑‧雀登‧旺楚克 (Queen Ashi Kesang Choden Wangchuck) 與特首普拉汗 (J.B. Pradhan) 合影。

↑ 蒂卡節慶 (Tika) 期間，第四任國王陛下與南部官員及孩童合照。陛下曾多年參與杜瑟拉節慶典 (Dussera)。

↑ 1962 年，加爾布雷斯 (Galbraith) 大使離開不丹瑪納斯 (Manas)，由不丹林業部官員鐸列 (S. Doley) 陪同。

↑ 1962 年，特首 J.B. 普拉汗 (右) 與美國駐印度大使約翰·甘迺迪·加爾布雷斯 (John Kenneth Galbraith) 於訪問不丹期間合照，攝於瑪納斯 (Manas)。

↑ 特首 J.B. 普拉汗和桑竺・江卡分區首
長囊楚 (T.T. Namchu) 陪同第三任國王
合攝於桑竺・江卡丹塔克 (Dantak) 營
地。

↑ 總理吉美・多杰 (Jigme Dorji) 和阿熙蒂斯
拉 (Ashi Tessla) 陪同印度總統拉達克里
希南 (S. Radhakrishnan，總統任期 1962-
1967)。

↑ 特首 J.B. 普拉汗與南不丹官員：

後排：檔帕 (B.K.Thapa)、杜克帕 (G.P. Dukpa)、 J.B. 普拉汗、蘇巴 (Subba)
中排：囊楚 (T.T.Namchu)、 尼帕瑞・固隆 (Nriparaj Gurung)、
　　　喀瑞・固隆 (Gajraj Gurung)、檔帕 (I.K. Thapa)、K.D. 普拉汗、
　　　仁謙・多杰 (Rinchen Dorji)
前排：岡澤仁 (Kam Tshering)、阿斯巴哈杜爾蘇巴 (Aas Bahadur Subba)、
　　　達紹 J.B. 普拉汗、達紹班覺 (S.Penjore)、戈林帕 (Golingpa)

↑ 雄嘎爾宗彭，達紹昆藏·旺地 (Kunzang Wangdi)　　↑ 貢連朗姆·多杰 (Lam Dorji)

↑ 1962 年，特首 J.B. 普拉汗 (左) 陪同美國駐印度大使約翰·甘迺迪·加爾布雷斯 (John Kenneth Galbraith) 及大使夫人，攝於瑪納斯 (Manas)。

1930 年代「紐里巴布」(Neoly Babu) J.B. 普拉汗
與「察普拉西」(chaprassis) 們攝於紐里辦公處。

↑ 作者於新德里向印度總統澤爾辛格 (Zail Singh) 遞交國書後合影 (1984)。

↑ 作者與總理多杰 (C.Dorji) 以及卡贊奇先生 (R.N.Khazanchi) 共同主持塔拉水力發電計開工動土儀式 (1997)。

↑ 作者與不丹基金會創辦人暨聯席主席法蘭克魏思奈 (Frank Wisner) 大使、不丹基金會秘書長布魯斯普廷 (Bruce Bunting) 攝於廷布 (2010)。

第四任國王吉美‧辛格‧旺楚克陛下、
皇太后阿熙多杰‧旺姆‧旺楚克 (Queen Ashi Dorji Wangmo Wangchuck) 陛下與作者合影。

作者兄弟瓊‧巴哈杜爾‧普拉汗 (Jung Bahadur Pradhan)
與國王陛下攝於 2011 年。

作者與帕羅本洛南嘉·旺楚克 (Namgyal Wangchuck) 親王殿下 (左) 合
影於 2008 年，廷布巴貝薩 (Babesa) 親王官邸。

↑ 公主阿熙索南‧德謙 (Ashi Sonam Dechan) 殿下生日聚會與作者合影。
左一為皇太后阿熙多杰‧旺姆‧旺楚克陛下 (2000 年)。

↑ 中間為家母帕琵特莉‧普拉汗 (Pabitri Pradhan)，右為姑母莎費特莉‧普拉汗 (Savitri Pradhan) 與作者合影。

↓作者女兒曲措 (Chitso)(右)
　與姪女德謙 (Dechan)。

↑作者次子吉德 (Jigdel)，與皇太后阿熙
　澤仁・雍登・旺楚克 (Queen Ashi Tshering
　Yangdon Wangchuck) 陛下攝於紐約 (2004)。

↓作者與內人歐姆・吉美・旺姆 (Aum Jigme
　Wangmo)，以及旺嘉 (Wangyal)、吉德
　(Jigdel) 兩子於紐約渡假 (2005)。

作者與不丹控股投資顧問公司 (DHI) 員工合影，
攝於廷布。

推薦序
創造幸福的歷史
地球禪者　洪啟嵩

　　2005 年，不丹國王及不丹人民獲得聯合國授予「地球衛士獎章」的殊榮，表彰他們在環境保護的卓越成就。不丹憲法明文規定，國土的森林覆蓋率不能低於 60%，2005 年達到了 74% 的成果，而且其中 26% 的區域被指定為保護區。2016 年 3 月，不丹以全國種下 108,000 棵樹的方式，來慶賀五世國王格薩爾陛下與皇后的小王子滿月，國際各大媒體競相報導這個幸福的喜訊。

　　對於不丹，我向來有著最深的歡喜與感激之情。一個菩薩所從事的一切行為，可以用「覺悟眾生，莊嚴佛土」這兩個核心精神來統攝，也就是幫助一切眾生圓滿成佛，清淨佛土。

　　不丹以獨特的「國家幸福力」，帶給世界良善思想的輸出，幫助人類的發展朝向一種內省、負責、永續的方向前進，這是幫助眾生朝向覺性的基礎。不丹將環境保護列入國家最重要的政策之一，力行實踐，成果令世人欽敬，這是清淨佛土的具體行動。不丹人口只有 70 萬，不僅達到「碳平衡」，更達到「碳負數」，也就是說，不丹所創造的清淨空氣遠遠超過自身的使用量，造福地球。為了不破壞地表，首都廷布的丘卡水力發電廠，挖了深達一百公尺的隧道，從開工到運轉花了 12 年的時間，而且以川流式發電 (ROR) 取代水壩，輸出喜馬拉雅山清淨的水源給世界。

　　不丹四世國王旺楚克陛下曾說：「不丹人對自然環境無比珍愛，並且認為這是我們生活中的泉源。這種尊敬大自然的傳統，讓我們在進入 21 世紀之後，仍然擁有一個沒有遭到破壞的環境。我們希望與持續與大

雷龍之吼

自然和諧相處，並將這份珍貴的禮物，傳給我們的下一代。」

1990 年代，我曾提出「三世的環保觀」的觀點，依佛法的觀點，生命是不滅的，存於過去、現在、未來，三世流通不盡。我們不僅要為子子孫孫留下一片樂土，也要為自己的未來生命留一條後路。不丹規定每個人一年要種十棵樹，三十年前，我也曾認真地計算，倡導一個人每月應該種一棵樹還給地球，以支付自身的使用。

1995 年，我著成《蓮花生大士全傳》之後，彷彿就與蓮師的聖境不丹結下不解的深緣。2016 年 2 月，我所造的「菩提伽耶覺性地球記」中英梵刻碑，於佛陀成道聖地印度菩提伽耶正覺大塔舉行揭碑典禮。不丹二位前總理：吉美・廷禮閣下與肯贊・多傑閣下共與盛會。禮成之後，特別到菩提伽耶不丹寺參觀。寺院的牆上繪製著佛陀本生故事壁畫，不丹特有藝術風格，鮮明而和諧的色彩，在活潑中有著寧靜。寺中的住持盛情接待。忽然一隻老虎徐徐行來，眾人驚訝地退開。只見它撲到住持身上，親暱地舔著，高興地搖著尾巴，這才發現原來它是一隻大狗，被寺裏的僧侶用畫筆彩繪成老虎，讓人不禁莞爾一笑，也感受到不丹人心靈的放鬆安適，在生活中隨手拈來的趣味。

不丹前總理肯贊・多傑閣下告訴我，在不丹現代化的過程中，也曾一度使國土中的森林覆蓋率降到百分之五十幾，但是在努力追趕下，2005 年達到 74%，到了 2017 年，甚至已快接近 80%。如果換算為國土面積，以每 3 平方公尺種 1 棵樹來計算，不丹為人類多種了近 30 億棵樹！不丹為世界輸出良善的思想、乾淨的空氣、清淨的水源，真可說是具體實踐「覺悟眾生、清淨佛土」的菩薩國度了！

而本書《雷龍之吼》，有別於一般人眼中不丹世外桃源、宛若天成的幸福之地，作者不丹前副總理翁姆・普拉罕，以洞悉的眼與流暢的筆娓娓道來，描述不丹王國為生存奮鬥鮮為人知的一面。事實上，不丹的幸福並不是天下掉下來的禮物，而是在內憂外患的歷史中，歷代領導人的努力下生存奮鬥，血淚交織，創造幸福的奮鬥史。

打開本書，映入眼簾的是不丹建國以來，歷經多次西藏和藏蒙聯軍

的入侵，及帝國主義意欲併吞的虎視眈眈。在作者博學而流暢的文筆下，宛若引領讀者穿越時空，時而為不丹國父夏尊機智妙計敗退西藏大軍而擊掌喝采，時而為帝國主義壓迫下簽署的不平等條約黯然神傷。直到 21 世紀初，不丹仍面對著南部武裝游擊隊盤據的威脅，在多年協談破局後，2003 年不丹四世國王吉美‧辛格‧旺楚克駕親征，凱旋而歸。然而，沒有勝利的大肆慶祝，取而代之的，是阿熙多杰‧旺姆‧旺楚克皇后在戰地建立 108 座佛塔，感謝上蒼福佑國王平安歸來，也祈求死傷的將士與怨敵亡靈得以安息。

對不丹身為小國所面對的現代處境，作者沒有屬詞批判，只是嘲諷地說道：「不丹以微量的發展中經濟隱身於喜瑪拉雅山麓，也只有與之毗鄰的國家會對它有興趣。強大鄰國看中的也只是他們自身的國防安全、政治或經濟考量，而非不丹本身的利益。」然而，不丹並沒有因為處境艱憂而放棄對幸福的嚮往。從不丹國父夏尊到歷任國王薪火相傳，於第四任國王吉美‧辛格‧旺楚克集其大成，提出「國家幸福力」(GNH) 做為治國方針，創下不丹高達 97% 幸福指數的驚人成果，受到世人矚目，也讓人間的未來出現幸福的曙光。

2010 年，這個世人眼中的蕞爾小國，在聯合國的殿堂，充滿自信地敦促世界各國，將「幸福」納為人間發展的九大目標之一。在聯合國千禧年發展目標高峰會中，除了聯合國既有的八大目標 (MDG)：消弭貧窮、饑餓與疾病等議題之後，不丹提出了大哉問：「當人類不再面臨基本的生存威脅之後，做為一個群體，我們下一步該怎麼走，才能朝向更進步的社會？」

不丹提出，將「幸福」納入成為聯合國發展的第九項目標。他們認為，以幸福做為千禧發展目標，將能促使人類展開負責任的行動，讓人們生起對幸福的嚮往之心，並願意朝向負責任的、永續發展的、共生共榮目標，而不再苟且於短視近利的、隨順人性貪婪本能之流沈浮。

國家幸福力 (GNH)，是不丹獻給世人的珍貴禮物。透過此書，作者引領我們更真實地看到不丹幸福的深厚底蘊，也更讓我確認，不丹是幸

福地球的實驗之地。2014 年起，我開始推動提名不丹四世國王吉美．辛格．旺楚克陛下，成為諾貝爾和平獎候選人，向不丹為地球的貢獻致敬。我也進一步提出「地球幸福力」(GEH, Gross Earth Happiness)，期待不丹的國家幸福力，為地球帶來永續的和平與幸福！

2013 年 1 月，在我的推動下，《幸福是什麼？不丹總理吉美．廷禮國家與個人幸福 26 講》全球首發版在台出版，串連幸福不丹、幸福台灣。2017 年五月出訪不丹，為 165 公尺世紀大佛畫上彩的前夕，更推動《雷龍之吼 —— 不丹王國生存奮鬥史》與《不丹的幸福密碼 11-11-11 —— 不丹人心目中的仁王，國家幸福力的創始者：四世國王吉美．辛格．旺楚克》全球華文首發版，完成了不丹最重要的「幸福三部曲」，做為推動幸福地球的重要經典。

《雷龍之吼》是第一本由不丹人著成，深入而完整描寫不丹的歷史、外交與政治的重量級著作。不丹的歷史，是歷代領導人自覺性的擘劃及鍥而不捨的長期奮鬥，所形塑內化的民族性，可以說是一部創造幸福的歷史。誠如作者所說，「不丹人民並不因對外緊閉門戶而天真，他們安頓於山居的幽暗深處，燦爛而遺世獨立。」

不丹與台灣面積相仿，有著相同的處境。2012 年漢字文化節，我在台北車站揮毫寫下 38 公尺的大龍字，落款題記寫下：「台灣地球心，光明開新紀」，祈願台灣成為地球的光明之心。儘管在網路衝擊的新世代，不丹和台灣、世界同樣面臨著前所未有的巨大衝擊和挑戰，我仍深心期待，不丹與台灣能成為幸福地球的實驗之地，成為地球智慧的雙眼，導引人間走向幸福光明的未來！

Foreword

Creating the History of Happiness

Earth Zen Person Hung Chi-Sung

In 2005, the King and people of Bhutan received the Champions of the Earth Award from the United Nations in recognition of their outstanding achievements in environmental protection. The Bhutanese Constitution clearly states that the forest coverage of the land cannot be less than 60 percent. In 2005, the forest coverage ratio reached 74 percent with 26 percent of which was designated as protected areas. In March 2016, major international media reported that 108,000 trees were planted in Bhutan in honor of the one month old baby prince, son of the fifth King, His Majesty Jigme Khesar Namgyel Wangchuck and Queen Jetsun Pema.

I have always had the deepest admiration and gratitude to Bhutan for its strong embracement of the two core moral actions of Bodhisattvas — "awaking all beings and embellishing Buddha-lands". That is, to help all beings become Buddha and to purify the world of Buddha.

Bhutan has been spreading ideas of goodness to the world with its unique concept of "Gross National Happiness," steering the development of mankind toward an introspective, responsible, and sustainable direction. This is the foundation to help mankind move toward mindfulness. Bhutan has incorporated environmental protection as one of its most important policies and has been implementing it with success. This is indeed the action of "embellishing Buddha-lands". With only seven hundred thousand in population, Bhutan is not only "carbon neutral", but is actually "carbon

雷龍之吼

negative". This means Bhutan creates far more clean air than its people consume. When the Chukha hydropower plant was built near Thimphu, the capital of Bhutan, a one-hundred meter deep tunnel was excavated in order to avoid the destruction of the land surface. Because of that, it took 12 years of construction for this run-off-river hydroelectric power plant to be commissioned. Without pondage, clean water is able to flow from the Himalayas to the human world.

"Throughout the centuries, the Bhutanese have treasured their natural environment and have looked upon it as the source of all life. This traditional reverence for nature has delivered us into the twentieth century with our environment still richly intact. We wish to continue living in harmony with nature and to pass on this rich heritage to our future generations." said the 4th King of Bhutan, His Majesty Jigme Singye Wangchuck.

In the 1990s, I put forward the view of "environmental protection of three times" based on Buddhism — that life is continuous in the past, present and the future. When we preserve the environment, it is not only for our children and grandchildren but also for our future lives. Bhutan demands that every citizen grow 10 trees a year. Thirty years ago, I also came up with a similar calculation and advocated that each person should plant a tree every month to make up for his or her own consumption.

When I published "The biography of Padmasambhava" in 1995, it seemed that I had made a wonderful connection with Bhutan — the Holy Land of Padmasambhava. In February 2016, I created the "Enlightening Earth in Bodhgaya" stone tablet engraved in Chinese, Siddham, and English. It was unveiled in the Holy Land Bodh Gaya where Buddha was enlightened. The two former Prime Ministers of Bhutan, His Excellency Jigme Y. Thinley and His Excellency Lyonpo Kinzang Dorji, attended the unveiling ceremony. After the ceremony, we were invited to the Royal Bhutan Monastery in Bodh

Gaya. The walls of the monastery were full of paintings of Jātaka tales — the stories of Buddha's past lives. These painting were in Bhutan's unique artistic style with distinctive and harmonious colors that made the paintings vivid and tranquil. The abbot of the monastery welcomed us with great hospitality. All of a sudden, a tiger showed up and slowly walked toward us. Everyone was stunned and stepped backward. The tiger jumped toward the abbot and licked him with its tail wagging happily. People laughed heartily when they realized that the animal was in fact a big dog painted as a tiger by the monks. This incident reflects the relaxed, comfortable, and humorous disposition of the Bhutanese people.

The former Prime Minister of Bhutan, Dr. Kinzang Dorji, told me that the forest coverage in the country once dropped to fifty percent during the process of modernization. With Bhutan's forest restoration efforts, the coverage ratio grew to 74% in 2005 and is now nearly 80%. Bhutan has planted about one tree per three square meters—nearly three billion trees! Bhutan is exporting virtuous thoughts, fresh air, and clean water to the world. It can be said that Bhutan is the country of Bodhisattvas for its actions of "awaking all beings and embellishing Buddha-lands".

Rather than taking the common perspective of describing Bhutan as a land of peace and happiness isolated from the turmoil of the rest of the world, the author of this book, former Vice Prime Minister Lyonpo Om Pradhan, revealed the insightful background of Bhutan's historical as well as current struggles, little known by most. In fact, Bhutan's happiness did not emerge through luck; it was hard-earned through blood and tears of several leaders in internal trouble and outside aggression.

The book starts with the history of wars since the founding of Bhutan including several invasions by Tibetan troops, joint Mongol-Tibetan attacks, and the greedy eyeing of imperialist countries. The author brings us through

雷龍之吼

time and space with his smooth and scholarly writing. We applaud when we read about Shabdrung Ngawang Namgyal, the founder of the Bhutanese state, who defeated the Tibetan army with smart tactics. We weep when we read about Bhutan's unequal treaties with the imperialists. Until the beginning of the 21st century, Bhutan was still facing the threat of armed militants in the south. After years of negotiations, the 4th King His Majesty Jigme Singye Wangchuck personally led the military operation and defeated the militants. However, there was no celebration of victory. Instead, 108 pagodas were establish at the battlefields by the order of the Queen, Her Majesty Ashi Dorji Wangmo Wangchuck, in gratitude for the safe return of the King, and to pray for the peaceful rest of the deceased Bhutanese and militant soldiers.

Regarding the situation that Bhutan is facing as a small country, the author did not criticize but sarcastically said: "Tucked away in the Himalayas with its tiny developing economy, it was of some interest only to its immediate neighbors, Big neighbors also saw the region more from the point of view of their own security, political or economic concerns rather than that of Bhutan's." However, Bhutan did not give up the longing for happiness in the face of their difficult situation. From the founding father Shabdrung through each King of Bhutan, this pursuit of happiness came to a peak when the fourth King His Majesty Jigme Singye Wangchuck put forward the "Gross National Happiness" (GNH) as a goal of the country. The world is amazed by Bhutan's 97% GNH index; this value shed lights on the future of humankind.

In 2010, this tiny country confidently urged the world to set "happiness" as one of the nine goals of human development after eight goals were raised on the issues of poverty, hunger and disease at the United Nations Millennium Development Goals Summit. Bhutan raised a great question, "As all our people rise above the threats of basic survival, what will our collective endeavor be as a progressive society?"

Bhutan proposed "happiness" as the ninth goal of the development of the United Nations. They believe that the use of happiness as a Millennium Development Goal will redirect mankind from the short-sighted nature of greed to a responsible, sustainable and prosperous future.

National Happiness (GNH) is Bhutan's precious gift to the world. Through this book, the authors show us the deep heritage of Bhutan's happiness, demonstrating that Bhutan is a promising field for the cultivation of happiness on Earth. In 2014, I began promoting the nomination of Bhutan's 4th King His Majesty Jigme Singye Wangchuck as a Nobel Peace Prize candidate to pay tribute to Bhutan's contribution to the planet. I have also been a proponent of Gross Earth Happiness (GEH) and look forward to Bhutan's GNH in bringing sustainable peace and happiness to the world!

In January 2013, under my push, the global first edition of the book "Happiness: A Shared Global Vision" was published in Taiwan as a symbol for a bridge of happiness between Bhutan and Taiwan. In 2017, before I visited Bhutan in May to add color to the 165-meter Great Buddha painting, I published the Chinese editions of two books — "The roar of the thunder dragon" and "11-11-11: a tribute to His Majesty the Fourth Druk Gyalpo Jigme Singye Wangchuck". These three books can be regarded as the "Happiness Trilogy" as they provide the most important guidance for pushing forward the happiness of the Earth.

"The Roar of the Thunder Dragon" is the first book written by a Bhutanese with in-depth and complete descriptions of Bhutan's diplomatic, political and historical events. The history of Bhutan is one of long-term, painstaking progression towards pursuing happiness. The perseverance and the mindful planning of the great leaders shaped the national character of Bhutan. As the author puts it, "They were not naive to think that by closing their doors to outsiders they could remain in 'splendid isolation' in the dark

雷龍之吼

recesses of their mountain homes."

Bhutan and Taiwan are similar in size and have similar situations. In the 2012 Chinese Character Festival, I wrote the huge Chinese character "Dragon" on a 38 x 27 meters cloth at Taipei Station. I wrote down my prayer as the title of this display which said, "As the heart of the Earth, may Taiwan open a bright new era for the world!" Although Bhutan and Taiwan are both facing unprecedented challenges in network generation, I am still looking forward to Bhutan and Taiwan becoming the proving grounds of happiness for the world, becoming Earth's eyes of wisdom, and leading the world towards a future full of happiness!

作者序

　　本書為一般讀者所撰寫，以便了解不丹，並認識該國取得主權與獨立的奮鬥過程，以及蛻變為現代化民主國家的重要經驗。書中採用一些用語及情境，有助於也許並不熟悉不丹的讀者能有更佳理解。

　　談論不丹王國，有必要像討論其他國家那般先深入其背景，了解國家地緣政治的形勢，以及文化與宗教環境，以便充分理解國家事務。自二〇〇八年開始，據說不丹成為「熱門旅遊景點」。這絕對與之前的狀況截然不同。世人對於不丹的認識可說是粗略居多。時間稍微往前回溯，一九七一年十二月，帕羅本洛（Paro Penlop）南嘉・旺楚克（H.R.H Namgyal Wangchuck）王子殿下率領不丹代表團，參加在美國舉行的聯合國大會時，一位西方外交官驚訝地歡迎王子殿下：「我不知道有像您這樣長相的非洲人！」

　　這位糊塗的外交官，只因為看到聯合國大會依英文字母順序，將不丹代表團的席位安排在貝南、蒲隆地、布吉納・法索，以及博茨瓦納等非洲國家之間，就以為不丹也地處於非洲。一九八〇年到一九八四年，我出任不丹常駐聯合國代表的第一個任期間，一位美國人問我：「這是那個輸出丁烷氣（butane）的國家嗎？」

　　還有一些天真的問題，諸如：「它不是印度的一部分嗎？」，或者「它前不久不還是印度的一部分嗎？」、「以前有不同的名稱嗎？」、「它什麼時候獨立的？」

　　即使到了二〇一二年，由於較多的傳媒交流，可能不再遍存上述對不丹的一無所知，但我認為很大程度上依然存在著不甚了解的程度，只比道聽塗說好一點罷了。例如一九九八年到二〇〇一年期間，我為了設立不丹常駐聯合國使團辦事處，而在紐約試圖置產時，房地產交易遭到

雷龍之吼

紐約市議會以人權理由駁回。多位紐約市市議員竟將不丹誤認為緬甸。

在一些國際機場裡，行程也經常受到航空公司櫃台所延誤。他們經常找不到不丹航空公司代碼，得要透過同事或主管另行查詢。上世紀的最後幾年間，我特別意識到這個重複出現於國際差旅中的插曲。每當登機人員稍有遲疑，我立刻簡單地提醒：「不丹的代號是 BTN。」對方必定會瞬間露出鬆一口氣的笑容。現在，標示國碼的新型不丹護照，對旅客與航空公司員工而言皆方便許多。

上列簡單陳述只是想要表明，一般人對於不丹所知甚少。再者，正當其他國家正為自身問題以及經濟不景氣、社會與政治危機忙得焦頭爛額之餘，也沒什麼重大理由該為不丹這樣的小國傷神。不丹以極少量的發展中經濟隱身於喜瑪拉雅山麓間，也只有與之毗鄰的國家會對它有興趣。強大鄰國看中的無非也只是自身的國防安全、政治或經濟考量，而非不丹本身的利益。

喜瑪拉雅山脈東部的地理隔離，以及其他國家對之缺乏興趣，造成「龍之王國」受到漠視，這也是可以理解的處境。不過另一方面，直到不久之前「偏遠」這個字眼依然適用於不丹，因為國家尚未準備好處理國際關係與外交優勢。就此而論，包括亞洲、非洲、拉丁美洲等發展中國家跨國黑心企業的剝削，以及強權國家的安全利益，都將是當前以及未來不丹領導人不能再忽略的課題。經濟合作必須確保對等互惠，收益應回饋給資源與利益長期受剝削的窮國人民。毫無限制的自由化、外商直接投資提案（FDI）所造成的後果，亦須審慎評估，以確認人民與經濟的長短期衝擊。時至今日，不丹依然對於擴大經濟與外交關係有所抗拒，除非能以自己的方式，保護國家免於受到不當剝削。基於這樣的戒慎恐懼，儘管加入世界貿易組織（WTO）的大量前置作業都已完成，但首任民選總理吉美・廷禮（Jigme Y. Thinley；任期 2008-2013）仍有所遲疑。

為便於讀者閱讀，我將文稿劃分為三個部分。第一部分涉及不丹王國的興起，以及領導人為維繫國家主權與獨立所作出的努力。換言之，

亦即「何謂與不丹相關的所有背景？」然而我要澄清的是，這部分不應視之為國家的完整歷史，讀者可以就此主題找到更詳盡的文獻資料。第二部分將涉及，套句紐約時報湯瑪斯‧佛里曼（Thomas Friedman）的術語，將討論在現今日益「抹平」的世界中，不丹所面對的迫切問題[1]。第三部分則試圖一瞥王國的未來，以及世界各國領導人所能採納的可能性政策選項。

我個人出生於不丹，並從一九六九年到二〇〇三年期間任職於王室政府，我覺得自己有資格書寫不丹與不丹生活。自不丹前三任世襲國王統治以來，家父達紹（Dasho）[2]朱倫達‧巴哈杜爾‧普拉罕[3]，遺留下逾半個世紀（自一九一〇年或更早期開始，直到一九七一年為止），戮力效忠國王與國家的家族遺產。他也持續效命於南不丹噶倫堡（Kalimpong）不丹宮（Bhutan House）的世家顯貴，該地始於噶箕（Kazi）[4]烏金‧多杰（Ugyen Dorji）、貢津拉賈（Gongzim Raja）索南‧透給‧多杰（Sonam Tobgye Dorji），以及總理（Lyonchhen，倫欽）[5]吉美‧多杰（Jigme Dorji），也就是皇太后阿熙（Ashi）[6]凱桑‧雀登‧旺楚克（Kesang Choden Wangchuck）陛下 —— 第四世國王吉美‧辛格‧

---

1. 諾貝爾經濟學獎得主、哥倫比亞大學教授約瑟夫‧史迪格里茲（Joseph E. Stiglitz），於 2006 年 9 月 18 日紐約聯合國高階圓桌會議中指出，在當前的全球化時代，貧富不均的差距加深，貧國與富國之間的情況亦然。因此，世界局勢遠非湯瑪斯‧佛里曼所說的日益「抹平」（flat）。但我這裡所說的「抹平」，較偏重於主權國家之間，必須從政治上，或者在初步合法的平等基礎上相互往來。

2. 達紹（Dasho）：為不丹男性尊稱，由國王授予，類似「爵士」之銜。 —— 譯註

3. 除了書中引用文獻外，札西‧多杰所著的文章，引自《拓荒者：出自歷史的篇章——改變不丹歷史發展的人物》一書，標題為〈朱倫達‧巴哈杜爾‧普拉罕：紐里巴布〉（Jhullender Bahadur Pradhan – The Neoly Babu），發表於不丹時報，2008。

4. 噶箕（Kazi）：為廓爾喀王國——尼泊爾舊稱——的官職，地位相當於總理或首相。 —— 譯註

5. 總理（Lyoncheen，倫欽）：不丹沿用西藏舊制，於所有內閣大臣——「倫波」Lyonpo 之上設置「倫欽」，上承王命統掌內閣大權。相當於總理或首相之位。 —— 譯註

6. 阿熙（Ashi）：為不丹女性尊稱，綴於姓氏之前指稱不丹女貴族或王室女性成員；指涉不丹國王之女時，則結合「公主殿下」（Her Royal Highness）共同使用。由於不丹公主無特定稱號，因此「阿熙」一詞所指涉的社會地位，需視上下文脈絡而定。為避免誤解，英語有時混合使用「公主阿熙」（Princess Ashi）指稱公主；王子則使用「王子達紹」（Prince Dasho）。 —— 譯註

雷龍之吼

旺楚克的母后，所屬的多杰家族。

　　家父的工作與事業，包括我自己在內，都與不丹廿世紀發展至今的歷史，盤根錯節地交織在一起。此外，有關十九世紀不丹史的關鍵時期，我的三名子女——曲措、旺嘉・仁謙，以及吉德・索南・旺楚克——也同樣自豪於他們母親吉美・旺姆（Jigme Wangmo）家族所堅守的角色與立場。孩子們的外天祖父央鍾（Hyonchung）擔任通薩（Trongsa）仲耶（Dronyer），以及津彭（Zimpon）等職位，為通薩本洛（Penlop）[7]吉美・南嘉最信任的官員與知交。在吉美・南嘉時代的頻繁戰役間，央鍾於其中一場交戰中身受重傷，死於吉美・南嘉臂中[8]。吉美・南嘉在世期間，央鍾家族仍持續為其效力，並擔任當時東不丹雄嘎爾（Zhongar）宗的宗彭（Dzongpon）[9]，後代世稱為「雄嘎普」（Zhongap）——東雄嘎爾縣縣長。一九〇七年十二月七日，通薩本洛烏金・旺楚克（Ugyen Wangchuck）成為現代不丹第一任世襲國王的著名協議書（genja，箋甲）中，孩子們的外曾祖父雄嘎爾宗彭多杰・佩卓（Dorji Peljore）為四十七名連署人之一。最後一任宗彭達紹昆藏・旺地（Kunzang Wangdi）逝世後，不丹第三任國王吉美・多杰・旺楚克殿下力行行政革新，廢除雄嘎爾宗彭一職。然而，雄嘎普家族的後人持續擔任政府重要職位，其中最出色者即嘎卓聽列（Gyaldron Thinley），為第三任國王王室法庭的首席大法官。他同時出任首屆不丹國民議會議長，因其文采與演說天份而極具聲望。他也是不丹國歌作者，並且制定不丹版本的軍令條文，以及多部國家法律文據。其子倫欽吉美・廷禮成立不丹繁榮進步黨（Druk Phuensum Tshogpa，簡稱 DPT），該黨於二〇

---

7. 本洛（Penlop）：此職相當於省長，為不丹一級地方行政首長，管轄區為「地區」，相當於「省」級單位。——譯註

8. 參見旺地・彭措（Wangdi, Phuntsho）所著「鍾喀爾（Chhungkhar）族譜口述」，Pemagatshel，1979。

9. 宗彭（Dzongpon）：此職稱相當於宗長或縣長，為不丹二級地方行政首長，後期改稱「宗達」。管轄區為「宗」或「宗喀」，相當於「縣」級單位。——譯註

八年三月廿四日大選中[10]贏得壓倒性的勝利，他始成為不丹首任民選總理。此前，他亦曾於前任政府中擔任不丹總理、外交部長與內政部長等職，並執行其他重要職務。嘎卓聽列的姊妹歐姆・索南・玉滇（Aum Sonam Yuden）與不丹常任陸軍參謀長貢倫（Goongloen）[11]朗姆・多杰（Lam Dorji）結婚；聽列的女兒措姬嫁給前內政部長達戈・澤仁（Dago Tshering）[12]；其長女瑟登則嫁給前副部長與皇家諮詢委員會主席達紹噶瑪・勒東（Karma Letho）。貢倫朗姆・多杰的女兒芒千旺姆，是現任皇太后么弟達紹索南・透給・多杰（Sonam Tobgay Dorji）之妻。上述例子無非只是想簡單傳達出，不丹家族世系之間錯綜複雜的關係，這還可以繼續往下發展成不同的排列組合。這些訊息顯示出，從不丹國族與君主政體發展之初，即有氏族勢力涉入王國事務之中。

　　一九五〇年代末期，幾乎每年寒假，當國王吉美・多杰・旺楚克陛下前往南不丹視察國務，並於菲布索（Phipsoo）、瑪納斯（Manas），以及卡拉帕尼（Kalapani）等地盡享狩獵消遣時，在南部負責安排部署，並使王室行程圓滿完成的最高層不丹官員，正是家父。我也曾出現在這些王室「冬令營」的場景之中，而且自早年開始，就有特別機會與殊榮晉見國王、王室成員與政府高階官員。我亦經常陪同父親前往不丹宮，也就是多杰家族位於印度西孟加拉邦噶倫堡的領地。在當地以及南不丹與加爾各答等地，有幸見到拉賈（Raja）[13]索南・透給・多杰、拉妮（Rani）雀瑩・多杰（Chhoying Dorji），阿熙凱桑・雀登陛下、總理吉美・多杰，以及多杰家族的其他成員。這樣的背景使我得以熟識達官顯

10. 需留意其間的重大情勢發展：倫波吉美・廷禮從其祖父位於貝瑪嘎策爾（Pemagatshel）的鍾喀爾老家開始競選，儘管他父親當時已將家業交由其同父異母的姊妹繼承。後來他遷往廷布宗的芒德爾崗（Mendrelgang）省會附近。這次遷居使他原屬於普納卡（Punakha）的選區有所更動，避免與人民自由黨主席倫波桑給・昂杜（Sangye Ngedup）同區競選的尷尬局面。後者為第四任不丹國王陛下的連襟。

11. 貢倫（Goongloen）：此為宗喀語，意指上將。——譯註

12. 達戈・澤仁部長於 1998 年至 2008 年期間，擔任不丹駐印度與尼泊爾大使。他於 2008 年 12 月返回不丹後即刻卸任。

13. 拉賈（Raja）：為南亞、東南亞和印度等地對於國王或土王、酋長、頭人的稱呼。拉賈之妻稱為「拉妮」Rani。——譯註

要，並接觸到王室文化與政府運作的第一手資料。隨著時間推移，激發我對不丹王國的歷史、政治、社會、語言，以及宗教等各面向產生深入鑽研的興趣。這些文稿即為此興趣之成果，以及我的不丹宦海生涯。

倫波翁姆‧普拉罕

不丹，廷布

2012

前言

　　「雷龍之吼」為本書的適切標題。本國的不丹語稱為「竹域」（Drukyul），「竹」（Druk）指雷龍，「域」（yul）指國家，後文將對此有更詳盡的解釋。雷龍之「吼」是指：在不丹的歷史進程中，每遇有需要捍衛主權與獨立之時，便以此反應來回應外界。副標題：「喜瑪拉雅王國不丹的歷史、政治與外交新貌」，係筆者多年來透過研究、經驗、觀察與記錄而逐漸形成的見解。顯然地，這些見解可能與其他人所關注的不丹有所不同，但有些則在更大程度上趨近於相同意見。這些見解的異同，實際上，隨著個人動機或情勢判斷而定，希望讀者能考慮到這樣的基本事實。

　　自從一九六一年不丹決定興建國內首條公路之後，記者與作家就不再提及不丹統治者所執行的「自我孤立政策」。自我孤立政策的概念確實普存於一九六〇年代，有關於不丹的論述之中。它理想化了一種政策與戰略，彷彿輕點魔法棒，不丹就能避開外來影響與支配。這似乎也成為喜瑪拉雅王國之所以遠離外來侵略者，而保有主權與獨立的理由，避免像英國殖民帝國佔領印度次大陸那般將近兩百年的時間。

　　「自我孤立政策」也是一種巧妙的方式，用以描述不丹如何從一個僅靠步行、騎乘馬匹或氂牛，而進入印度、尼泊爾、英國與西藏地區的國家所歷經的轉型過渡。這之後，汽機車通行國境，今日則透過噴射機與世界相連。甚至是不丹官員，連我自己也毫無例外地，在過去卅五年的工作期間，偏好甚且開始相信起這個已在許多國際聲明中頻繁使用的廣泛概念。即使早在一九七一年十二月，不丹就已經加入聯合國。實際情況是，不丹第二任國王吉美・旺楚克甚至親自前往英屬印度，欲開放不丹以謀求國家發展與基礎公共建設等援助。這意味著他已意識到，國

家必須向區域與世界開放，使不丹人也能經歷到與時俱進。然而，當時印度的英國當局似乎看不出來，將資源挹注在這個山中的蕞爾小國，對他們有何益處。英國未曾留意到這個訴求，如果當時他們正視不丹所求，不丹的現代化進程將提前於一九六一年展開。遲至第三任國王吉美‧多杰‧旺楚克統治期間，印度獨立政府認為有必要藉由開通公路與通訊設備，開放喜瑪拉雅區域的這個區塊。他們幫助鄰國發展並贏得邦誼的同時，主要也在保護自身安全與利益，以對峙北方的中國，並保有他們在這個戰略區域的影響力。

因此，若說不丹統治者遵循「孤立政策」，實際上既錯誤亦與不丹當前對外立場不符。地處內陸又加上經濟不發達，不丹一直仰賴鄰國維生——物資，以及教育、宗教、文化、勞動力與社會整體發展等各方面皆是如此，無論是否發展公路建設。雖然書面紀錄[14]在喜瑪拉雅地區並不普遍，我們也只得一瞥過往，證明不丹人是善於交際的民族，如同為了貿易、宗教知識與教育，而遊歷於西藏、阿薩姆、孟加拉、尼泊爾、拉達克與門巴等東部各地區的人民一般。不丹人民並不因對外緊閉門戶而天真，他們安頓於山居的幽暗深處「燦爛而遺世獨立」。

數個世紀以來，構成今日不丹社會的根源，係來自於西藏南部的部分地區。即使記載寥寥無幾，但如同不丹與西藏史料所述說的那般，揭示今日不丹過去曾是西藏宗教人士與政治流亡者的避難所[15]。尚有例子顯示，尼泊爾尼瓦爾族（Newar）的能工巧匠也是不丹國家不可或缺的一份子。另有一些來自於印度次大陸不同地區的印度人，他們與不丹人不斷交流，甚而在不丹定居。當然，這些早期移民，特別是在不丹中部，已經很難與不丹原有居民有所區別。現今不丹人口由多種族與不同宗教

---

14. 過去廿年來已出現多位不丹作家，此一趨勢正在產生變化。截至 2008 年為止，最優秀的不丹作家挾其聲望出版兩本著作，此即皇太后陛下阿熙多杰‧旺姆‧旺楚克（Ashi Dorji Wangmo Wangchuck）。另一位則是昆桑‧秋滇‧羅德（Kunzang Choden Roder），亦提供讀者有關國家的傳統軼聞等資料。

15. 多杰‧桑給，《帕登竹巴仁波切夏尊昂旺‧南嘉大成就者傳記》（*Palden Drukpa Rinpochhe Zhabdrung Ngawang Namgyal gi Namthar*），Dzongkha Development Commission, 2nd edition, Thimphu, 2001.

群體所組成。連我在不丹南部所遇到一些印度阿蒂瓦西斯（Adivasis）的原住民部落，也已經變成不丹公民時，就更進一步凸顯這種情況。

綜觀歷史可以得知，不丹境內特別是西部與南部地區，分別為西藏與印度次大陸移民的定居點。從極少量的歷史資料可知，不丹現存的夏丘人（Sharchhop）、南邊零星的阿蒂瓦西斯人，以及彭措林地區的塔巴人（Taba damteps）和都塔人（Tota）也許是目前不丹僅存最古老的原住民族群。十七世紀時，不丹的創建者夏尊（Zhabdrung）[16] 昂旺・南嘉（Ngawang Namgyal），以及承襲其政治傳統所建立的歷屆政府，將所有居民以及數世紀以來的國家移民整合為統一的政治實體。夏尊昂旺・南嘉公認為不丹的政教創始人。

16.「夏尊」（Zhabdrung）是一種尊稱，意思是「臣服於腳下」。參見後文對於 17 世紀昂旺・南嘉的描述。

目錄

第二篇　企圖整合不丹各族群

第三篇　第五任國王吉美‧格薩爾‧南嘉‧旺楚克

附錄

第　一　篇

不丹崛起爲政治實體

與鄰近國家的歷史關係

　　不丹的國際關係一向受制於內陸國所處的地緣政治位置而決定。西藏為中華人民共和國的一部分，綿延王國北疆長達四七〇公里之遠。不丹的南部、西南部與東部，分別由印度的錫金、西孟加拉邦、阿薩姆邦與阿魯納恰爾邦所環繞，邊境長達六〇五公里。居住於國境交界處的居民，亦對國家的種族組成有所影響。

　　自十七世紀夏尊昂旺・南嘉（一五九四～一六五一）創立所謂「政治上」的不丹之後，不丹鄰國也相繼發生內政與外交上，政治地位的重大改變。直到一九五〇年代早期，不丹人仍將西藏視為獨立政體。錫金的狀況亦同。後者直到一九七五年才併入印度。不丹也與阿霍姆王國（Ahom）、庫奇・比哈爾王國（Cooch Behar）統治者進行獨立自主地往來，直到這兩個王國先後遭英國併吞，合併為印度阿薩姆邦和孟加拉邦的一部分為止。不丹對於這些王國的直接政治影響力、干預，以及介入其間事務的權力，於一八六四年英不戰爭之後斷然中止，並於一八六五年簽署「辛楚拉條約」（Treaty of Sinchula）予以確認。當時尼泊爾與西藏等喜瑪拉雅政體若能與不丹形成聯盟，那麼英國兩度欲將勢力擴及喜瑪拉雅區域之前，也許還會稍作考慮。然而，喜瑪拉雅諸國共同對抗英國統治的企圖，包括結合西藏在內，最終皆未能如願。西方殖民勢力透過老謀深算的外交手段與優良的現代化新型武器，在政治與經濟上宰制世界各個不同地區。「分治」（divide and rule）策略極其成功地運用於印度次大陸，包括喜瑪拉雅地區國家在內。各方受到英國人分化所影響，未能組成對抗英軍的聯盟。中國人似乎只對掌控西藏有興趣，宣稱該區域為中國的一部分，否則西藏是唯一有能力組織有效抵抗西方殖民勢力的區域政體。一旦落入印度帝國手中，孟加拉王國與阿薩

姆王國即不復獨立之日。有關不丹與這些昔日王國的久遠關係，旅居不丹的法國學者馮斯娃斯·彭瑪黑（Francoise Pommaret）考察一些詳細的歷史記載，顯示從十七世紀到十九世紀期間，不丹與庫奇·比哈爾王國和阿薩姆王國之間存在著貿易往來[17]。

　　不丹亦與東邊的達旺（Tawang），以及今日隸屬印度阿魯納恰爾邦的鄰近地區[18]有直接往來。不丹與尼泊爾、拉達克（Ladakh）等地也存在著貿易、文化與宗教等交流，儘管這些王國位於不丹西邊，並未直接與不丹接壤。各國關係因相近的宗教傳承而提供助力，例如最著名的竹巴噶舉[19]嘿密寺（Hemis）即位於拉達克。目前拉達克為印度查謨和喀什米爾邦（Jammu and Kashmir state）的一部分。

　　上述事實顯示出，不丹地區自古以來，於十七世紀成為獨特政體的前後，就已經與周圍的「外國」土地與人民，在政治、軍事、經濟、文化，以及宗教等方面維持實質互動。

鄰國對不丹的認知及其對國際關係的影響

　　夏尊昂旺·南嘉於西元一六一六年由西藏惹龍寺（Ralung）抵達不丹西部，隨後創建獨立的政治實體不丹。當時鮮為人知的不丹地區似乎誤認為西藏屬地，特別是南方鄰國這麼認為。前文描述，不丹直到一八六〇年仍受西藏影響，並且直到一九四〇年代中期為止，不丹名義上仍向西藏朝貢（Savada, 1993）。因夏尊來自於西藏而將不丹視為西

---

17. 彭瑪黑，馮斯娃斯，〈古代貿易夥伴：不丹、庫奇·比哈爾與阿薩姆（17 世紀到 19 世紀）〉，Journal of Bhutan Studies, Vol. 2 no.1. Summer 2000: 30-53。

18. 英國人將此地區稱之為「東北邊境行政特區」（North East Frontier Agency，或簡稱 NEFA），印度總理英迪拉·甘地（Indira Gandhi）執政期間，印度政府將之改名為阿魯納恰爾邦（Arunachal Pradesh）。該地區由多種藏緬語族部落組成，其中的門巴族人（Monpas）與東不丹人關係密切。

19. 竹巴噶舉是不丹的國教，雖然這可能因新憲制定後而將有所改變。依據憲法，國王應為所有宗教的保護者。

雷龍之吼

藏藩屬的這種觀點並不完全正確，因為夏尊的主要外交政策，正是要斷絕或避免受西藏所影響，特別是在政治、社會與文化等方面。在統治期間，他盡一切努力使不丹與西藏截然區隔。他改變宗教儀式、服飾，以及宮廷禮儀。甚至採用宗喀語（Dzongkha）[20]，以盡量縮小與藏語的語言相似性。夏尊所作的一切，強化他所創建的王國具有獨立性，避免給人的印象是 —— 他的國家是西藏的延伸。時至今日，國家領導人依然在內政與外交兩方面，繼續深化這些政策。這似乎也是至少到目前為止，不丹領導人仍盡可能優先維持每項夏尊傳統的原因。別無選擇地，不丹無法在廿一世紀中，輕易將現代化發展與外來影響拒於門外，而只能堅守傳統來抵禦國際浪潮。我意識到第四任國王陛下吉美・辛格・旺楚克多次提出相同進路，他分析並解釋夏尊政策對於推動不丹主權與獨立的成功之道。

鄰國對不丹的慣用指稱

「不丹」（Bhutan）一詞並非不丹人早期用於自己國家的名稱，而是西藏人與印度人所慣用的字詞。「不丹」這個字可能衍生自印度語的「菩提亞」（Bhutia）或尼泊爾語的「博特亞」（Bhotay），兩者皆指涉西藏人（Tibetan，譯按：即吐蕃人）。印度人和該地區的其他住民都以「博特亞」或「菩提阿」（bhutea）泛稱藏人、不丹人或錫金人。我注意到許多錫金人以「菩提阿」作為姓氏，以表明原籍。此外，藏人採用一般性的術語「迦卡」（jagar）[21]泛指印度、巴基斯坦、斯里蘭卡或孟加拉等地的所有南亞人，而用「貝波」（belpo）來稱呼尼泊爾人。在一

---

20. 宗喀語（Dzongkha）：意指在「宗」（dzong）內所使用的語言。 —— 譯註
21. 藏人稱中國為「迦納」（Ja-na），中國人為「迦彌」（Ja-mi）。字根「迦」（羅馬藏語拼音為 rGya）同樣存在於印度語中。帕羅本洛南嘉・旺楚克王子曾告訴我，自從印度人傾向身著白色服飾以來，印度就稱為「迦卡」（Ja-kar; karpo「喀爾波」意指雪白），中國人則大多數身著黑色，所以稱為「迦納」（Ja-na; nagpo「納波」指黑色）。

些考察不丹名稱出處的印度或非藏文文獻中,不丹地區也被指稱為「博坦塔」(Bhotanta)[22]。「博特－安塔」(Bhot-anta)意指「博域盡頭」,「安塔」(anta)在梵文或印度文中,意味著末端或終點。因此,「博特安塔」意味著博域的終點,亦即西藏盡頭。

另一種觀點,就我所知是首次發展出來的見解。印度 —— 雅利安語系的字詞「博特」(Bhot)出自藏文或不丹文的「博」(Bod;譯註:即「蕃」字讀音),藏人、不丹人、錫金人與拉達克人皆稱西藏為「博特」。因此,藏人稱自己為「博巴」(Bod-pa)或「吐蕃住民」(inhabitant of Tibet)。

在印度次大陸語言中,動詞字尾加上「-ay」、「-iya」或「-ea」代表某個特定區域的住民。例如「Madisay」或「Madisiya」,是指居住於 Madesh 地區,亦即鄰近印度平原地區的居民;「paharay」或「pahariya」則指居住於「pahar」,亦即丘陵地帶的居民。因此「博特」或「菩提阿」即指稱居住在「博特」或「博」地區的人們。其他亦有對不丹名稱來源的解釋[23],但上述解釋較之更具有說服力。亦有這樣的說法:不丹可能來自於梵文的「博特—斯坦」(bhot-stan),意指「博特」地區;相同用法如同印度斯坦(Hindustan)之於印度人(Hindus)、哈薩克斯坦之於哈薩克人,以及烏茲別克斯坦之於烏茲別克人。

有些不丹學者提出另一種可能的解釋,他們認為不丹這個名稱出自不丹中部地區的布姆塘(Bumthang)。昂旺·南嘉抵達不丹以前,藏文典籍中並未有文獻提過竹域或不丹,只出現過布姆塘的記載。因此,不丹名稱的出現可能很簡單地只是布姆塘的發音誤植。學者對此觀點仍存在著爭議。

藏人和不丹人自己則習慣用其他字詞來稱呼不丹,諸如「珞域」

---

22. 卡瑟拉神父(Father Estevao Cacella)於 1627 出版不丹報告書,參見 Luiza Maria Baillie, Journal of Bhutan Studies, Vol. 1, No. 1, Autumn 1999。
23. 一些印度作家提出,「不丹」一字出自梵文的「菩－於丹」(Bhu-uttan),意指「高地」。

雷龍之吼

（Lho Yul；南隅；譯註：Lho 指南方）、「芇坰」（Men Jong；藥草之鄉）、「蒙域」（Mon Yul；黑暗國度）、「珞蒙喀夕」（Lho Mon Kha-zhi；南暝四隅）[24]，以及「參巔坰」（Tsenden Jong；柏樹之鄉）。

有些字詞必須稍作解釋。在地理位置上，如上所述「珞域」明顯是相對於西藏的地理位置而說。「蒙域」則是指佛法尚未廣泛傳播到不丹地區之前的時期，因此稱之為「黑暗國度」，亦即未接受佛陀教法的蒙昧之邦。「蒙」（Mon）出自藏文字「muen」，意指黑暗。隨著佛教傳入帶來啟蒙，於是暗暝盡除。「芇坰」一詞的使用則因不丹境內遍滿藥草植被，可供不丹與西藏兩國的傳統醫草藥備製。「芇」（西藏羅馬拼音：斯門 sMen）指醫學，「坰」（西藏羅馬拼音：坰 lJong）指省分或地區。

阿薩姆人所居之地越過邊境即為不丹，經常受到不丹人襲擊，而且在英國殖民前也曾受過不丹人欺壓，所以他們稱不丹人為「攻寇」（gonggor；入侵者——強盜土匪）或「班麻努」（Ban-manu；叢林野人）[25]。很明顯地，「攻寇」或「班麻努」表現出他們懼於此地人民的野蠻暴力，與西方神話中母親拿妖怪來嚇唬孩子有異曲同工之妙。儘管如此，東不丹的夏丘族與阿薩姆的博多・喀查利族（Bodo-Kachari）之間，依然維持了數個世紀之久的貿易與社會聯繫，即使他們各自擁有與對方截然不同的文化、宗教和語言。

如前所述，不丹人稱自己的國家為「竹域」（Drukyul）。這個字詞的使用似乎可追溯至十三世紀，首位來自西藏的偉大竹巴噶舉上師帕久・竹貢・欽波（Phajo Druggom Zhigpo, 1162～1251）。他擊潰先前另一位具影響力的西藏拉巴噶舉（Lhapa Kagyupa）上師噶瓦・拉囊巴（Gyalwa Lhanangpa, 1164～1224）所建立的政權，迫使該政權的追隨者逃回西藏（Rahul, 1983），之後他在一定程度上於西不丹建立了

---

24. 「珞蒙喀夕」（Lho Mon Kha-zhi）：南暝四隅，Lho Mon 指藏南的邊境地帶，Kha 指「口、嘴」，zhi 為「四」；故指出入藏地南疆的四大門戶。——譯註
25. 此訊息是由出生於東不丹的倫波聽列・嘉措（Thinley Gyamtsho）提供，他於 1998 年到 2008 年期間出任部長職位。

竹巴政權。「竹」（Druk）[26]這個字來自宗教傳承的教派之名──竹巴噶舉（Drukpa Kagyupa），後來在夏尊昂旺・南嘉的領導下，成為不丹直至今日最有影響力的傳承。字義上，「竹域」（Drukyul）意指「龍之國度」（「域」（yul）指國家），在近期文獻中亦稱竹嘉喀（Druk Gyalkhab），即「龍之王國」（Kingdom of Druk）。竹巴傳承的追隨者為龍族後人，因此國王特別被稱為「天龍嘉波」（Druk Gyalpo；龍王）－嘉波（Gyalpo）指國王。

不丹人與鄰國人民之間的傳統遷移

不丹與西藏兩地住民間的遷徙往來相當險峻且費時，因為此區高山綿延、冬雪冰寒厚重，尤其又缺乏公路建設。傳統上依靠步行、乘騎馬匹、騾驢，以及犛牛而穿越群山。劫匪經常攻擊旅人，過去曾有整個商隊遭遇洗劫的例子，旅人可能慘遭西藏或不丹的盜匪殺害。然而，亙古以來兩地人民的旅行與遷移，很大程度上並未受到雙方政權當局的限制。直到中國接管西藏，緊接著一九五九年藏地暴亂後，不丹這才封閉北部邊界。在文化、民族以及社會各方面，兩地民民易於混居、通婚，並因而擁有共同的氏族系譜。不丹與南部的印度雅利安地區並未出現過這類似的密切接觸，至少在封閉中藏邊境以前從未發生。然而，不丹流傳著信度國王（Sindhu Raja）[27]的傳奇故事，諸如他從敵人手中逃脫，前往不丹中部布姆塘尋求庇護等軼聞。他俘虜了來自阿薩姆與孟加拉平原的奴隸和工人，以及據稱安頓於旺地頗章宗（Wangdiphodrang Dzongkhag）仁謙崗（Rinchengang）的被殖民者。甚至時至今日，依然可在帕羅、廷布、普納卡和仁謙崗等地，見到北孟加拉部落深膚色印度

---

26. 竹（Druk）：druk 指「龍」，亦指「雷聲」，此因藏人將雷聲視為龍的吼嘯聲。相傳竹巴噶舉始祖興建惹龍寺時，空中傳來雷鳴與天龍化現，他視為吉祥徵兆，故將傳承命名為「天龍」傳承，亦即「竹巴」。──譯註
27. 信度國王的故事請參見後文。

種族特徵的居民，這似乎為此說法提供一些證據。據聞一些賦有精湛工藝技能的尼泊爾尼瓦爾工匠，亦聚居於帕羅的烏圻（Wuchu）與廷布貝布納（Bebuna）[28] 村落中。十九世紀末葉與廿世紀，政治上或其他領域的失意不丹人則定居於噶倫堡（來自哈阿宗和帕羅宗）、錫隆（Shillong，來自東不丹的敦桑）、尼泊爾、甚而遠至奧里薩（Orissa）[29]。此外，尼泊爾移民則定居於不丹南部，若包含早期工匠在內，則至少從十八世紀晚期開始，橫跨整個廿世紀都有移民湧入。約從一九五〇年代開始，特別是在一九六〇年代期間，由於公路興建、印度政府挹注經濟補助與技術發展計畫等誘因，印度店家嗅得商機與商務潛力，進駐桑竺‧江卡（Samdrup Jongkhar）、格列普（Gelephu）、沙奔市（Sarpang）、彭措林（Phuntsholing），以及桑策（Samtse）等剛建設的新興市鎮，加入之前已定居此地的少數同鄉。往返於印度──雅利安地區的移民，更多是基於地利之便、政治因素、商業機會、安全保障等原因而移居，而非出於兩個相關種族間的人民同化所致。

　　不丹的宗教歷史因為來自西藏各地，進入不丹的藏僧與教師而充實完備。這當中有許多人，包括來自古西藏王室的拉薩‧倉瑪（Lhasay Tsangma）宗族[30]，以及不丹創建者夏尊昂旺‧南嘉，皆因宗教上的政治衝突，為逃避對手與敵人而前往不丹避難。大概基於這樣的理由，對不丹與西藏實質關係並不熟悉的印度統治者與其後政治人物，將不丹視為西藏的諸侯國或封邑。在中國完全統治西藏之後，這種誤解終於落幕。在某些歷史時點上，的確可能有部分不丹地區曾落入西藏的寬鬆管理之中，但這些地區不能真正屬於西藏不可或缺的一部分，因為西藏自身也受到區域強權控制，最終還導致國家政權分裂。另一方面必須注意到的

---

28. 學者告知筆者，貝布納（Bebuna）出自「貝波」（Bel-po）這個字，不丹人和藏人以此指稱尼泊爾人。如前述，尼泊爾因此稱之為「貝域」（Be Yul）。

29. 不丹國籍法自 1958 年施行以來，國民議會通過首部公民法法典時，已經嚴格確認愛國主義、公民義務與國家歸屬感等意涵。任何持有他國國籍的不丹人，將喪失不丹公民權。另一方面，數個世紀以來，移居西藏、印度與尼泊爾等地的不丹人，也如同觀察到的情況，亦未有太多阻礙的於這些國家中比照執行。

30. 西元第九世紀。

事實是，儘管西藏領導者在過去歷史中曾作出評論，影射對不丹的宗主權，但由西藏當局的實際回應看來，很清楚地表現出他們並未對不丹具有實際的司法或行政管轄權。過去每當西藏欲在不丹達成任何目標時，他們都是直接採取外交或武力入侵的手段。這些事實足以否決部分作家與政客，視不丹為西藏附庸的政治假設。然而，不丹與西藏人民之間緊密的種族、宗教和文化紐帶不應受到忽視，兩國人民確為區域內最親近的兄弟之邦。[31]

不丹鄰國的影響因素與看法，對於考察早期不丹王國對外交流與涉外關係方面具有重要性，尤其從十七世紀直到一九七一年十二月不丹加入聯合國，終而成為國際公認的主權國家為止。

宗教與國際關係：他者的經驗 —— 不丹並非特例

在各國歷史中，宗教經常被證明是重要的情感因素，在某些情況下甚至成為國際決策的關鍵。宗教使不同國家結盟，或使彼此成為仇敵。國王、君主與國家為此而大動干戈，國內外政策亦受宗教所影響。基督徒為十字軍東征而戰，穆斯林將異教徒送入刀口之下。印度教徒與穆斯林現今仍在一些南亞國家中相互衝突，而宗教派別則在某些特定國家中受到歧視與迫害（Esposito, 1999）。即使到了廿一世紀的全球化時代，全世界宣揚以寬容態度，接納不同種族、信仰、宗教與社會風俗習慣，但這類衝突依舊持續發生於人類災禍之中。諸多例證之一發生於二〇〇一年三月，阿富汗的塔利班政權將巴米揚（Bamiyan）大佛炸成碎片。聯合國和多國請願團大聲疾呼，包括筆者亦代表不丹出席聯合國大會，但終究無濟於事。在中東的動盪敏感地區中，遜尼派與什葉派的分裂進一步激化問題，顯示穆斯林無法與其他穆斯林和睦相處，基督教徒亦無

---

31. 筆者為了強調兩國人民之間的相似性，而採用「兄弟之邦」這個字詞。

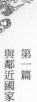

法與其他基督教徒和睦相處。聯合國要求國家與國際社會相互同理人類行為，因而擬定出值得讚揚的寬容原則、不歧視原則與更高的理念皆束諸高閣，宗教將繼續影響人類事務，並且經常是負面的。

在亞洲地區，歷史演進與社會互動很大程度上受宗教所決定。印度教與佛教文化傳入緬甸、泰國、馬來西亞、柬埔寨，以及印尼等最南端的南亞國家，並於馬來人、華人與印度人等移民聚居地傳播開來。隨著西元前三世紀，印度孔雀王朝阿育王（統治時期約西元前二七〇年～二三二年）的大力弘揚，佛教在印度次大陸重獲新生，並以三種形式傳遍亞洲大陸，分別是：上座部佛教（小乘佛教）、大乘佛教，以及金剛乘佛教（Vajrayana）。大乘佛教與金剛乘佛教傳入西藏、蒙古，以及部分中國地區與日本。而後，中國、日本、泰國、西藏、緬甸，以及其他國家的佛教學者先後前往印度，於重要的佛教研究中心那瀾陀寺（Nalanda）與超戒寺（Vikramasila）中學習[32]。由當前的種族組成可茲證明，從南亞與中國大陸遷居到東南亞的移民，不同種族之間已跨越國族藩籬，深化教育、社會、文化與政治間的融合。在某些脈絡中，東南亞稱為「印度－支那」（Indo-China），顯現出這兩大亞洲人民與文化對該地區所產生的影響與衝擊。

隨著橫越阿拉伯海、印度洋與孟加拉灣而來的穆斯林商人，以及來自西北方，穿越阿富汗進入印度大陸的穆斯林征服者，促使南亞與東南亞的整體性格發生了根本上的改變。穆斯林對整體地區的語言、文化、政治與歷史造成重大衝擊。佛教與印度教寺廟及佛像遭受大幅破壞，絕大部分的人們改信伊斯蘭教。古梵文、中文、藏文等文本中描述的古代歐丹塔普利（Odantapuri）佛教大學夷為平地，直至今日仍未能找到遺跡所在。

隨著婆羅門教重現印度社會，以及穆斯林征服者的不容異己，印度次大陸周邊國家的佛教傳承大幅衰落。印度教徒與穆斯林的分歧，促使

---

32. 1997 年，筆者前往印度那瀾陀大學遺址參訪，印度導遊提供了這個資料。

英國在一九四七年，在兩國各自獨立之前，依宗教差異而將印度劃分為兩個區塊。印度與巴基斯坦之間的仇恨至今依舊持續，並於喀什米爾、古嘉拉特邦大屠殺（Gujarat slayings）、孟買，以及其他爆炸案中戲劇性地上演。另一方面我們也看到，透過藝術與建築、語言與政治發展及其相關議題而受到印度教影響的南亞，也出現了新興穆斯林文化。伊斯蘭教透過各種貿易路線，找到進入孟加拉與東南亞的途徑，毋須採取太多暴力手段，即在大部分的地區取代了佛教。當今，馬來西亞、印度尼西亞及該地區的其他國家都有龐大數量的穆斯林人口。

　　以基督信仰之名，歐洲國家主導了死亡與破壞結局的十字軍東征。傳教士前往世界各角落傳播「聖言」或毀滅異教徒。歐洲國家與之攜手，將大部分的南亞大陸、非洲與拉丁美洲納入殖民統治。在非洲地區，人們說道：「白人初抵非洲時帶著聖經，而我們擁有土地；現在他們擁有土地，而我們有了聖經。」然而這樣的趨勢，隨著種族隔離政策或歐洲人統治下的非洲國家，像南非或辛巴威（早年稱之為「羅德西亞」）等地的衰落而逆轉。本書並不處理這個特定主題，但我們亦須牢記其他影響政治形式的因素，特別是來自於新興經濟強權國家，如中國、印度、巴西與其他發展中國家的經濟資源優勢已經顯而易見。在非洲、拉丁美洲與亞洲，這樣的態勢已經明顯成型。

　　更近期以來，可以觀察到猶太教的驚人復興之勢，其結果是一九四八年於中東建立獨立國家以色列。西方國家對猶太人存在著複雜的罪惡感，因為在第二次世界大戰之前與期間，阿道夫‧希特勒（Adolf Hitler）的種族滅絕政策，使大約六百萬名猶太人慘遭大屠殺而死亡。這個歷史事件從不同層面影響著國際關係，至今仍在持續之中。由於猶太人強佔巴勒斯坦土地，以便重建聖經記載中的猶太家園，穆斯林與阿拉伯國家群起對抗以色列人。廿一世紀初的唯一超級強權 —— 美國，持續影響此事件。具有影響力的猶太裔美籍人士以選票影響美國政界，但同時，阿拉伯國家的龐大石油資源，對於美國與歐洲、新興經濟強權如中國與印度的經濟發展亦至關重要。情勢受美國介入中東局勢，以及與

雷龍之吼

世界其他國家的關係 —— 一方面是以色列的國內局勢；另一方面則是阿拉伯的石油資源與美國經濟 —— 所決定（Esposito, 1999）。

透過人類歷史發展中，國際關係對於宗教的衝擊，有助於說明不丹的處境。暫且不論儘管這只是一個相對少數的族群，但它面對不同的西藏宗教傳承時，亦毫無例外。對於遷徙到南不丹的尼泊爾移民而言，不同的印度教傳承，諸如毗溼奴派（Vaishnavism）和濕婆派（Shaivism），有時也會引發社群間的衝突，這些爭論甚至交付不丹國會進行辯論[33]。事實上，當我們聚焦於不丹及其鄰邦時，會發現該地區人民與國家間的關係之中，宗教同樣扮演了重要角色。然而必須注意的是，先不論基督教與伊斯蘭教的歷史發展，除非到了晚近，不丹人都仍未改信過這些宗教，更是罕聞信仰猶太教的不丹人。

佛教與早期藏王[34]

佛教起源於西元前五世紀，在釋迦牟尼佛（西元前五六三～四八四年）於北印度平原傳法大約一千一百年之後，佛教透過西藏傳入不丹。為了解佛教在不丹的傳布情況，必須深入探討不丹與西藏之間，數個世紀以來的宗教、文學、文化與社會互動，以及政治，有時甚至是軍事行動等結果。

在西藏初期的創建歷史中，早期西藏國王創造出有助於藏人接納佛教的環境。所有藏王之中，公認有三位藏王大力提倡佛教，此即松贊干布（Songtsen Gempo，六〇九～六四九年）、赤松德贊（Thrisong Detsen，七四二～七九七年），以及赤祖德贊，也就是饒帕千（西元八〇五～八三六年）。這三位藏王統治期間，在西藏與喜瑪拉雅地區

---

33. 現代印度教可區分為四個主要信仰傳承，包括：毗濕奴派（Vaishnavism）、濕婆派（Shaivism）、性力派（Shaktism），以及尸摩多派（Smartism）。
34. 參見有關早期藏王的附錄一。

興建了一〇八座最古老的創始寺廟，其中包括帕羅的祈楚寺（Kyichhu Lhagang）[35] 與布姆塘的賈貝寺（Jambay Lhagang）皆視為此時期所興建的廟宇群。赤松德贊國王統治期間，來自印度的蓮花生大士前往西藏，協助興建桑耶寺（Samye monastery）。該寺至今仍屹立不搖，維繫著蓮師傳承。該寺亦為不丹朝聖者前往西藏的主要朝聖點之一。最後，叛教藏王朗達瑪（Langdarma，八〇三～八四二年）即位，他反對佛教並於八四二年慘遭刺殺。舊吐蕃王朝隨即滅亡。在此之後，西藏變成半獨立領地，直到西元一二〇七年，西藏領主歸降於蒙古的成吉思汗，才取得了某種程度上的國家統一（Stein, 1972）。

來自印度的早期宗教影響

與西藏、斯里蘭卡、泰國、緬甸，以及其他東南亞地區有所不同，不丹佛教並非直接由印度傳入。如前所述，不丹佛教在傳承的性質與修行方面，本質上皆採取藏傳佛法的形式，不論是寧瑪派（Nyingmapa）、噶舉派（Kagyupa）、薩迦派（Sakyapa），或甚至來自於苯教（Bön）── 佛教傳入西藏前當地盛行的泛靈宗教信仰。甚至如同所見，夏尊昂旺・南嘉以及早先從惹龍寺，直接將竹巴噶舉從西藏移植到不丹的竹巴僧眾等亦是如此。姑且不談這些背景，單是印度的鄰近地理位置，至少就有助於使不丹直接接觸到印度的宗教影響。早在古代，偉大的聖者與上師「第二佛」蓮花生大士（Guru Padmasambhava）[36] 或稱咕嚕仁波切（譯註：即上師珍寶），在不丹、西藏及其他喜瑪拉雅地區已有追隨者。這可從布姆塘信度國王的傳說中得

---

35. 拉康（Lhagang）在不丹文與藏文中意指寺廟。

36. 「Padmasambhava」是指「誕生於」鄔迪亞那王國（Oddiyana）達納郭嘯湖（Dhanakosha lake）的蓮花之中，據傳這個古王國位於今日巴基斯坦與阿富汗西部的斯瓦特谷地（Swat valley）。宗教文獻中所記載的奇蹟誕生方式，使我們無從考察蓮師的家族或其他背景。

雷龍之吼

知。

　　不丹或西藏學者，無人質疑信度國王成為流亡者，並由隨從陪同前往布姆塘谷地定居的傳說真實性。筆者發現到唯一的例外是一些評論性作品，由筆者私下認識的英國學者米樹爾・阿瑞斯（Michael Aris）博士於晚期所撰著[37]。阿瑞斯對信度國王的印度特徵提出嚴正質疑，說明這可能只是歷經數個世紀以來，文獻中的簡單拼音或謄寫錯誤所致。他認為，事實上信度國王本來就是不丹當地的國王或王子[38]。阿瑞斯在充分考證後，出於對不丹政治敏銳度的解讀，試圖反駁信度國王的印度血統。相反地，印度作家描述不丹時，則試圖影射古印度人的確佔領過不丹領土[39]。但即便由信度國王的自傳中得知其為印度王子，這也只能證明他是一位僅帶著八十名隨從、前往布姆塘避難的流亡者而已。如果他們不能返回原來的國家，以這樣的人數，很容易就會隨著時間，而被當地居民或後續遷徙而來的大批西藏移民所同化。布姆塘或不丹境內的其他鄰近地區並沒有明顯的印度裔住民遺跡，這個事實已清楚表明，當時印度並未於不丹境內設立定居點。

　　讓我們來看看這個故事。相傳信度國王是瑟克亞國（Serkya）國王辛嘎拉（Singala）七個兒子其中之一。在不丹文獻中，他名為崑宗（Kuendzom），依梵文翻譯為藏文的慣例來看，這大概是一個翻譯自印度文的藏文名字。由於王子在國家中不得人心，特別是在他拒絕參加宗教儀式之後，辛嘎拉國王採信大臣建言，將王子驅離國家。他流放到巴基斯坦西北部的信德省（Sindh），也正是此地使他得到「信度王」的名號。他在該地與另一位國王納布達壤（Nabudara）發生衝突，後者就是不丹文獻中提到的納烏許（Nawuchhe）國王，不丹文意指「大鼻子」，這似乎是不丹文獻記載的訛誤。兩王之間衝突的原因並不清楚，但在那個時代背景下，擊敗原有統治者而建立新王國，並非不尋常之舉，這也

---

37. 米樹爾・阿瑞斯博士（Michael Aris）是緬甸翁山蘇姬女士的夫婿。
38. 參見阿瑞斯的著作，頁49-58。
39. 同上，頁58。

正是沒有領地可以管轄的崑宗這麼做的好藉口。

崑宗以各種手段試圖挑戰納布達壤，因為很明顯地他並未服從納布達壤的兵權與規定。崑宗不只被擊潰，而且還從西印度逃往東印度朝著阿薩姆的方向，逃竄進入不丹高地。納布達壤國王必定想徹底了結這個覬覦王位的新挑戰者。

信度國王的故事對不丹而言意義深遠，因為此時正是西元七四七年，蓮花生大士首度造訪布姆塘的時代。他來自於信德地區，作為一位密續大師[40]，而且是一位擁有包括國王與皇子等眾多權貴弟子在內的宗教大師，在該地必定家喻戶曉。

我相信，至今依舊存在於布姆塘谷地的「嘉－喀爾」（Cha-khar，鐵宮）遺跡，以及納基堂（Nabjithang）等古老石柱，是蓮花生大士令兩王相爭和平落幕，並豎立石柱標誌和平象徵之處，這些遺跡加強信度國王傳說的可信度。當信度國王前往不丹時，他似乎毫無困難地定居下來，甚至還獲得當地居民的接納。然而西元八世紀時，在缺乏強大統治者領導的情況下，可能只有極少數谷地居民反抗他於當地建立永久政權。如同當時的印度與西藏一樣，不丹那時並非統一國家。

在布姆塘，信度國王被稱為嘉喀爾嘉波（Chakhar Gyalpo）[41]。當地居民之所以如此稱呼，是因為他建造了一座大量使用鐵器的城堡宮殿。這顯示他必定恐懼敵人攻擊，因而加強防禦工事。納布達壤國王曾發動過一次攻擊，當時信度國王的廿歲兒子塔格拉·美巴（Tagla Mebar）死於這場戰役。喪子之痛使他極度傷心，並因此失去對宗教的信仰。他開始毀壞家中的祭祀物品。據信他隨後患上致死性的疾病，這是悖離宗教信仰的惡果。當時蓮花生大士正在尼泊爾，接受信度國王的懇求而前往布姆塘。蓮花生大士依約前往不丹救治國王。國王重獲健康後，供養大師所有王室財物。蓮師拒絕納受財物，只要求國王重新皈依宗教。國王因

---

40. 密續（Tranticism）被認為是一種有助於更快速達到涅盤狀態的佛教身心修持方式。印度教中也有一些相同的修持形式，但可能是為了其他目的而持修。
41. 如同前述，嘉喀爾（Chakhar）意指鐵宮，而嘉波（Gyalpo）意指國王。

雷龍之吼

此成為蓮師的弟子。

蓮花生大士不僅治癒了信度國王，也開導納布達壞國王，使之皈依佛法。和平大典在不丹南部，一個稱之為納基堂的地方舉行。兩位國王都同意不再干戈相向。儘管兩位國王的不同身家背景，以及部分史家的好事天性，將整起事件扭曲為具有政治外交的意義，他們將之描述為不丹與印度之間和平友誼的開端。

信度國王將女兒札西·姬登（Tashi Khiden）公主，供養給蓮花生大士作為修行助伴。蓮師隨後於至今仍屹立不搖的古杰寺（Kurjey Lhagang，或稱「蓮師身印寺」）旁的山洞中閉關禪修。山洞內有蓮師身背的印記，正如地名「古杰」（Kurjey）所代表的「身印」之意，故而此地被視為不丹最殊勝之地。之後蓮花生大士從西藏重返不丹時，前往不丹西部高懸於帕羅谷地上方絕壁的著名達倉寺（Taktsang，即虎穴寺），此地亦有蓮師的相關記載。相傳祂曾騎乘雌飛虎到達此地，於山洞中閉關。後人推測蓮花生大士還造訪過許多其他谷地與地區，並於這些地方閉關修持。有一些地點被認定為宗教聖地以及朝聖地點，例如東部的辛給宗（Singye Dzong）[42]、阿嘉內（Ajanay）和札西央策（Trashiyangtse）。這些聖地已廣由西藏、錫金，以及其他喜瑪拉雅地區的佛教世界所公認。

有趣的是，現今布姆塘有一個家族，自稱是信度國王的後代。他們展示了世代相傳的家族物品，包括札西·姬登在一塊石板上留下的腳印[43]。

信度國王作為流亡王子，從印度西北部來到不丹的真實性可以獲得接受，但仍無法因此而宣稱過去曾有大量的印度移民或其他南亞族群定居於不丹，本地歷史中，也從未有任何時期為印度藩屬或曾依附於印度主權之下。因此，即使今天有些人試圖做如是主張，卻沒有歷史學家能

---

42. 筆者曾於 1997 年至 1998 年間前往辛給宗遊覽朝聖。

43. 筆者曾拜訪過這個布姆塘的家族，他們出示這些傳承聖物。族長宣稱其家族確實是信度國王的後裔。

夠不出於政治或其他特定原因，而簡單「證明」不丹曾為印度的一部分
（Rahul, 1983）[44]。

---

44. 有關這點，可參見「大印度圈」（Great India）於 2007 年 9 月 9 日刊載：http://
starnarcosis.net/obsidian/india.htm

雷龍之吼

不丹創立者：夏尊昂旺・南嘉（1594~1651）

昂旺・南嘉（Ngawang Namgyal）於一五九四年出生於西藏竹江秋寺（Druk Jangchhubling）附近的嘎東寺（Gardong）。他的父親滇佩・尼瑪（Tenpai Nyima，1567～1619）是米龐・碓嘉（Mipham Chhogyal，1543～1606）之子，為竹巴噶舉主寺惹龍寺的第十七代法嗣住持。昂旺・南嘉的母親為索南・帕姬・布蕊（Sonam Palgyi Buthrid），是拉薩領主之女。她曾與藏德悉（Tsang Desid；或稱藏巴汗，為後藏領主，其領地為西藏與不丹毗臨的主要地區）滇松・旺波（Tensung Wangpo）共結連理，育有一女。兩人離異後，索南・帕姬・布蕊改嫁滇佩・尼瑪。昂旺・南嘉出生後，認證為竹巴傳承大學者與尊聖者貝瑪・嘎波的轉世（Pema Karpo, 1527～1592）。然而另一位帕桑・旺波（Pagsam Wangpo），同時也被認證為貝瑪・嘎波的轉世，並得到最後一任藏巴汗噶瑪・丹迥・旺波（Karma Tenchong Wangpo，統治期：1622～1642年）的承認（Rahul, 1983）。

從昂旺・南嘉幼年開始，米龐・碓嘉即對孫子的前途寄予厚望，他親自訓練孫子，望其成為竹巴法王。訓練內容還包括前往藏中與藏南游歷，連當地的桑昂寺（Sang-nga-chholing）都試圖調解兩位轉世者之間的競爭，但收效甚微。昂旺・南嘉在祖父於一六〇六年辭世之後，入主惹龍寺，成為第十八代竹巴主寺住持[45]。然而十年之後，昂旺・南嘉自認離開西藏為佳，避免繼續與帕桑・旺波競爭，長期的敵對狀態不利於竹巴傳承的統一。情勢既然如此，他立時接受不丹竹巴僧人的邀約，旅行

---

45. 要注意這裡的說法與另一位轉世者帕桑・旺波所持觀點有所不同。

穿越林希（Lingshi），並於當地得到不丹竹巴高僧的熱情接待[46]。在不丹竹巴僧眾的既有基礎上，昂旺・南嘉輕易受推舉為政教領袖，即將由他與追隨者建立並擴展，結合了宗教與寺廟的不丹政治實體。

西藏攻打夏尊法王

隨著夏尊昂旺・南嘉進入不丹之後，蒙古政權所支持的西藏軍隊分別於西元一六一七年、一六二九年、一六三一年以及一六三九年先後入侵不丹，但這些侵略行動皆未能削弱夏尊的勢力。不丹與西藏傳統上愛恨交加的關係，始於昂旺・南嘉抵達不丹後，即擁有無數追隨群眾。這些人大部分定居於夏區（Sha）[47]、旺區（廷布）、帕羅地區等地，稱之為昂洛人（Ngalong）[48]。

一六四二年到一六四三年期間，蒙藏聯軍為了追擊寧瑪派僧眾而入侵不丹，當時寧瑪派的追隨者為避免落入強勢統治的格魯派（Gelugpa）迫害者手中，而四處逃亡於不丹、錫金與尼泊爾。一六三〇年代，蒙古人控制西藏，並建立格魯巴政權[49]。昂旺・南嘉的不丹政敵慫恿蒙古人侵略不丹。然而，蒙古人「很輕易地就被擊潰於南不丹的潮

---

46. 筆者於 1986 年前往不丹西北部的林希旅行，途經夏尊昂旺・南嘉由西藏邊境初抵不丹之地。從林希就可以望見西藏的帕里（Phari）等地，人們無視於官方限制而依舊通行兩國邊界。一名林希婦女告訴筆者，她的丈夫就是從帕里越境而來，兩地通婚持續發生，無視官方是否已封閉兩地邊界。

47. 旺地頗章（Wangdiphodrang）與普納卡（Punakha）的宗喀（縣），傳統上稱為夏區（Sha）。

48. 昂洛（Ngalong）這個字詞，現在用於指涉主要定居於帕羅（Paro）、旺區（Wang）以及夏區（Sha）的村落。此字指「最早期的抵達者」，他們大多來自於西藏。

49. 和碩特汗國（Khoshot Mongol）的固始汗（Gushri Khan）於 1642 年任命他的上師，第五世達賴喇嘛昂旺・洛桑・嘉措（1617-1682）為西藏行政中央的領袖。自此，達賴喇嘛政權於藏地持續到 1959 年為止。如同歷史上所見，許多佛教傳承如雨後春筍般在西藏出現，教派間時有競爭。格魯傳承以達賴喇嘛為最高元首，作為西藏的統治政權。格魯巴與其蒙古支持者，在西藏、不丹與其他喜瑪拉雅地區，發起殲滅其他教派的行動。因此 1644 年西藏蒙古於不丹之役，也是一連串入侵行動之一。（Rahul, p.4）必須謹記的是，格魯政權並不重視蓮花生大士，但祂在寧瑪派與噶舉派中則被視為重要人物，這是衝突升高的原因。

雷龍之吼

濕低地之中。」（Savada, p. 256-7）

　　西元一六四四年到一六四五年間，藏巴汗囊措・歐（Nangso Ao）為了征討不丹，集結藏人、蒙古人以及霍康家族（Hor）的族人，組織了一支史無前例的龐大兵團。夏尊的首席大臣認為不丹無法力抗這支已進入國境，且正朝向普納卡而來的大軍。他們主張先與藏人達成共識與和解，也許較為妥善。夏尊對此建議充耳不聞，反而規劃迎戰策略以抵抗西藏威嚇。故事的發展是，儘管夏尊僅在普納卡佈署少數兵力，卻設法讓藏人誤信他編列大軍迎戰。他命令少量部隊步行穿越宗堡大門，看似正要出行應戰。這些士兵隨後返回宗堡後方，躲在藏軍探哨眼力未及之處，從宗堡後門進入，然後再度行列步出前方大門。這個善巧戰略也包括，西藏大軍從紀立岡（Jiligang）前往普納卡的路途中，看見不丹軍人搬運成堆的米糧及其他物資。從宗堡傳出嘹亮的號角吹奏聲，整個景象讓藏人以為，將有大軍從宗堡湧出，敵軍將士現正摩拳擦掌準備應戰。再者，藏人處於不利的戰略位置：山腰與斜坡朝往普納卡的方向傾斜，正巧因秋葉掉落而陡滑。這使得有秩序的部隊行軍變得困難。士兵們的陣形最終被隨後發生的一團混亂給破壞殆盡，火燒濃煙突然竄入營帳之中，而他們的主帥竟已逃往帕羅。總之，夏尊的戰術運用以及令藏人震驚的「霉運」，漂亮的消滅了考驗新政權的嚴峻軍事威脅。

　　在夏尊與藏巴汗的衝突當中，藏人總是重複提及竹巴傳承的珍貴聖物。當昂旺・南嘉離開西藏時，帶走了聖物「壤烔・卡薩帕尼」（Rangjung Kharsapani）。這個聖物是一尊觀世音菩薩像（不丹文稱為「千瑞吉」Chenrezig），據說在貝瑪・嘎波的脊椎骨中自然形成（即壤烔，rangjung），而在他圓寂後為人所發現。昂旺・南嘉的對手發現他將此物佔為己有，後藏當局下令發兵奪回聖物。當兩方爭論達到高潮，據說昂旺・南嘉從普納卡宗堡穿越河流，欲前去與藏人對質。他假裝取出聖骨，然後對著藏人的方向大喊：「這就是你們在這裡與我作戰的原因吧！」他出示聖骨並揮舞著。當然真正的聖骨太小，尤其在過河的那當頭難以看清楚，因此任何一個在場的見證者都只能說，他們看到昂

旺‧南嘉弟子們經常都看得到的收藏聖骨的傳統寶盒。昂旺‧南嘉將盒子裡的東西丟入普納卡河中，然後再度對著已無心再戰的藏軍喊話。

「現在你們已經沒有理由再繼續留在不丹了。滾回去！」這樣似乎就結束了普納卡之役的對峙。今天這個聖骨依舊保存在普納卡宗的宮殿中，作為國家一級宗教珍品而妥善保存[50]。每逢年度普納卡佛法節慶期間，就會大肆慶祝這個歷史事件。

一六四七年，西藏人捲土重來，派遣入侵部隊，試圖奪取對不丹的控制權。他們因無法戰勝不丹人，而再度挫敗。藏人與蒙古人未能從歷史中習得教訓，總是一而再、再而三的入侵不丹。來自北方的軍隊慣於在中亞結凍的廣闊曠野間作戰，即便已與不丹人有過作戰經驗且又是驍勇善戰的將士，他們卻無法在不丹繁茂溫暖的森林山谷與丘陵間對抗不丹人。當地軼聞傳誦著，不丹人誘使藏蒙軍隊進入茂密的杜鵑花叢裡，這些北方軍人的一頭不羈長髮牢牢的被花叢纏住。當他們的行動受限或甚至無法動彈時，下場就是遭不丹人俘虜或者補上一劍。不丹人自豪之處，就在於十七世紀昂旺‧南嘉來到不丹以後，一直到十八世紀初葉這段期間，一再擊潰並驅趕藏人與蒙古人[51]。這與成吉斯汗大軍縱橫中亞與歐洲的蒙古勝利形成鮮明對比。

夏尊與區域內其他政權建立往來關係

夏尊昂旺‧南嘉的名聲與威望，傳遍喜瑪拉雅及鄰近許多區域。庫奇‧比哈爾國王奉上賀禮並尋求邦誼。阿薩姆的阿霍姆王國則持續維持與不丹的友好關係。拉達克的南嘉國王，過去即學習竹巴噶舉傳承甚於西藏主流的格魯傳承，他將不丹視為同道中人。拉達克的桑給‧南嘉國

---

50. 這個故事是不丹方面的解釋。亦可參見附錄書目中，《夏尊昂旺‧南嘉的大成就者傳記》。
51. 參見網址，刊載於 2001 年 3 月 21 日：http://lcweb2.loc.gov/cgi-bin/query2/r?frd/cstdy:@feld(DOCID+bt0017)。

雷龍之吼

王（Sengge Namgyal，統治期：1616～1642）為求得王嗣而請求夏尊賜福，王嗣誕生後，他將第歐‧岡里（Tyoe Gangri，即瑪旁雍措湖與岡底斯山等地區。現已落入中國西藏政權手中。）的數個村落供養給夏尊法王[52]。事實上，由於兩國關係如此友好，桑給‧南嘉的孫子德勒‧南嘉（Deleg Namgyal，1675～1705）統治期間，曾在不藏戰爭中向不丹提供援助。但是，拉達克的涉入最終卻為德勒‧南嘉自己帶來災難。一支藏蒙軍隊攻擊拉達克，德勒轉而向蒙兀兒喀什米爾（Mughal Kashnir）統治者求援。蒙兀兒逼迫德勒履行宗教條件，他必須信奉伊斯蘭教，並在拉達克首都列城（Leh）興建一座清真寺，此外還要求貿易減免等優惠。蒙兀兒成功地將藏人驅趕出拉達克，但蒙兀兒大軍才剛回到喀什米爾，藏人聯合另一支蒙古軍隊再度來犯，他們不只強加貿易制裁條件，還要求拉達克國王必須向拉薩上繳歲貢。（Wahid, 1981）

不丹與鄰國尼泊爾，兩國間的重大發展則始於廓爾喀（Gorkha）王朝的冉‧夏國王治理期間（Raja Ram Shah，1606～1633）。他是一位強有力的統治者，為尼泊爾在土地收益方面最早的改革者之一，亦建立了刑法法典。冉‧夏與不丹的夏尊昂旺‧南嘉為同一時代的人物。

在這段時期中，尼泊爾的統治者透過宗教交流，准許興建竹巴寺廟，並且願意提供尼泊爾境內土地，以擴展並穩固與夏尊的友誼。事實上，不丹的僧團札倉（Dratshang）[53]過去常指派監督員巡察位於尼泊爾的廟產。有些廟宇至今依然存在，一九八五年，筆者擔任不丹駐尼泊爾大使時，曾造訪加德滿都谷地的其中一座寺廟。不丹僧眾在喇嘛崑修‧澤珠（Kuzsho Tshechu）的全面監督下，仍維持著事務運作。

晚年的崑修‧澤珠是持有尼泊爾國籍的不丹裔人士中，一位有趣且

---

52. 自 1984 年與中國展開雙邊國境會談以來，其中一項議題就是，不丹可與中方討論原先屬於不丹治理的獨立村落與寺廟之轄權。可以理解的是，中國人拒絕賦予不丹在早期領主封邑意義下，對這些地區所擁有的領土權，但不丹若有興趣，可以考慮補償金或其他非主權處置的可能性。這些討論直到 2011 年仍未有定論。筆者為 1984 年、1985 年與 1998 年不丹代表團的團長，握有對此議題的第一手資料。

53. 札倉（Dratshang）：為藏傳寺廟內的經學院，專司佛學研究。大型寺院內常設有數個札倉，分別鑽研哲學、佛學、醫學、天文曆算等各領域。── 譯註

眾所周知的人物。他是尼泊爾畢蘭德拉國王（Birendra Bir Bikram Shah
Deva）的顧問與親近人士，而且與不丹雅博烏金・多杰（Yab Ugyen
Dorji）——國王吉美・辛格・旺楚克的岳父——的家族有關連。他有
助於維繫兩國王室間，親密而牢不可破的友誼。

　　傳聞夏尊昂旺・南嘉造訪冉・夏統治時期的廓爾喀王朝之後，大約
有五十多個尼泊爾家族，於一六二四年以工匠藝師的身分移居不丹。雖
然在夏尊的成就者傳記（namthar）[54] 中，明確指出是為了國家建設而招
募尼泊爾工匠，但未有任何原始資料佐證夏尊造訪尼泊爾一事是否屬
實。尼瓦爾匠人前往廷布的貝布納與帕羅的烏坵村，貢獻出他們在尼泊
爾等地享有盛名的工藝與建築技術，這似乎給予此論點某些可信度。夏
尊修建首座宗堡和不丹西部的重要廟宇，這也是已知事實。包括祈瑞寺
（Cheri）建於一六二〇年，辛透卡宗（Semtokha Dzong）建於一六二九
年，普納卡宗建於一六三七年，札西崗宗建於一六四一年以及帕羅宗建
於一六四六年。這些大規模的建設工程僅花費大約廿年的時間，在缺乏
公路運輸以及機械化施工的情況下，不僅需要動員龐大勞動力以應付鉅
量的人力手工，也需要技藝精湛的能工巧匠，完成複雜精緻的建築製作
與繪畫。附帶一提的是，從一九六一年迄今，大量工程建設的現代化發
展計畫展開以後，不丹仍必須從外國輸入勞動人口，包括技術性和非技
術性勞力、教師、醫生、工程師、行政人員和官員參與許多任務，以因
應發展計畫項目的實施與運作。令人訝異的是，大部分人員皆來自於尼
泊爾或鄰近的噶倫堡與大吉嶺等相關地區。但當我們知道噶倫堡的不丹
多杰家族與當地的尼泊爾人有著密切關係時，就一點都不感到驚訝了。
尼泊爾人被視為明確人選，尤其他們來自於高地與山區，更能適應寒冷
與高海拔的氣候。此外亦有來自印度不同省份的其他工作者，包括許多
南印度的教師，他們將南印度英文腔傳授給一九六〇年代到一九七〇年

---

54. 參見《大成就者自傳》第 168 頁，描述夏尊為了父親滇佩・尼瑪而興建舍利塔，為此
　　帶回五名尼泊爾工匠師。甚至連工匠師的名字都有記載：巴曼尼（Bamani）、瑪揚
　　（Mayang）、恰提帕拉（Jatiphala）、阿彌帕拉（Amiphala）與曼嘎拉（Mangala）。
　　結論明顯是，為了興建更大的建築工事而可能需要更多工匠。

雷龍之吼

代的不丹學生。不丹為了大規模的國家建設而持續僱用外籍勞工，這樣的依賴程度預計將於未來幾十年間持續下去。大型水利工程的建設，以及蓬勃的房地產市場都必須依賴更多的外籍人士。

即使本地勞工可以在國內不同區域間自由調度，但當時夏尊的行政機構仍需要大量的外來勞動力。我們以現代化交通的便利來檢視當時場景時，四處分散於不丹境內的聚落以及主要從事於自給型農業與放牧業的零星人口，難以擁有當代的便利設施。別忘了正當國家展開大規模的西部建設時，不丹境內的布姆塘與東部地區仍尚未納入夏尊的統治範圍。

我們應該牢記，精力充沛、有能力且極具遠見的夏尊，並非漫無目的地與鄰近國家發展邦交，尤其他正面臨著對門的西藏強敵。在那個時代，若未得到冉・夏國王的同意與支持，可能也不容易將尼泊爾王國的專業工匠召募到不丹。

藏人調解失利，竹巴大軍攻下東不丹地區

在夏尊昂旺・南嘉鞏固不丹西部勢力後，現今國家的東部地區，也就是通薩（Trongsa）以東，仍在西藏藏巴汗的統治之下，宗教上則歸屬於格魯巴傳承[55]。夏尊昂旺・南嘉沒有理由親自東行穿越過佩勒拉山（Pele La range）。但他託付有能力的近親擔任通薩本洛（通薩的統治者）。此即明究・滇帕（Migyur Tempa，1613～1680），在不丹歷史中扮演著最重要的角色之一，他將今日東不丹地區納入噶舉派的統治。遺憾的是，除了一份由東不丹札西崗宗署名僧人昂旺的報告外，並沒有其他的文件記載。據此我們也僅能稍微得知東部「王國谷地」如何被噶舉兵力一舉攻克的原因。當時東不丹的布姆塘人、康人（Khengpa）、庫

---

55. 但不論西藏的格魯巴政權如何花費心思，除了梅拉—薩克坦（Mera-Sakten）這個地區之外，他們從未握有對不丹東部的控制權，此因夏丘人較傾向於藏傳佛法中的寧瑪派傳承。

爾第歐人（Kurteop）以及夏丘人各自擁戴自己的「國王」（Gyalpo）[56]，區分為數個小型谷地王國。

由於藏巴汗遭受蒙古人挫敗，夏尊認為此時有利於對不丹東部下手，如此即可削弱西藏對東部地區的統治。當時東不丹的頭人間長久以來亦多有爭鬥。其中兩位頭人，卡林（Khaling）的德霸（Deba）與康隴（Kanglung）的竹嘉（Drugyal），為了控制肥沃的阿薩姆杜阿爾斯地區（Duars）而僵持不下。握有這些南方沃土，可使該地頭人獲得豐碩的收益。為了解決紛爭，頭人們最終只得尋求西藏官員居中調解，但未能達到令兩造雙方滿意的方案[57]。西藏官員無法使用倉拉語（Tshangla-lo）或夏丘語（Sharchhopi-kha）[58]溝通，夏丘人（東不丹人）也不太懂藏文。為此，必須派遣翻譯人員。事實證明西藏官員是一群不負責任的傢伙，他們讓爭論雙方為其買單，自己卻終日沉溺女色、尋歡作樂，而不願試圖找出和平解決的方法。

兩方各自派選一位翻譯員進行溝通。竹嘉的翻譯員是喇嘛南謝‧多杰（Namsay Dorji），為西藏竹巴喇嘛圖滇‧佩卡（Thupten Pekar）之子。德霸的翻譯員則是西藏勞格‧域松（Laog Yulsum）地區的達旺人士喇嘛丘英‧岡措（Chosying Gyamtsho）。然而，調停尚未達成結論，南謝‧多杰就與一位西藏特使達彭‧滇松（Dapon Tensung）因女色問題而爆發衝突。滇松刺傷並殺害兩名南謝的僧人，南謝則用刀劍攻擊滇松，但未能給上致命一擊。南謝很快地意識到，他的行為將會導致嚴重後果。為了避免事態嚴重，他立即投向通薩的明究‧滇帕。他向本洛稟報東部地區盛行的歪風。明究‧滇帕將南謝送往普納卡晉見夏尊。夏尊知道此時後藏地區處於內戰，藏巴汗面臨蒙古人的威脅，這正是將東部

---

56. 一般將「嘉波」（Gyalpo）翻譯為英文的國王（king），但實際上這些嘉波只是小的頭人族長。

57. 從當事者訴諸後藏政權調停的方式似乎顯示出，東部地區在尚未被竹巴政權統一之前，應該是承認後藏的宗主地位。

58. 這兩個詞語都是出自同一種語言。東不丹的語言與不丹官方語言 —— 宗喀語 —— 極為不同，前兩種語言同屬藏語方言中的博地語（bodic）。

納入竹巴統治的良機。東部小領主間的紛爭與混亂，加上藏人又無能掌控，對夏尊而言，這是一個非比尋常的大好機會。

明究・滇帕遵奉夏尊指示，從西部集結兵力，首先攻擊並擊潰布姆塘的丘寇爾（Choskhor）統治者，該頭人與隨護立即逃回西藏。於是布姆塘德基（de-szhi，布姆塘下轄的四個分區）全境都納入竹巴統治之下。任命一名宗達（Dzongda，即縣長）駐守於迦卡宗（Jakar dzong）作為區域行政長官。

當竹巴大軍正慶祝布姆塘大捷時，更東邊的庫瑞隆省（Kurilung），包括庫爾第歐與庫爾密（Kurmey）也爆發衝突。羅薩（Ragsa）國王拉布達（Lhabudar）在一樁由奇林（Kyiling）國王達瑪（Darma）與宗帕基敦（Zhung Phag-gi-dung）國王嘎瓦（Gawa）策劃的密謀中慘遭殺害。羅薩人民由遭暗殺的國王遺孀所帶領，邀請竹巴大軍前往庫瑞隆援助。嘎瓦與達瑪試圖反擊入侵者，但依然落敗。如此一來，所有上、下庫瑞隆區域皆落入竹巴勢力之中。隨之於該區設立倫策宗（Lhuntse dzong），任命喇嘛竹克・彭措（Druk Phuntshog）為宗彭（Dzongpon，管轄數個縣的首長），負責庫瑞隆的行政管理。

此時竹巴大軍不再停留，他們繼續揮軍東行，朝著寇隆河（Kholong Chhu）而去，並且毫無阻礙地，該地區的首領與頭人皆臣服於竹軍麾下。札西央策宗（Tashiyangtse dzong）於焉設立，以便管理此區行政大權。

通普（Tongphu）國王抵禦竹軍接管，但他的部隊迅即慘遭殲滅。其後，鑑於竹巴雄軍的凌厲攻勢，其他統治者與地區民兵皆毫無抵抗立即降服。昂尚（Ngatshang）與企尚（Chhitshang）皆分別投降後，建立了雄嘎爾宗。

竹軍從雄嘎爾宗派遣傳訊者前往札西崗（Trashigang）、康隴（Kanglung）與卡林（Khaling），最終到康里南松（Khen-rig-nam-sum，即康區的三個轄屬縣）等地投遞降書或戰書。這些地區皆平和受降，現今東不丹全境於是納入竹域統治。

東不丹征戰所耗費的時間，長於夏尊昂旺·南嘉的壽期，歷程跨入十八世紀的頭十年。儘管根據某些史料，東部至卡林等地區於一六五五年即已落入竹巴統治（Rahul, 1983）。但亦必須記住夏尊於一六五一年圓寂之後，死訊密而不宣，保守了數十年之久。人們僅知夏尊正處於隔離閉關（thugdam）之中，僅只透過小洞供應每日餐食。宗教人士所進行的這類閉關在當地實屬常見，似乎沒有人真的追問夏尊為何久未現身，人們甚至對此問題謹言慎行。隱瞞夏尊圓寂的原因，明顯是為了尋找繼任者的問題。

早期基督教傳教士：與不丹開國者的歷史性吉祥相遇

西元一六二七年到一六二八年期間，葡萄牙耶穌會傳教士從印度教會出發，前往不丹[59]，成員包括裘奧·卡布拉爾（João Cabral）神父與埃斯塔夫奧·卡瑟拉（Estavão Cacella）神父。由於歐洲基督宗教與其傳承根源失聯，導致修行變質，他們誤以為不丹與西藏仍盛行基督宗教的古老形式。基督會傳教士的這些印象，似乎是基於藏傳佛法僧人身著長袍、手持念珠，有許多與之相似的修行形式，或者看似與一些基督宗教修行者相似，尤其是天主教徒的長袍與誦讀玫瑰經時所使用的念珠。

卡布拉爾神父與卡瑟拉神父是第一批到達不丹的歐洲人，可能也是不丹人與歐洲人的首度接觸。與歐洲傳教士接觸的首位不丹人描述當時的情景，他以為白人傳教士在臉上塗抹某種白狀物，不丹人甚至試圖將這些東西從他們臉上刮掉。後來有一些不丹人誤以為他們是白化症患者，並且告訴傳教士說，他們以白化症患者的方式來到不丹是非常吉祥的象徵，因為恰好有一個患有白化症的不丹人出生於帕羅谷地。我們無從考證這些解釋，但聽起來的確非常有可能。

---

59. 參見網頁資料，刊載於 2008 年 5 月 27 日：http://www.kuenselonline.com/modules.php?name=News&fle=article&sid=8378

雷龍之吼

說來也巧，這兩位葡萄牙人抵達不丹時，正值夏尊統治權力幾達巔峰之際。據傳，當傳教士抵達廷布時，夏尊法王還將之視為重要人士而隆重接待。這份耶穌會的紀錄報告提供難得的機會，讓我們得以從外國人的觀點了解夏尊法王的個人特質。

夏尊下了一番工夫了解基督宗教，甚至為了跟神父學習葡萄牙語和神學，而與國內僧人發生爭論。他准許耶穌會在帕羅建造教堂，但這個計畫從未執行，因為葡萄牙人更有興趣的是北行前往西藏傳教。基督宗教並未於不丹流傳開來，後人只能揣測，葡萄牙人於帕羅執行職務時，不丹的宗教和政治可能發生了某些狀況。神父們後來前往西藏帕里，他們於該地試圖建立傳教據點，但仍未成功。

夏尊未確立繼承人

沒有證據顯示夏尊昂旺‧南嘉有指定轉世者作為繼位人選的打算。事實上，一六二八年造訪不丹的耶穌會教士報告書中，夏尊告訴他們，未來將由子嗣繼承其位，雖然那時他仍尚未有任何子嗣。

有趣的是讀到卡瑟拉對夏尊相貌的描述，以及對未來繼任者的討論片段。他寫到：

「他頭上的頭髮這麼長，幾乎有兩厄爾（ell）長；他似乎對此（頭髮和鬍鬚）頗為自豪，他把長鬚髮視為莊嚴宏偉的象徵；但他告訴我，一旦有了子嗣作為王國繼承人之後，他就要將鬚髮剪掉，然後退隱離世，因為他不想留著長髮離開人世。」

米榭爾‧阿瑞斯博士於「親屬關係」（Relacão）的註釋中，引用上述段落，描述如下：

「這也許是出自不丹歷史的觀點中，對於其親屬關係的唯一最重要描述，因為這確認了一個事實，那就是夏尊欲留下子嗣，以繼承其不丹統治者地位。由於他自己認證為貝瑪‧嘎波的轉世過程，歷經曠日費時

的爭議，因此轉世繼承對他而言幾乎沒什麼吸引力。這段敘述記載下來後四年，一六三一年，他那體弱多病的兒子『蔣帕‧多杰』（Jam-dpal rDo-rje）隨即誕生」[60]。

事實上，如果事情依照計劃發展，事實也應是如此。然而，夏尊的兒子蔣帕‧多杰（Jampel Dorji, 1631～1681）因生理缺陷而無能治理國家。後來有人試圖推舉夏尊的孫女——措姬‧多杰（Tshokey Dorji）——為名義上的國家領袖。直到夏尊的直系親屬隨著措姬‧多杰離世而結束，保守了夏尊死訊將近半個世紀以後，才似乎由手握大權者訴諸轉世者繼承大位。

顯然，具有領袖魅力的強人夏尊之死，在缺乏合格繼位者的情況下，造成極大的權力真空。當檯面上不再有任何繼承人選時，只得採用如同西藏達賴喇嘛一般的轉世系統。從一七三〇年起，一直到十九世紀末葉，通薩本洛吉美‧南嘉與其子烏金‧旺楚克建立統治地位之前的這段期間，不丹進入內亂時期。

每當一位夏尊轉世獲得認證，反對勢力就推舉另一位競爭對手。大約有兩百年的時間——恰與英國殖民帝國在印度次大陸擴張勢力的時間大致相同——國家經常處於動盪之中，但仍勉力維繫夏尊轉世體系。這樣的轉世者幾乎不可能治理國家，因為從一任轉世者圓寂，到下一任轉世長大成人的過渡時間太過漫長。這樣的情勢導致以通薩、旺地頗章、普納卡、廷布、帕羅等地為主的權力中心傾軋，他們推舉自己預定的德悉（Desid）人選，而且經常發生武力衝突。通薩本洛吉美‧南嘉也只能維持國家的和平與穩定，透過成功的壓制住其他競爭對手，最終成為國家的權力中樞。情勢約於一八八五年大致底定。

60. 米榭爾‧阿瑞斯，《不丹的歷史起源》，維也納大學，1986 年出版，第 186 頁，第 63 條註釋。同時應注意到阿瑞斯對不丹／西藏術語或名稱的拼寫。他使用羅馬版的古典藏文拼寫。

雷龍之吼

歷代夏尊轉世

夏尊轉世	出生—卒歿	夏尊治理期間
1. 昆嘎・喀申（Kunga Gyaltshen）	1689-1713	1698-1712 （約 14 年）
2. 確列・南嘉（Chhoglay Namgyal）	1708-1736	1712-1729 （約 17 年）
3. 吉美・諾布（Jigme Norbu）	1717-1735	1730-1735 （約 5 年）
4. 米龐・旺波（Mipham Wangpo）	1709-1738	1735-1738 （約 3 年）
5. 吉美・達帕（Jigme Drakpa I）	1724-1761	1738-1761 （約 23 年）
6. 確吉・嘉策（Chhoekyi Gyaltshen）	1762-1788	1762-1788 （約 26 年）
7. 吉美・達帕二世 （Jigme Drakpa II）	1791-1830	1791-1830 （約 39 年）
8. 吉美・諾布（Jigme Norbu）	1831-1861	1831-1861 （約 30 年）
9. 吉美・確嘉（Jigme Chhogyal）	1862-1904	1862-1904 （約 42 年）
10. 吉美・多杰（Jigme Dorji）	1905-1931	1905-1931 （約 26 年）
11. 吉美・滇津（Jigme Tenzin）	1939-1953	1939-1953 （約 14 年）
12. 吉美・昂旺・南嘉 （Jigme Ngawang Namgyal）	1955-2003	流亡印度

夏尊所建立的統治體系

夏尊昂旺‧南嘉建立了獨特的統治系統，即不丹著名的「政教雙軌制」（Chos-Srid Gnyis-Idan）。由杰‧堪布（Je Khenpo）掌管國家的宗教事務——竹巴噶舉傳承設立於普納卡宗內的總部宗札倉（Zhung Dratshang）[61]，夏季則遷往廷布的札熙閤宗（Tashichho Dzong）。在札倉協助杰‧堪布管理重要區域與事務運作的僧官，包括多杰‧洛彭（Dorji Lopon）、揚畢‧洛彭（Yangbi Lopon）、札畢‧洛彭（Drabi Lopon）、曾邑‧洛彭（Tshenyi Lopon）以及札倉‧溫策（Dratshang Umzey）等職位。這些握有職權的官員任期三年，兼任杰‧堪布者可展延任期。建立這個組織之後，夏尊也選出杰‧堪布的繼任者。挑選新繼任者的過程，一般由多杰‧洛彭優先出任，但也並非每次皆如此。

在國家的世俗政治方面，竹德悉（Druk Desid）或簡單稱之為德悉（Desid）或德布（Deb），擔任國家的最高行政首長。該職位剛開始也是由僧團選派，但很快即有所改變，政治上具有影響力的人士開始爭奪這個當今等同於總理的最高行政職位。

代理攝政王：迦色‧昂旺‧滇津‧壤紀 [62]

既缺乏特定的夏尊繼承人選，轉世繼承的系統也尚未開始，竹域的國家事務皆由迦色‧昂旺‧滇津‧壤紀（Gyalse Ngawang Tenzin Rabgye，1638～1696）掌管。夏尊圓寂消息未公開之前，他擔任「賈紮」（Gyaltshab，即攝政王），為國家代理元首。他隨後出任第四任德悉，並成功驅離藏人對不丹的攻擊。一六七六年西藏軍隊遭擊退後，一直到一六七八年為止，邊境至少維持了短暫的和平。當藏軍再度來犯，

---

61. 譯為中央僧團（Central Monk Body）。
62. 見本書附錄八，不丹的54位德布／德悉列表。在不丹的政教雙軌制中，德悉為世俗政體的領導人，但有勢力的本洛與宗彭經常削弱此國家最高行政者的權力。

滇津・壤紀與之和平談判，甚至於一六八七年簽署正式協定。這份協定似乎有助於勸退一六九一年藏人再次威脅，當時西藏德悉桑給・嘉措（Sangay Gyatso）威脅將攻擊不丹。

南不丹頭人勾結錫金並與西藏聯手對抗不丹時，滇津・壤紀平定叛亂，並於當地設置大嶺宗（Daling Dzong）。滇津・壤紀不僅將該頭人驅趕出不丹國境，並且長驅直入攻至錫金。他將不丹西境向外擴展到蒂斯塔河（Teesta River），並將該地區置於大嶺宗的管轄之下。

尼中戰爭與尼英戰爭對不丹的衝擊

西元一七九一年到一七九二年期間，尼泊爾與中國交戰，中軍指揮官試圖「命令」不丹提供支援。不丹人拒絕所求，此舉激怒中國軍官，他向中國皇帝抱怨不丹的倨傲態度。中國皇帝並未就制裁不丹人而做出回應。但一七九三年，中國皇帝發出詔書，任命駐藏大臣（中國駐西藏拉薩代表）負責監管中國與不丹、尼泊爾、錫金等地事物。

中國當局前往國境交界處與邊城住民接觸時，似乎盡可能地讓他們有隸屬於中國一部分或為中國藩屬的政治外交印象。在某些情況下，特別是周遭政權因內戰或其他衝突而更迭頻仍時，這樣的方法的確成功奏效。居民並不完全了解區域強權政治的動盪，或者他們也許發現到值得花點心思去了解這些關係，以避開其他敵人或征服者。中國人的這種方法對於維持綿長邊界處於和平狀態，也似乎是一種別出心裁的策略。也許也逐漸對當地族群或其他國家灌輸一種觀念：中國自古以來即一向主張對該地區人民與地理疆域具有管轄權。因此，征服或干預等行動有助於重申中國「內政」的合理化——此與這裡的狀況或西藏問題有幾分雷同。該策略大概也在一七九三年時，試圖運用於上述三個國家，使這些國家有種中國在某些程度上控制他們的印象。當中國試圖指派通薩本洛與帕羅本洛分別為「首長」與「副首長」時，更為清楚地進一步企圖對

不丹行使權力。在這個思考脈絡下，必須審視毛澤東的認定。他認為不丹是西藏這隻手掌上，五根手指中的其中之一。西藏是手掌，五根手指分別是達旺（也許尚包括其週邊地區）、不丹、錫金、尼泊爾，以及拉達克。早已看穿中國企圖危害他國獨立主權的週邊國家，通常無法接受這樣的中國政策。唯一的例外是先承認中國宗主權，以免受到英國、或如早期印度穆斯林統治者對拉達克那般的威脅。然而，吉美‧南嘉與烏金‧旺楚克都非常清楚地表明，拒絕服從中國的命令，不丹無意成為任何政權的附庸[63]。

西元一八一四年到一八一五年期間，尼泊爾別無選擇地與英國交戰，抵抗英國竭力對喜瑪拉雅地區的殖民化。英國人早已採行外交途徑對付尼泊爾人。尼泊爾派遣特使團前往不丹確列祖古耶榭‧喀申（Chhoglay TrulkuYeshey Gyaltshen，統治期：1811 ～ 1815）的法庭，將英國的意圖告知不丹，並力勸需盡可能預先阻斷英方圖謀。尼泊爾人的外交努力不像英國人那般成功，未能成功使不丹、錫金或其他鄰國與尼泊爾結盟。據說英國駐印度代理人奇尚‧康特‧柏斯（Kishen Kant Bose）早於一八一五年時即已達成此外交目標。（Rahul, page 14）

雷龍之吼

---

63. 亦可參見後文有關第一任國王烏金‧旺楚克的章節。

吉美・南嘉（1825~1881）：
國家領導者的出現與崛起

　　時序進入十八世紀，正當不丹面對北方西藏與蒙古來犯的威脅時，幸而有夏尊昂旺・南嘉強大而統一的領導，以及諸如明究・滇帕與壞紀等善於職掌事務的能官輔政。然而，當英國開始侵略印度次大陸，並將觸角伸及不丹南疆時，很不幸地，不丹內部正因不同權力中心之間毫無間斷的權力傾軋，而使國家陷入分裂狀態。儘管如此，由夏尊所創設的行政「雙軌制」仍在運行之中。明顯地，狡獪的英國殖民者很快便看出並了解不丹的問題，因而善用其自身優勢。他們隨便找個藉口，設法盡可能地掠奪不丹南部極具利用價值且賦有經濟效益的台拉河（terai）地帶，這些土地富含龐大的林業資源，且可開發為大面積耕種的茶園與黃麻種植園。

　　然而，從不丹的國家動盪與內戰紛擾之中，亦出現了新一批的統治領導階層。英國開始遭到「原始人」——英人自以為在科技上佔了上風——漸強而有效的外交與軍事抵抗。不丹抵抗英帝霸權，以保有獨立自主的國家實體。正是在這樣的背景下，最偉大的主角登場：吉美・南嘉是以國家最高領袖之姿現身。由於吉美・南嘉最重要之處，在於抵擋英國威脅並鞏固國內政權，因此有必要一瞥其生活與時代背景。這將有助於了解不丹人與南方肆無忌憚的英國人交涉時的情況。眼下中國人積極入侵西藏，因此西藏對不丹的威脅已然減輕。

吉美・南嘉的崛起

吉美・南嘉的出身並不低微。在伏藏師（Teroen，德童；即宗教珍寶的發現者）貝瑪・林巴（Pema Lingpa）的兩個兒子之中，貢嘎・喀申（Kunga Gyaltshen）分得所屬家產後，貝瑪・林巴即要求他遷往東部的庫爾第歐。貢嘎・喀申安頓於庫爾第歐的敦卡（Dungkar），因身為高階宗教人士的後代，而被稱為「敦卡・秋傑」（Dungkar Chhoeje，意為大宗師）。他在寇鍾（Khochung）另行建造房舍，於當地即稱之為「寇鍾・秋傑」。貢嘎・喀申的四個兒子之中，基秋（Khichog）與巴秋（Bachog）二子留守於寇鍾。另兩位，朗卡（Langkha）與德卡拉（Dedkla），則掌管敦卡家業。後者共有四子，分別為岱岡（Daygang）、天津・達給（Tenzin Dargye）、帕拉（Pala）與琵拉（Pila），由岱岡執掌敦卡家業。

帕拉與琵拉在德悉手下工作。他們因智巧與勇猛而出名。琵拉迎娶岡滇祖古（Gangten Trulku，岡滇喇嘛的轉世）勒佩・東杜（Legpai Dondup）之女拉苳。拉苳並未生育子女。於是琵拉另與庫爾第歐的江薩（Jangsa）女子索南・珮宗（Sonam Peldzom）生養了六名子女。其中一位是桑杜（Samdup），出生於一八二五年，這位正是未來的吉美・南嘉。

桑杜很早就離開了家鄉敦卡，決定前往西部的布姆塘尋找發展機會。桑杜在途中遇到來自布里（Buli）的高階喇嘛沙卡・南嘉（Shacha Namgyal）。喇嘛發現桑杜擁有好口才，且極為聰慧。喇嘛問及桑杜前往之處，桑杜告之將前往晉見通薩本洛，試圖毛遂自薦以謀求公職。喇嘛提供桑杜旅程中所需的必需品，並指示自己的侍者陪同桑杜前往。喇嘛的態度顯示，他不但與桑杜家族熟識，而且也高度看重桑杜本人的才華與身家背景。

甫一抵達通薩，桑杜就在靠近通薩宗的公共場地雀廓塘（Chhokorthang），見到本洛塘辛・秋杰・烏金・彭措（Tamshing Chhoeje Ugyen Phuntsho），當時本洛正專注於不丹常見的消遣遊戲—射

雷龍之吼

箭活動。桑杜於本洛跟前，恭敬地行了三個「洽克」大禮（chhag，為不丹禮節，意指在尊貴者前頂禮三次）。本洛回應桑杜的頂禮，問起他在庫爾第歐的族人與近況，而後將桑杜納為他的官方隨行人員（Nado, 1986）。

國家內戰以及吉美・南嘉崛起成為通薩本洛

　　吉美・南嘉十八歲時，當時大約一八四三年，由措給・多杰（Tshokey Dorji）接任通薩本洛。依照慣例，吉美・南嘉應比照所有年輕官員，重新分發至低階工作，屆滿一兩年後才能晉升宮廷侍衛。這段時期中，不論交付的任務如何艱難，吉美・南嘉都願意接受，並且達到令上級滿意的成果。逐漸地，吉美・南嘉所肩負的責任，包括跟隨本洛執行勤務，皆令本洛極為讚賞，因此他很快地成為本洛的私人侍從（chhangap，羌嘎）。隨後，他負責管理所有的宮廷侍衛（Zimgarpa，津嘎爾帕），並晉升為侍衛長（Dapon，達彭）。

　　當他廿五歲時（這時應是一八五〇年），吉美・南嘉接任通薩津彭一職，這是在通薩本洛的治理下，該地區第二高位的行政級別。這一年，中央僧團暨中央政府的總指揮部普納卡宗慘遭祝融之禍，毀損嚴重。發生了這樣的國難，不丹的重要官員，包括德悉中央政府的江比（Jangbi）與旺地（Wang）的旺楚克・嘉波（Wangchuk Gyalpo）、帕羅本洛阿嘎・哈帕（Agay Haapa）、廷布宗彭策旺（Tshewang）、普納卡宗彭崑嘎・帕登（Kuenga Palden），以及旺地頗章宗彭恰帕・桑給（Chakpa Sangye）等人，號召全區人民前往普納卡宗協助修復宗堡。於是，措給・多杰與吉美・南嘉，率領東部地區的工人團體，前往普納卡為國效力。

　　造訪期間，對措給・多杰懷有積怨的中央官員企圖行刺，多虧吉美・南嘉的警覺與英勇，無論何時都能確保措給・多杰的人身安全，使

之得以生還並毫髮無傷地返回通薩。

從普納卡回到通薩後，吉美・南嘉除原有的通薩津彭職位外，又增加倫策（Lhuntsi）[64] 宗彭一職，他必須管理倫策宗的所有行政職權。這個遠赴外地的全權任命案看來頗不尋常。這可能是一項賦予吉美・南嘉的額外殊榮，也可能是措給・多杰欲壓制優秀部屬的一種企圖。但是吉美・南嘉無意將注意力分散至他處。他指派唐帕・惹紀（Tangpa Rabgye）為倫策的職務代理人，而後穿過布姆塘回到通薩。他聘請洛彭（Lopon，即老師）岡稱（Gangchhen）——受過高等教育的文學家（dungyig，敦儀）作為顧問與助理。

在普納卡時，吉美・南嘉為了救護本洛免於遭到暗殺，而將自己的生命置於危險之中。出於純粹的感恩之情，措給・多杰曾承諾將讓吉美・南嘉成為繼承者。然而，措給・多杰應將權力交棒時，吉美・南嘉卻意識到本洛想將權位傳給自己的兒子佐杜・喀申（Tshoendue Gyaltshen）。為此他極為失望，並且停止參與公務。措給・多杰亦對自己的食言感到不安。他徵詢貼身顧問，後者認為措給・多杰雖然有權任命自己的兒子為繼任者，但為確保各方關係的和平與協調，明智的作法是先授予吉美・南嘉三年任期。這對所有人而言是最佳安排，可以避免彼此間的敵意。於是，吉美・南嘉正式擔任通薩本洛。此後不久，吉美・南嘉迎娶塘辛・秋杰（Tamshing Chhoeje）家族的貝瑪・雀姬（Pema Cheoki）為妻。

廷布宗彭旺楚克・嘉波成為德悉後，立即遭紮布・策旺（Tshaphug Tshewang）暗殺。向來與旺楚克・嘉波交好的旺地頗章宗彭恰帕・桑給，發起軍事行動討伐新任德悉。策旺死於戰役之中，由恰帕・桑給接掌德悉之位。中央僧團與帕羅本洛阿嘎・哈帕都認為恰帕・桑給並不適任德悉一職。他們傾向於推舉駐紮於廷布宗的第五世夏尊轉世吉美・諾

---

64. 倫策（Lhuntsi）為現在東部地區的地方行政區域名稱，但實際上筆者認為應該以位於倫策的庫爾第歐和宗卡總部命名較佳。如同上文提過，庫爾第歐的敦卡亦為吉美南嘉的出身之地。

布為德悉。然而，恰帕・桑給拒絕退位。

由於阿嘎・哈帕之前與策旺為盟友，恰帕・桑給對之懷恨在心。這些各具權勢的官員因此開戰。阿嘎・哈帕請求通薩本洛措給・多杰給予軍事援助，後者立刻派遣三名官員前去，由吉美・南嘉、敦卡・喀申以及奇夏人（Kitshelpa）多杰・南嘉（Dorji Namgyal），率領數百人的軍隊前往支援[65]。當通薩軍隊抵達普納卡時，恰帕・桑給已撤退至宗堡上方的諾布岡（Norbugang），但通薩的三名官員仍窮追不捨。交戰過程中，恰帕・桑給的軍隊指揮官昂勾（Nyagoe）與掌管馬匹的官員（Ta-pon，塔朋）彌噶透爾（Migthoel）皆遭殺死，而後三名通薩官員撤退到塔洛寺（Talo Goenpa）。夏尊轉世的管家（Zimpon，津彭）索南・德杜（Sonam Doendup），以及阿嘎・哈帕的卅名軍人陪同三名通薩官員前往迦薩（Gasa）。三人從該地穿越拉雅（Laya）與洛札・拉隆（Lhodrak Lhalung），調頭返回布姆塘。然而，阿嘎・哈帕的軍隊終究無法推翻那緊抱德悉之位不放的恰帕・桑給，儘管後者早已人心盡失，並且引發對立。

此時國家爆發天花疫情。阿嘎・哈帕無法將恰帕・桑給拉下王位，只得另謀非常手段除掉他。他們將天花患者穿過的精美漢地絲綢製成的幗服（gho，不丹男裝），作為禮物送給恰帕・桑給。恰帕・桑給是如此地受到這件幗服所吸引，於是立刻換穿。結果他染上天花，不久後死亡。這是夏尊轉世吉美・諾布與帕羅本洛阿嘎・哈帕，最終除掉恰帕・桑給的辦法。

一段時間過後，普納卡中央的德悉談確・倫杜（Damchhoe Lhendup）即將退位，廷布宗彭烏瑪・達瓦（Uma Dawa）與旺地頗章宗彭夏・崑嘎・帕登為了德悉之位而爆發爭執。烏瑪・達瓦即將失利之際，轉求吉美・南嘉支援。吉美・南嘉率軍抵達靠近普納卡的門岱岡（Mendeygang），不厭其煩的勸諫這兩位對手，相互讓步會比暴力相向

---

65. 這三位通薩官員私下似有往來。

要好的多。最後，他們共同推舉蔣貢祖古蔣佩‧天津（Jamgoen Trulku Jampel Tenzin）為德悉而達成和解，吉美‧南嘉得以返回通薩。

然而，吉美‧南嘉所促成的安排並未維持太久。其後很快地，這兩位競爭者又破壞原訂協議，而重新爭鬥。應烏瑪‧達瓦的要求，吉美‧南嘉率領一支龐大軍團，回到中央政府。在夏龐域岡（Sha Phangyuelgang）的一場交戰中，崑嘎‧帕登大敗，而烏瑪‧達瓦則繼續覬覦普納卡的德悉之位。

沒人願意讓事情平息下來，崑嘎‧帕登買通貢津‧達鍾（Gongzim Dachung）刺殺烏瑪‧達瓦。事成之後，他即繼位為德悉。

高階政治會議於焉展開，由新任德悉崑嘎‧帕登、普納卡宗彭夏‧納紀‧巴桑（Sha Nagdzi Pasang）、帕羅本洛阿嘎‧哈帕、通薩本洛與中央僧團代表洛彭永滇‧喀申（Yonten Gyaltshen）等人參與。會中達成決議，阿薩姆庫馬里卡塔（Kumarikata）[66] 上繳中央政府的地租共計「四車盧比」，將保留給通薩使用。自此，吉美‧南嘉亦可全權指派東部地區的所有高階官員，毋需徵詢中央，如同會議舉行之前的情況一樣。這樣的事態發展顯示，重大權力已經移轉到國家後起之秀吉美‧南嘉個人的手上。

前任通薩本洛措給‧多杰對於其子繼任通薩本洛一事越發不耐，尤其眼下吉美‧南嘉的三年任期即將屆滿。為了取悅吉美‧南嘉，在他從西部歸來的路上，措給‧多杰安排了盛大的歡迎儀式，並未表露出內心

---

66. 一個與此處文章脈絡無關的逸事，筆者的父親達紹普拉罕曾於 1920 年代全球經濟大蕭條期間，透過不丹當局私下促成，由一家破產的英國黃麻公司買進庫馬里卡達的大片土地。他還要求嘗試購買毗鄰不丹邊境，位於今天桑竺‧江卡的玫諾卡（Menoka）茶園。家人並不清楚他出於什麼理由而有此舉，但國王吉美‧多杰‧南嘉、總理吉美‧多杰、郎杜‧多杰殿下、帕羅本洛王子南嘉‧旺楚克、嘎卓聽列，以及許多其他資深的不丹官員，出於某些筆者並不完全熟知的理由，曾參觀過家父買下的這片地產。英國當局將土地租給家父，租期為 99 年，事實上這已意味著他實際持有該地。然而印度獨立時，於 1955 年頒布「租賃法」，將這些土地保留給佃農使用。由於該地區博多人與阿薩姆人的暴動，筆者的家族成員不可能對這些土地作出任何聲明。阿薩姆堪如區（Kamrup）老一輩的阿薩姆家族說，這個地區一直延伸到塔木普（Tamulpur），皆築起長段泥牆作為邊界，隸屬於不丹土地。

筆者曾於 1970 年代造訪這個「土墩」，證明確有其事，但找不到任何書面紀錄。

雷龍之吼

的真實想法。措給・多杰安排這樣的歡迎儀式，也的確是適當之舉，因為在吉美・南嘉外出處理國務期間，是由措給・多杰代理監督宗務之責。

措給・多杰意識到在繼任問題上直接與吉美・南嘉對立的困難，尤其是現任本洛的權力與聲望日漸增長。他改由暗地裡對吉美・南嘉使出陰謀，但再度失敗。陰謀破局導致前任本洛之子，迦卡宗彭（Jakar Dzongpon）佐杜・喀申與吉美・南嘉之間爆發衝突。兩方衝突持續將近一年，曼德（Mangde）與布姆塘人民在政爭過程中苦不堪言。根據所接到的民怨，中央政府官員前往調停並制止雙方交戰。杰・堪布永滇・喀申前往通薩，協調吉美・南嘉與佐杜・喀申雙方和解。他們達成共識：既然吉美・南嘉已經是通薩本洛，那麼就授予佐杜・喀申迦卡本洛之銜。這個事件也轉變為，普納卡中央當局對本洛控制下的通薩與東部宗喀釋出行政管理大權。這樣的情況明顯基於當時通訊困難，這在所有偏遠地區，包括南部，情況皆是相同。

在德悉納紀帕・桑給（Nagdzipa Sangay）治理期間，時任普納卡宗彭的旺・達倫帕・透給（Wang Darlungpa Tobgye），必須指派新任旺地頗章宗彭。由於德悉與普納卡宗彭之間為姻親，透給自認將出任職缺。然而，德悉卻指派自己的姪子，旺地頗章津彭夏・辛給（Sha Sigyel）為新任宗彭。這個結果使得透給、卡雍・喀桑・芒給（kalyon Kazang Mangkhel）、以及宗眾耶（Zhung Dronyer）唐格・札西（Dang Tashi）等人集結勢力對抗德悉。但是德布桑給聯合廷布宗彭噶瑪・敦嘉（Karma Dugyal）與帕羅本洛尼姆・多杰（Nim Dorji）擊潰透給。透給向迦卡本洛佐杜・喀申尋求軍事援助，後者又轉向通薩本洛求援。其後，兩位本洛聯手前往首都與透給會合後，繼續揮軍往廷布方向的都舒拉（Dochula）推進。東部本洛插手干預，使得透給佔盡上風，他得以隨心所欲的與德悉分庭抗禮。這個事件明顯強化了吉美・南嘉對於國家事務的影響力與勢力，使他成為國家的實質領袖，甚至可稱為國家的「國王製造者」。於焉穩固建立旺楚克王朝的卓越基礎。

大英帝國展現對印度次大陸的殖民野心，干預庫奇‧比哈爾王國

　　為了解從一七七二年開始，至一九○七年烏金‧旺楚克就任為不丹首任國王的一百卅五年間，不丹與英國人交手的狀況，有必要審視國家如何面臨鄰國挑釁及其敵意。這段不丹史上支離破碎、宛如西方中世紀黑暗時代的領導時期，恰逢狡獪的殖民勢力抬頭，強權者持有區域內從未見過的新型致命火力。與此同時，雖然西藏人與其蒙古盟邦已失去攻擊不丹的胃口，但一有機會，他們仍會介入不丹事務。

　　華倫‧哈斯汀（Warren Hastings）主掌英國東印度公司，為公司董事查看獲利前景時，英國初嚐甜頭，取得涉入庫奇‧比哈爾王國（Cooch Behar）的機會。在這點上應該要記住，東印度公司在英國，係以私人持股的企業法人身分申請商業執照。當時若非英國政府介入，該公司將因沈重的軍事支出而倒閉。一七七三年英格蘭通過監管條例案，賦予英國國會對公司事務的控制權，並將印度事務置於總督轄權之內。首任總督為華倫‧哈斯汀，一七八四年以前皆由他職掌該位。一八五七年「印度叛變」（Indian Mutiny）之後，大英國協才透過公司業務，對印度採取全面的政治與軍事控制。

　　不丹曾為了庫奇‧比哈爾王國的未成年王位繼承人德凡達‧納壤揚（Raja Devendra Narayan，統治期：1764～1766）任命為國王一事，而參與該國的軍事行動。其他有意問鼎王位者的支持群眾密謀殺害德凡達‧納壤揚。為確保合法繼承人繼任王位，不丹遣派迦‧奇拉（Ja Chila，駐印度代表）率領護衛隊進駐庫奇‧比哈爾。透過這種方式，德凡達‧納壤揚死亡或遭殺害時，其同父異母兄弟冉加達‧納壤揚（Rajendra Narayan，統治期：1770～1772）即遞補繼位。這項由不丹策動的行動，被庫奇‧比哈爾的世襲總理納澤爾‧汝達‧納壤揚（Nazir Rudra Narayan）搶先一步，將自己的姪子卡岡達‧納壤揚（Khagendra Narayan）推上王位。

　　這些發展適逢英國東印度公司抵達印度次大陸之際，庫奇‧比哈爾執政當局的敵對陣營見此良機，立刻尋求英人援助。英國人以己方人員

生命損失降至最低的方式，對抗頑強的當地統治者。他們在當地招募印度傭兵，由英國軍官指揮，並透過庫奇・比哈爾當局政敵的協助，達到為己牟利的目的。配置有兩座野戰砲的四組印度軍隊，聽命於英國軍官約翰・詹姆斯（John James）上校的指揮。「英國人」將不丹軍隊驅逐出庫奇・比哈爾，納澤爾得以將卡岡達・納壤揚推上國王寶座。有了新王協助，英國人從中壓榨出豐厚利益，庫奇・比哈爾的獨立身分隨後遭到削弱。剛開始為力求得到英國的軍事援助，納澤爾同意將王國收入的一半支付予東印度公司作為酬庸，並於一七七二年達成協議。英國人甚至無意遵守這份協議，很快就將庫奇・比哈爾併吞進入孟加拉。英國人強迫該國支付所有軍事行動的開銷。甚至連國王保留的另一半國家收入，都被迫支付給英國人（Collister, 1987）。

喜瑪拉雅國家無法團結一致

英國東印度公司進而對北孟加拉區展開邪惡的殖民計畫。該公司決定佔領所有平原地帶，而且不再容許不丹人擁有對孟加拉杜阿爾斯地帶的任何控制權。此舉剝奪了不丹傳統的收入來源，以及與印度次大陸其他地區進行貿易往來的有利地理位置。德布索南・倫杜（Sonam Lhendup 或稱紀達爾；Zhidar）為不丹從一七六八年到一七七二年期間的德布，他認為應攻打奇卡寇塔（Chichacotta）而阻斷英人意圖。然而，不丹大軍鎩羽而歸。由於內亂紛擾與缺乏國家統一路線，面對南部日增的英人威脅與昔日曾為英軍敗將的經驗，紀達爾對於應如何掌控形勢而陷入兩難。他傾向於尼泊爾國王普立費納壤揚・夏（Raja Prithvinarayan Shah，統治期：1769～1775）的作法，抵抗英國入侵喜瑪拉雅地區。然而，這個聯盟沒能長久持續下去，因為國內政爭使得紀達爾永遠消失在政治舞台上。他於不丹西北部的拉雅林希地區，被德布昆嘎・仁謙（Kunga Rinchhen，統治期：1773～1775）的軍隊所

殺。隨後，德布吉美‧辛格（Jigme Sengge，統治期：1775 ～ 1789），聽從竹－菩波（Druk-Bebo）[67]——喇嘛天津‧竹嘉（Lama Tenzin Drukgyal），為派駐尼泊爾的不丹代表——的建言，於一七七五年尼泊爾與錫金衝突中保持中立。然而，在一七八八年到一七八九年尼藏戰爭期間，德布居中協調，以保護尼泊爾境內的佛教聖地。（Rahul, 1983）

　　不丹人缺乏與英國人對談或協商的經驗，因為內戰頻仍，也未能與之交手。當英國人敵意加劇時，不丹領導者很快地決定求助於西藏的班禪喇嘛，據信他與英國人有某些接觸，有能力與之協商。這個進路看似為極佳的外交選項，不丹人希望班禪喇嘛能盡力為其鄰邦利益而涉入調停，以對抗一個對所有（喜瑪拉雅）地區虎視眈眈的非印度大陸政體。

　　然而，班禪喇嘛辜負了不丹人，他並未派遣特使前與華倫‧哈斯汀協商。取而代之地，他於一七七四年三月廿九日[68]，藐視性地致函不丹人以應付所求。信函用詞卑劣，對英國人卑躬屈膝，試圖博取英人好感，並毀謗不丹人聲譽，稱後者為不知對抗優勢強權後果的「野蠻粗人」。這個虛偽的西藏斡旋當然很快就對不丹造成不利影響，英國人威脅並對不丹強加條約。條約於一七七四年四月廿五日簽訂。儘管英國人只榨取到少許優惠，但卻為不英之間奠定法律基礎。不丹必須償付每年五匹坦根馬（Tangun）作為「藏貢」，這使不丹成為鄰國，尤其是西藏、中國，也許還包括俄羅斯諸國眼中的英國藩屬朝貢國。不丹還「特許」帶著其他傳統或年度貿易商隊，前往孟加拉的壞普爾（Rangpur）參加市集。這樣的貿易行為本是雙邊互惠的往來，但很清楚地英方是向不丹傳達這樣的訊息：現在是由英國人控制孟加拉，他們才是有權處置事務的那方。不丹也必須同意自己不受英國敵人所庇護。後項規定並非互惠，而是更進一步強化英國霸權。

---

67. 這是一個指稱官員職位的有趣頭銜。這位翻譯為「不丹－尼泊爾」的喇嘛，等同於駐尼泊爾的不丹代表，負責看管位於尼泊爾境內的不丹寺廟與財產。

68. 參見網址 http://countrystudies.us/bhutan/9.htm，1772 年到 1907 年英國侵略的部分。描述當時擔任年輕達賴喇嘛攝政王的班禪喇嘛，在與英國總督的書信往來中，「反而譴責不丹德悉，並提出西藏對不丹宗主權的要求。」

　　這樣一來，不丹所學到的艱難一課就是：西藏人，不論與不丹之間有多麼親近的種族與宗教聯繫，別想指望他們成為可以信賴的盟友。之後的文獻記載，不再出現不丹對藏人的信任。甚至到了現代，不丹一向支持中國對西藏的立場，嚴峻拒絕西藏反抗中華人民共和國的異議活動。不丹人意識到，並非同源同種就必須成為盟友。共同的政治利益才是真正重要的考量，每個政權都試圖磨利自己的斧頭，即使這有損於他人利益。

不丹內戰期間，英國展開併吞行動並派遣外交使團

　　一七七四年，英國東印度公司派遣喬治・波格爾（George Bogle）前往不丹，更進一步地侵犯領土、貿易與政治利益，不丹人從英國人手中嚐到失敗的滋味。英國已成為更具侵略性的新興外國勢力，該國對孟加拉與其他印度次大陸地區日漸具有支配權。英國人似乎預備以不丹作為英藏貿易與殖民佔領的可能轉運點。英國代表團試著讓自己的提議聽起來基本上無害，甚至對不丹有利，僅僅只是為了經貿往來。不丹的領導者則對英國人的意圖持懷疑態度，拒絕對方使用到本國領土。但反對意見絲毫未受理會，英國的印度貿易商尚未得到不丹的允許，就開始將不丹作為與西藏貿易往來的轉運點。不丹當局試圖阻止，因而與總是找藉口或榨取越來越多特權的英國人進行軍事對峙。所幸印度貿易商透過不丹發展轉運路線有很嚴重的困境，因為本國荒涼遍野、缺乏轉運設施，又有猖獗的公路盜匪，顯然還有其他更好的選項，例如從不丹西部邊境穿過噶倫堡的路線。英屬印度永遠無法通過不丹發展所預期的貿易路線，但不丹人自己倒是總有數個貿易據點，幾乎散佈在與西藏交界的北部邊境上。

　　波格爾代表團之後，亞力桑德・漢彌爾頓（Alexander Hamilton）繼以各式各樣的藉口，數度進出不丹。首先他於一七七六年四月前往普納

卡，據稱「裁決不丹對安巴瑞・法拉寇塔（Ambaree Fallacottah）與賈佩許（Julpesh）兩個行政區的所有權（依據原文）」。為了強化欲在不丹設置轉運路線之目的，對於不丹堅持擁有的部分孟加拉區域，甚至包括當時已成為庫奇・比哈爾的附屬地區，哈斯汀也嘗試循和解路線與不丹談判。然而不丹對此並無具體方案，而英國則是不承認不丹對杜阿爾斯的所有權，亦不承認自己侵略土地，而宣稱只是開拓殖民地。

一七八三年，英國東印度公司決定繼續與不丹人處理爭議問題，該方派遣孟加拉軍團的薩米・透納（Samuel Turner）上校，由繪圖測量員薩米・戴維（Samuel Davis）中尉以及醫生羅伯・桑德斯（Robert Saunders）隨同前往不丹。他們寄出由不丹轉道西藏的許可證要求，但在不丹當局回應之前，特使團就已經抵達不丹。所幸英國人並未看到不丹對該公司董事有任何立即性的經濟效益。然而，如同所見，他們早就對調查該地區的地理形勢有興趣，稍後的行逕可茲證明該國對不丹別有用心。（Collister, 1987）

英國人並不清楚不丹國內的情資、實質的國力強弱，及其與西藏和中國關係的確切本質。他們明確而強烈地懷疑，能否從不丹榨得更多收益。為此於一八一五年，英國東印度公司派遣任職該公司的印度人前往不丹。他是一位名叫奇尚・康特・柏斯（Kishen Kant Bose）的孟加拉人，其報告書中包含對不丹的有趣細節。他得到這樣的結論：「中國是遙遠的宗主國勢力……」而它（中國）「對西藏行使寬鬆的宗主權形式，如同西藏對不丹所行使的一般。」（Collister, page 42）如同前述，柏斯的任務是為了確定尼英戰爭中，不丹領導人並未支持尼泊爾人。對於英方而言，這樣的審慎評估確有必要，因為這是他們對當時不丹與尼泊爾兩國邦誼的理解，否則沒必要讓柏斯針對此事重新調查不丹。

為了進一步達成在不丹的目標，英國人欲取得更多情報，並且開始與不丹領導階層往來接觸。孟加拉人提供的不丹情報還不錯，他們決定從已有斬獲的阿薩姆地區進入不丹。英方發函要求不丹為其造訪發出許可文件，但維持一貫的跋扈作風，在未經東道主許可的情況下仍繼續

雷龍之吼

其行程。他們於一八三七年十二月期間，抵達德旺奇力（即迪沃塘）[69]。不丹人於該地回應，指出特使團應從西邊穿過布瓦・杜阿爾（Buwa Duar）前往不丹，東部路線因國內動亂而不安全，且在冬季的幾個月份中，在綿延於國境東西部之間的高山隘口上——寇瑞拉（Korila）、楚恩辛拉（Thrumshingla）、尤透拉（Yotola）以及鄷佩拉（Pelela）——協商尤為困難。

英國人為了林業資源並建立茶園與黃麻種植區，而欲兼併阿薩姆與孟加拉杜阿爾斯地帶，不丹的統治階級歷經十九世紀以來的交手，對此企圖已瞭然於心。不幸的是，不丹自身支離破碎的國家領導階級已經無力抵禦英國人。如果英國人佔領了這些地區，將會導致不丹經濟困頓。十九世紀晚期，吉美・南嘉與其他不丹領袖都企圖抵制英國侵佔杜阿爾斯區域。這也是一八六三年，不丹之所以不歡迎阿胥列・艾登（Ashley Eden）特使團的原因。一八六〇年到一八六一年期間，艾登成功地迫使錫金國王開放貿易交流以及其他特惠條件。無疑地，英國人欲採取蠻橫態度，有意採用艾登的方式達成目的。艾登不顧東道主國內的所有反對聲浪，逕自抵達普納卡，明顯地不受歡迎。吉美・南嘉對艾登的倨傲態度是如此震怒，當艾登對杜阿爾斯提出要求時，吉美・南嘉憤而吐出正嚼著的檳榔渣，紅色汁液濺到艾登臉上。隨後不丹嚴令艾登簽署簡要聲明，明列他所認定的事務應經由不丹認可。艾登極害怕遭拘留或甚至慘遭殺害，因此他簽署了該項聲明。在他的簽名下方，他讓人們知道他是「被迫」簽署。明顯地，不丹人從未預期英國人接受該份文件，但此舉是向英國併吞不丹領土的態度與野心，傳達憤怒與失望的方式。吉美・南嘉也知道此舉將會造成一些後果，但他亟欲對抗英國人，反正不論不

---

69. 不丹一向從迪沃塘（Deothang）的位置，由山頂俯瞰阿薩姆平原。印度人與英國人併吞此地後，將之稱為德旺奇力（Dewangiri）。印度獨立後，1949 年簽署協議，此地重歸不丹版圖。大約十年後，第三任不丹國王要求父達紹普拉罕定居此地。嘎卓聽列向雄嘎爾宗宗彭發佈命令，將此地授予特首普拉罕種植 4000 棵檳樹，作為乳品與家禽農場，以及私人宅邸之用。「喀書」（kasho）由嘎卓・聽列奉國王之令而頒布，目前仍由筆者家族持有。但「王令」從未執行亦未採取行動，因為 J.B. 普拉罕很快就因多次中風而臥病不起，家屬們也是很久之後才知道有這道王令。

丹做了什麼，頂多使英國人達到目的作法有些許不同 —— 和平手段或是軍事鎮壓。不丹人可能已經知道杜阿爾斯遲早被併吞，這將使不丹喪失唯一的實質收入，若有需要甚至為此一戰亦屬必要 [70]。

英國人於一八六四年向不丹開戰，並且擊敗了這個小王國。英國人遂達其目的，不丹被迫簽署協議，聲明放棄對阿薩姆、孟加拉杜阿爾斯以及蒂斯塔河左岸地帶的所有權（Collister, 1987）。不丹試圖向尼泊爾與西藏求援，共同對抗英軍，結果徒勞無功。從國家的角度來看，必須了解吉美・南嘉與犧牲者所發起的抵抗行動無可避免。可以確定的是，未來也將不再有鄰邦可以輕易攫取不丹。英國人之後對不丹的態度證明吉美・南嘉所高懸的頑強抵抗正確無誤，他的確終止了英國對喜瑪拉雅地區的擴張政策。

---

70. 參見網頁 http://topics.nytimes.com/top/news/international/countriesandterritories/bhutan/index.html，刊登於 2007 年 8 月 1 日。這裡描述到，在《哥倫比亞百科全書》中，特別是：「英國於 1864 年佔領了不丹的一部分，之後於 1865 年的一場戰役後正式併吞。『辛楚拉條約』（Treaty of Sinchula）增訂，對不丹提供年度補助以作為補償金。」

雷龍之吼

第一任國王：
烏金・旺楚克（統治期：1907~1926）

　　第一任不丹世襲國王烏金・旺楚克，生於一八六二年，出自喀瑞紐（Khareg Nyo）家族、原籍庫爾第歐敦卡・秋傑的吉美・南嘉，為大伏藏師貝瑪・林巴的後裔。母親為迦卡・敦（Jakar Dung）家族的貝瑪・雀姬。

　　自九歲開始，烏金・旺楚克的父親即對他施以極為嚴格的教育、訓練與宮廷式的生活培養。他必須與宮廷侍衛共同節約餐食，不允許擁有任何特殊物品。如果發現他人供養烏金・旺楚克任何吃食，吉美・南嘉就會訓斥他們，說自己完全有能力養育兒子，旁人無權違背一個父親的意願云云。吉美・南嘉成為德悉，居住於廷布的札熙岡宗時，烏金・旺楚克得參與日常勞務，修建倫滇贊帕（Lungtenzampa）大橋與薩瑪辛卡（Samarzinkha）之間的道路。他還得不間斷地在父親的直接教導下，接受政策制定與行政管理等相關事務的訓練。

　　十五歲，當帕羅本洛背叛烏金・旺楚克的父親時，他陪同參戰，父子聯手贏得最終勝利。隨後烏金・旺楚克於十七歲時出任帕羅本洛。

　　帕羅本洛烏金・旺楚克廿一歲時，在布姆塘與舅舅貝瑪・天津（Pema Tenzin）、叔叔敦卡・喀申（Dungkar Gyaltshen），就出任通薩本洛一職而起爭執，彼此之間相互爭鬥將近三年之久，絲毫不給布姆塘與通薩人民喘息的機會。最後烏金・旺楚克前往布姆塘，協商解決之道，而達成默契。決定先讓貝瑪・滇津出任通薩本洛，終歸和平落幕。

　　早先為了通薩本洛之位而爭鬥激烈時，貝瑪・天津曾允諾*汀梭巴*（*Dyonsopa*）辛格・南嘉（Sengge Namgyal），政爭成功後，將授予通薩眾耶一職。然而，貝瑪・天津違背諾言，改派阿當帕（Athangpa）

出任職缺。此舉激怒了辛格・南嘉，他僱用*楚門巴*（*Chumeypa*）旺嘉（Wangyal）與*芒德巴*（*Mangdepa*）敦杜（Doendup）為殺手行刺貝瑪・天津。烏金・旺楚克與*堤普巴*（*Thimphupa*）昆藏・聽列（Kunzang Thinley）為此而前往通薩，抵達布姆塘。烏金・旺楚克大軍在早已開戰的陣地，包圍布姆塘的迦卡宗。然而，由於貝瑪・天津的妻兒皆受辛格・南嘉所挾持，為其安危著想，烏金・旺楚克的母親貝瑪・雀姬堅持和平解決爭端。辛格・南嘉亦樂見這樣的提議。（Nado, 1986）[71]。

因此，烏金・旺楚克及其官員與辛格・南嘉會面，據說為了解決爭端，他們帶領隨從進入迦卡宗。然而，兩名謀害貝瑪・天津的刺客，*芒德巴*敦杜與*楚門巴*旺嘉，確信毫無和平解決的機會。他們認為燒毀宗堡而後自殺，將是更好的方式。為達此目的，他們自行安置炸藥。烏金・旺楚克、辛格・南嘉與昆藏・聽列於內室展開會談，就在此時，烏金・旺楚克的隨侍已設法逮捕兩名殺手，在對方伺機引爆炸藥前，搶先將之殺死。辛格・南嘉聽到房外騷動，他暴跳起來，指責烏金・旺楚克實際上意圖前來殺害他們。烏金・旺楚克用手臂攬住辛格・南嘉，廷布宗彭昆藏・聽列則從後方持劍擊中其頭部，使之當場斃命。隨同辛格・南嘉出席的通薩達彭（Dapoen）嘎旺・天津（Gyalwang Tenzin）試圖逃逸，但被烏金・旺楚克的軍隊逮住，溺斃於江喀河（Chamkhar）中。參與貝瑪・天津暗殺行動的主謀都殺死之後，烏金・旺楚克控制了通薩宗與迦卡宗。隨後，他將自己的姪女雀登，許配給貝瑪・天津之子企米・多杰（Chhimi Dorji），將之留守於旺地秋臨（Wangdichholing）[72]，從此世居於布姆塘。

---

71. 在此段落中，所有人名之前的斜體字都是這些人士所出之地，字尾「巴」（-pa）是指「居民」。例如，楚門巴是指布姆塘楚門人士。這是不丹的普遍用法，以便指認沒有家族姓氏的同名特定人士。

72. 第二任國王吉美・旺楚克的大女兒，阿熙雀姬・旺楚克（Cheoki Wangchuck）殿下繼承了這座宮殿。一九七〇年，當公路尚可抵達布姆塘時，筆者曾有機會留居此地。一九七二年再度造訪，則是為了前往古杰寺，參加第三任國王陛下吉美・多杰・旺楚克的茶毘大典。筆者有幸在旺地秋臨的庫房中，見到當時衝突中使用到的刺劍、頭盔、鎧甲、前膛裝填式槍砲等。在這次造訪期間，阿熙雀姬從其收藏品中，向筆者展示盾劍與頭盔。

雷龍之吼

一八八二年，烏金・旺楚克廿二歲，正當他接下通薩本洛一職，並任命叔叔達瓦・班覺（Dawa Penjor）出任帕羅本洛時，普納卡宗彭彭措・多杰（Phuntsho Dorji），以及廷布宗彭阿羅・多杰（Aloo Dorji），向通薩仲耶羌隆（Chhanglong）行賄，發信密謀刺殺烏金・旺楚克[73]。

烏金・旺楚克事先得知消息，但顧及父親吉美・南嘉的遺願，希望他們叔姪三人保持團結。烏金・旺楚克籲請兩位宗彭前往夏蕊塘（Sharithang）進行和談。兩位宗彭傳話將前往赴會，但當烏金・旺楚克抵達夏蕊塘時，他們並未現身，也未捎來任何訊息或歉意。烏金・旺楚克勃然大怒。他領兵前往巴爾東（Bardong）與兩位盟友，帕羅本洛與旺地頗章宗彭阿尚・蔣帕（Ashang Jampa）會合。雖然通薩本洛同意杰・堪布昂旺・東登與四位洛彭的懇求，展開和平會談，但兩位對立的宗彭拒絕聽從。相反地，他們表現敵意，運用權勢將嘎瓦・贊波（Gawa Zangpo）推上德悉之位，以展現其異議立場，並且出兵表明不惜與烏金・旺楚克大戰一場的明確意圖。他們前往通薩軍隊駐紮的門岱岡大營與之對峙，戰役於是展開。另一場戰役地點發生於紀立岡，但通薩軍隊未被擊敗，敵對的宗彭只好撤回廷布。

通薩兵力行軍至廷布的魯東（Lu-dong，今日的隆究帕卡Langjophaka），但行軍路線被宗彭軍隊阻斷。通薩軍隊不得不繞行前往辛透宗（Semtokha dzong），並於當地制服宗堡守衛且佔領宗堡。烏金・旺楚克前往會合，於宗堡內紮營。

中央僧團代表與帕羅本洛勸說兩方展開和平會談，並為此於廷布的江黎米塘（Changlimithang）會面。達瓦・班覺代表通薩本洛，而普納卡宗彭彭措・多杰則代表阿羅・多杰。會談過程中，兩方的部分兵力在牆外包圍集結，爆發混戰。當吵雜聲傳入正在舉行的會談現場，通薩仲耶烏金・多杰企圖襲擊彭措・多杰，但最後是由達瓦・班覺以劍擊中，當場殺死彭措・多杰。

---

73. 在不丹的口述史中，指出烏金・旺楚克與阿羅・多杰之間的對立狀態，後因個人事務而轉為盟友。

　　和平會談失敗之後，廷布宗彭阿羅・多杰以及彭措・多杰的其他盟友，諸如檀確・仁謙（Damchhoe Rinchhen）、貢津唐丁・紐杜（Tandin Ngoedup）、迦薩宗彭普索拉（Pusogla）與卡旺・多杰（Kawang Dorji）等人，穿越迦薩，投奔西藏。在此之後，嘎瓦・贊波也很快地放棄德悉之位，退隱至都答札寺（Dodaydrak Goenpa）。阿羅・多杰無奈之下，只好尋求西藏與中國介入。調解人為了進行調停，而於春丕（Chumbi）谷地協商。中國駐藏大臣昇泰與一些藏人，以阿羅・多杰要求調解為藉口，再度企圖宣稱對不丹的宗主權。他們向烏金・旺楚克發出詔書，要求包括其他不丹官員，均需前往開會。然而，烏金・旺楚克對這些政治表態不予理會。據說阿羅・多杰於西藏春丕谷地的亞東自殺。但其家人獲得允許返回不丹，烏金・旺楚克表現出和解善意與寬宏大量的胸懷，也將其原有財產歸還（Nado, 1986）。

　　中國人與西藏人繼續力證不丹為其藩屬國，並設法將烏金・旺楚克捲入一八八八年到八九年期間的英藏戰爭。不丹對這些毫無根據的中方要求置之不理。然而，中國人不願輕易放棄，光緒皇帝（一八七五～一九〇八）甚至還採取對策，分別冊封通薩本洛與帕羅本洛為「首領」與「副首領」。烏金・旺楚克終而體認到，中國與英國更大程度上操弄計謀的相同本質，是在證明對弱小政體的所有權。他也如是回擊，駁斥中國的主張，以便更傾向英國勢力，並確保英國人不至於對不丹國務內政行使任何權力干涉。

　　在阿羅・多杰事變之後，烏金・旺楚克任命揚畢洛彭邊霸・桑給・多杰（Pangpa Sangay Dorji）為德悉。昆藏・聽列為廷布宗彭，而旺楚克為普納卡宗彭。烏金・旺楚克繼續擔任通薩本洛，但自此之後，國家所有重大的內政與外交決策事務皆由他決定。因此早在烏金・旺楚克成為首任國王之前，一八八五年他就已經開始行使國家元首與治理國家之責，因為其所有政敵都已降伏或消滅，現在他可以直接指定國家所有重要職位的任命。德悉之位與夏尊轉世也已經或僅僅成為頭銜。最後一任德悉，確列祖古耶樹・昂杜（Chhoglay Trulku Yeshey Ngedup，

一八六一～一九一七）[74]退隱到帕羅的桑嘎雀廓寺。從宗教的觀點來看，夏尊轉世依然受到公認，但不再視為國家權力的重要競爭者。特別是時至今日，從二〇〇八年引進成熟發展的議會民主憲政體制之後更是如此。

噶箕（Kazi）[75]烏金・多杰：不丹的外國事務顧問與外交官

噶箕烏金・多杰（Kazi Ugyen Dorji），是居住在噶倫堡的不丹商人，烏金・旺楚克造訪不丹帕羅時與之結識[76]。烏金・多杰原居帕羅，遷居噶倫堡多年，該地係由英國人將併吞不丹的土地，建設成一處丘陵渡假聖地。此地也是烏金・多杰已發展完善，且繁榮興盛的一處絕佳印藏貿易中繼站。在孟加拉當地，他具備與英國人交涉的良好學識素養，也與部分人士交好，並且和負責西藏當局交涉的英國代表有所往來。換言之，他相當知名，並且在孟加拉當地，對英國官員與重要西藏人士皆具有影響力。通薩本洛認為可借重烏金・多杰與英國人交涉的能力。他延攬烏金・多杰為駐噶倫堡的外交代表，並設立「不丹代辦局」（Bhutan Agent）。烏金・旺楚克亦指派烏金・多杰為哈阿（Haa）敦帕（dungpa，類似副縣長官銜，但不同於本洛或宗彭等高階職位）。由於烏金・多杰頗具能力且為人所信賴，他後來擔任國王駐南不丹代表，處理不丹與印度邊界等事務。一九〇四年，英國政府遠征隊挾帶支配

74. 雅博達紹（Yab Dasho）烏金・多杰，為第四任國王四位皇后的父親，曾以確列祖古揚悉・格杜族裔的身分，翻修帕羅的桑嘎雀廓寺（Sangachhokhor）。皇后們的長兄倫波桑給・昂杜，也繼承確列祖古的姓氏。筆者有幸於 1998 年左右，參加桑嘎雀廓寺修復完成後的獻祭供養儀式。

75. 這是錫金人與尼泊爾人對尊貴人士的尊稱。烏金・多杰為錫金王室的皇戚：其子貢津索南・透給・多杰迎娶錫金的雀榮公主（Princess Chonying）為妻。

76. 一份口述資料指出，烏金・旺楚克問起噶箕烏金・多杰的家庭背景，噶箕烏金告訴他，當敦卡秋傑的琶拉造訪帕羅時，於該地與一名女子生下一子。噶箕烏金聲稱自己就是那名男嗣的後裔。正因為如此，烏金・旺楚克似乎視噶箕烏金為親戚。然而，筆者無法找到任何可供證實這段對話的口述檔案。

意圖，穿越春丕谷地、帕里與江孜而抵達拉薩，嚴重威脅西藏主權。烏金．旺楚克率領一支六十人的代表團，由烏金．多杰、旺地頗章宗彭昆藏．南嘉（Kunzang Namgyal，亦稱冬鍾，Domchung）以及竹嘉（Drugyal）宗彭夏鍾（Sharchung）等人陪同，前往拉薩參與調停，與榮赫鵬遠征隊共謀和平解決之道。

南不丹納入管理版圖

為了管理南部不斷增加的尼泊爾族群移民，並維繫不丹政府的良好收益，噶箕烏金．多杰延攬尼裔優秀人士，從事這項繁瑣的工作。所有南部的行政管理都採用尼泊爾文，並依據尼泊爾的宗教、文化、以及傳統的家族及社群法律來處理。在噶箕烏金．多杰的管理下，續由後繼者貢津索南．透給（Sonam Tobgay）與總理吉美．多杰循序推動，促使有效率的南部行政體系演變成型。

其後接任不丹南部的最重要行政機關首長為特首（Commissioner）[77]朱倫達．巴哈杜爾．普拉罕（Jhullendra Bahadur Pradhan，1894~1975），即早年所稱的司索．噶箕（Sibsoo Kazi；或英國與其他外國著作中所稱的司楚．噶箕 Sipchu Kazi）。他是首位出自南不丹地區，獲授紅披巾的人士，那時最高階的部長級披巾暫停授予。從家族史或其他著作中可知，達紹 J.B. 普拉罕在南不丹的工作，事實上始於一九一一年尚為十幾歲之時，當時為第一任不丹國王貢薩爾（Gongsar）[78]烏金．旺楚克統治期間。然而，他接任更重大的職責之後，即將總部遷往紐

---

77. 這個英文職銜用於不丹南部，專責推動與英國和印度行政機關的互動。後來，當此需求消失後，就另創「洛桑企甲」（Lhotsham Chichha）這個不丹職銜。

78. 貢薩爾（Gongsar）是烏金．旺楚克的另一個頭銜，很可能結合了不丹語的「貢」（gong）或取「貢瑪」（gongma）的發音，以「貢」（gom）作為字首，意指上級或高層；而後再加上他獲頒英國女王授予的「印度帝國二等爵級司令勛章」（KCIE medal）後，所得到的英國「爵士」（Sir）頭銜，作為字尾。

雷龍之吼

里（Neoly），以便對東不丹邊界區域保持密切關注。他頻繁地與印度阿薩姆地方當局交涉。為表達敬意，他們稱他為「紐里巴布」（Neoly Babu）[79]。他作為官方代表人，身居該職照管南不丹各方面事務，並確保全體居民福祉，勸勉人民身為不丹國家的主體應對國家效忠。直到一九六〇年代早期，J.B. 普拉罕的職責涵蓋當地所有的司法與行政職權，包括無法解決的結婚與離婚案件，或種性制度等情況，皆採用尼泊爾習慣法進行解釋。他是不丹當地與英國和印度政府，針對阿薩姆與孟加拉兩地，就有關法律、治安與邊界議題進行交涉的直屬官員[80]。他不僅與印度方面維持友好關係，並且在任職期間，確保數十年的邊界和平與安寧。基於他的忠誠奉獻及其他時期的崇高聲譽，第三任國王授予他「竹尊吐穗」（Druk Zhung Thugsey，不丹雷龍之心）的最高平民勳章。授勳典禮共有四到五位獲獎人，他是首位獲得勳章的南不丹人士[81]。國王與總理吉美・多杰贈予他大量土地、商務資源以及財物，令他相當富裕。這些皆當之無愧，因為他實際上是照看著王國之中，可能破壞不丹安防動盪之地的掌舵者，該地區不能缺乏像他這樣強大且具有學識的舵手。他的重要貢獻在幾十年之後更加明顯，缺少像 J.B. 普拉罕這樣的官員管理南不丹地區，許多不穩定與異議意見逐漸產生。印度第一任駐廷布代表達斯（B.S. Das）在其著作中，也觀察到此點。J.B. 普拉罕相當漫長的職業生涯中，橫跨不丹前三任世襲國王統治期、以及三代的多杰家族，亦即噶箕烏金・多杰、拉賈索南・透給・多杰、以及總理吉美・多杰。他在第四任國王的加冕大典後不久，於一九七五年逝世，享壽逾八十高齡。

　　噶箕烏金・多杰之子，索南・透給・多杰在他父親逝後，接手其父的重任。第二任國王吉美・旺楚克，授予他「貢津」（Gongzim）（照

---

79. 紐里（Neoly）是不丹東南部的地名，與阿薩姆邊境交界，為 J.B. 普拉罕建立辦公處的地點。阿薩姆人稱他為「巴布」（babu），這是阿薩姆人對官員的尊稱。

80. 誠如一九七八年左右，不丹調查委員會主席達紹索南・壤給（Sonam Rabgye）向不丹內閣會議所做的解釋內容，當時筆者也在現場。

81. 其他同期受勳人中，包括倫波唐傑・嘉嘎（Tamji Jagar）與倫波確嘉（Chogyal）等人。

英文解釋應為宮廷內務總管，但職權實則完全不同）之銜。他繼續居住在噶倫堡，指揮不丹與印度的外交事務，並監督多數為尼裔族群的南部邊境地區與行政管理。英國人也因自身利益，對其貢獻印象深刻，並授予他英屬印度的拉賈（Raja）稱號。貢津索南‧透給‧多杰的女兒阿熙凱桑‧雀登（Kesang Choden），嫁給當時的王儲吉美‧多杰‧旺楚克，後者成為不丹第三任世襲統治者。

拉賈索南‧透給之子，達紹吉美‧多杰，多年來亦在王國中扮演重要角色。國王經常稱他為「哈阿敦帕」，其職責為不丹政府的外交事務，他幾乎已經自然而然地成為外交部長。隨後他受任命為總理，在必要之時，以此職銜處理不丹與印度或與其他國家之間的國際事務。基於職權性質使然，他很少居住在國內，而是花費更多時間待噶倫堡與加爾各答，由於不丹國內通訊不便，他在該地更便於與英國或他國人士接觸交涉。他酷愛與駐印度的中國及西藏夥伴打麻將及賽馬——加爾各答賽馬俱樂部是他最常出沒的地點之一。

很遺憾地，總理吉美‧多杰於一九六四年在彭措林市政招待所遇刺身亡，這件由不丹軍隊首腦恰達‧布瑞嘎迪葉‧「巴哈杜爾」‧南嘉（Chhabda Brigadier "Bahadur" Namgyal）所策劃出來的陰謀，與王室爭議有關。

總理吉美‧多杰逝世後，職缺暫由其么弟達紹倫杜（倫佩）‧多杰（Lhundup (Lumpee) Dorji）擔任「代理」總理，直到因涉及王室問題而迫使他離開王國，前往尼泊爾避難。第三任國王逝世後，第四任世襲統治者吉美‧辛格‧旺楚克國王陛下於一九七二年繼位，他於一九七四年獲准回到國內。

一九六〇年代中期，噶倫堡不丹宮的職務顯得冗餘，越發無關緊要。廷布當局已能輕易掌握國內不同地區事務，特別是南不丹因新建設的道路與更優良的通訊設備，得以透過各部會協調而達到更佳效率與現代化的行政管理。不丹代辦局的角色以及透過噶倫堡不丹宮掌握南不丹行政的需求也不再必要。因此噶倫堡的不丹宮，從一九四〇年代、五〇

雷龍之吼

年代全盛時期，作為王室政府外交、政治與行政中心的重要性逐漸消失。它不再具有任何過往職責或榮耀，但目前仍屬於多杰家族的產業。

烏金‧旺楚克對於西藏和平的貢獻

一八九九年到一九〇五年，英國駐印度總督為路德‧寇準（Lord Curzon）。英國政府假借與西藏討論雙邊貿易，但實則帶有恃強凌弱與強迫西藏讓步等目的，派遣英國軍官法蘭西斯‧榮赫鵬（Francis Younghusband）上校，於一九〇三年前與藏人接觸。

一九〇三年六月十四日，五名英國軍官率領七百名官兵，在英國駐錫金政治官員克勞德‧懷特（Claude White）隨同下，從甘托克（Gangtok）前往西藏。當英國人抵達康巴宗（Khampa Dzong）時，西藏政府才意識到事態危急。西藏國民議會推斷英國人將要殖民他們的土地，必須緊急應戰。但在宣戰之前，決定先派遣官員前往康巴宗，說服英國人離開西藏領土。班禪喇嘛也從札什倫布寺（Tashilhunpo）遣派一名代表，要求英國人退出康巴宗。由於冬季月份已經開始，必須考量軍隊的後勤補給，於是英國人暫於一九〇三年九月十七日撤出西藏。最初西藏人的努力似乎有所成效，但接下來的發展卻使他們大失所望。

出於某些原因，英國人再度感到有立即行動的必要性，因而不顧寒冬，在剛撤軍的接下來三個月內，即達成染指西藏的目標。英方集結更多兵力並確保後勤支援無虞之後，一九〇三年十二月十六日，一支英軍部隊再度穿越加里普山口（Jelep La），抵達春丕谷地的仁謙岡。這支兵力由榮赫鵬上校率領，包括英國駐錫金政治官員克勞德‧懷特，與其他官員共同組成。英國軍隊再度利用在地駐軍為其效命以便精簡開支，部隊由五千名廓爾喀人與錫克部隊組成，以「土人」的生命為代價，盡量減少英軍在戰爭中的人員傷亡。

通薩本洛烏金‧旺楚克，在噶倫堡的噶箕烏金‧多杰陪同下，亦抵

達英軍陣營。不丹代表團比尼泊爾和中國還高出一個等級。實際上是什麼因素促成不丹人捲入此事，無法從任何檔案文獻中清楚得知。但事實證明，烏金‧旺楚克對於藏人福祉以及不丹家門前的和平，頗為關切與重視。遺憾的是，英國人與西藏人於康巴宗進行的談判並不順利。英國代表在部隊隨行下，前往江孜。英國人意圖落實其殖民野心，當烏金‧旺楚克以及尼泊爾和中國代表同時抵達時，英軍迅即展開行動。西藏人除了接受條款，承諾不設置英國貿易障礙或攻擊搶劫英國貿易商與商隊，以換取更多讓步或避免潰敗於英國人之手外，也沒有其他出路好談。藏人直到那時才終於了解，沒有任何條款能真正滿足英國侵略者的野心。

在此期間，為了阻止英國軍隊往到帕里，三名玉贊（Yu-Tsang）的西藏達彭（Dapon，指揮官）下達命令，藏方匆促集結一支大約五千名的西藏義勇軍。當這股兵力抵達一處稱為沽茹爾（Gurur）的地方，通薩本洛也抵達該地，勸阻藏人不應頑愚抵抗英軍的優良戰備。西藏達彭南樹林巴（Namsaylingpa）辯稱只是前往與英國人和平討論。通薩本洛不相信西藏人的說辭，重兵集結啟人疑竇。不丹人勸告西藏代表應該遵守藏英之間已達成的協議，避免對抗優良配備的英國軍力。

一九〇四年一月十三日，達彭拉汀（Lhading）代表西藏政府，與英國官員進行若干談判，但仍無濟於事。一九〇四年三月卅日，英國軍隊離開敦南（Duenay），朝西藏軍隊紮營處前進，假借官員欲與西藏對等窗口進行交流。忽然之間，英國人狡詐地發動突襲，殺害逾五百名的西藏官員，另有四百名傷者。四月十一日，英軍抵達江孜，與西藏軍隊爆發衝突，短時間內就佔領江孜堡。西藏人策劃收復宗堡。英人的詭計多端以及對藏人的殺戮，清楚表明榮赫鵬任務的真面目，以及藏人抵抗的徒勞無功。

一九〇四年八月三日，英軍抵達拉薩。他們與中國駐藏大臣進行討論，後者似乎在外交或軍事手段上，皆對抵抗英國入侵束手無策。駐守於拉薩的尼泊爾代表杰特‧巴哈杜爾（Jeth Bahadur）上校也與榮赫鵬

雷龍之吼

上校會面並討論情勢，但顯然也沒辦法幫上藏人更多忙。西藏國民議會與內閣（Kashag，噶廈）對於如何處理侵略兵力，亦無法達成決定。烏金・旺楚克多次會見並建議西藏政府與榮赫鵬會談，作出部分讓步，以避免更進一步的流血殺戮，並防止西藏領土遭受大英帝國併吞。

於是雙方展開會談，但數天後，發生藏兵刺殺兩名英國軍官的事件。為了報復，英國人開槍打死兩名藏兵。在此之後，英國政府突然提議，為了英藏貿易利益，也因為錫金與西藏邊界上的衝突事件，西藏人應該支付償金賠償英國遠征隊所蒙受的損失。西藏人別無選擇，在英國人高壓欺凌的姿態下只能讓步。

因此，一九〇四年九月七日，在拉薩的布達拉宮，英國人對藏人強行施加協議。藏方簽署人包括達賴喇嘛代表，司政（Sidkyong Thri）仁波切洛桑・嘎稱（Lobsang Gyaltshen）、四位內閣部長（kalyon，即噶倫）、國民議會代表、以及三大寺札倉院長。英方簽署人則有，榮赫鵬、克勞德・懷特及其他人員。雙方一共七位簽署人於協議書上簽字蓋章。見證人為中國駐藏大臣有泰、尼泊爾代表杰特・巴哈杜爾、以及不丹政府代表通薩本洛烏金・旺楚克。協議簽定後，一九〇四年九月廿三日，榮赫鵬與其侵略部隊撤軍，西藏終歸和平。

西藏事件之後，通薩本洛與英國人建立友好關係。一九〇五年，英國代表克勞德・懷特經由春丕谷地與哈阿，造訪普納卡向烏金・旺楚克呈上「印度帝國二等爵級司令勳章」（KCIE，Knight Commander of the Indian Empire），以感謝他對調停英藏事件所做出的貢獻。英方亦於一九〇六年，邀請他前往加爾各答，與威爾斯親王會面。當烏金・旺楚克造訪加爾各答時，由噶箕烏金・多杰、迦薩宗彭旺沙爾（Wangshar）、普納卡津彭・倫杜、廷布宗彭納都（Nado）、以及帕羅仲耶烏金等人陪同。幾十年之後，烏金・旺楚克經常因為曾經從英人手中接受勳章而備受批評。然而須謹記當時的時代環境與今日極為不同，那時不丹在國際社會上的主權與地位完全不穩固。他不圖求英國人賜予榮譽，而只能在一個強大且不擇手段的殖民強權底下，為了保衛國家和

平而接受勳章。為保衛國家，他尋求所有國內與鄰國的支持，特別也包括在此地區中最重要的殖民強權。

雷龍之吼

不丹君主政體的建立

烏金・旺楚克就任為不丹的第一任國王

　　歷經將近兩百年的國內政爭與外部強鄰威脅，尤其是英軍勢力與蔓行於領土上貪得無厭的野心，世襲君主政體終於和平地誕生於不丹這片土地上。統一的中央集權體制，賦予不丹更有效率地與印度和西藏交涉，使領導人得以將心力投注於國家發展。值得注意的是，當時在世界其他地區，君主制度正處於失勢狀態，而由民主制度、法西斯獨裁統治以及共產主義所取代。君主制度的確不合時宜，特別是在缺乏憲法，或是君主行使絕對或幾近絕對君權的國家之中。不丹也曾試過延續兩百年來，以夏尊轉世為國家最高元首的統治系統，但未能獲致持久性的成功。它不僅帶來國內衝突與動盪，還使得不丹民不聊生。在這樣的情況下，不可能推動任何社會經濟的發展、人民福祉等更多的措施。不丹在杜阿爾斯所失去的寶貴權利，已成為印度阿薩姆邦與孟加拉邦的領土，很明顯永遠都不可能再取回。

　　對不丹而言，世襲君主制似乎是廿世紀初的唯一選項。延續夏尊轉世的統治模式幾乎不可行，這樣的體系造成頻繁且冗長的紛亂。同樣的狀況，德悉的任命以及不同派系之間，毋需透過選舉或任命程序，就逕自推選德悉候選人所產生的衝突，經常引起國家的惡質政爭，因而導致流血殺戮。不丹也不可能擁有民主的統治，因為國家的傳統社會、文化素養與蒙昧程度，無法支援這樣的統治形式。換句話說，不丹在廿世紀初葉時，尚未具備能力或政治傳統採用民主制度。

　　烏金・旺楚克必須維繫權力與地位，有時需透過軍事力量。但他那批追隨吉美・南嘉的領導階層，已經在全國各地廣受接納。事實上，正是吉美・南嘉為王朝奠定了基礎。

　　烏金・旺楚克登基為第一任國王的加冕大典上，由重要的宗教人士及當時在任的本洛與宗彭參與，共同主持不丹的正式宗教儀式。一九〇七年，僧團代表、官員與人民提交一份「箋甲」（genja，具約束力的協議）確保無人——不論強弱、高低——能懷疑天龍嘉波或不丹世襲國王烏金・旺楚克與其子嗣接任大位的正當性。英國駐錫金甘托克大臣克勞德・懷特，代表英國政府前往觀禮見證，宣示新王得到該區域與全世界最重要且強大的政權所認可。一九〇七年十二月十七日，國內外人士聚集在普納卡宗，將通薩本洛烏金・旺楚克推上第一任世襲國王寶座。

　　自烏金・旺楚克接掌不丹政府領導者的那刻起，國家開始見證持久的和平。在宗教、國家行政、經濟與教育等各個面向上，都有正面的發展。國王減輕隨著衝突與領導階層頻繁更迭而按時折磨人民的沈重稅賦與勞役。

　　國王還採取措施，恢復並修建國家的許多神殿、寺廟、舊宗堡及其他建築物。他委託製作布姆塘古杰寺的三尊蓮師像，此外還有許多其他的宗教圖騰。他集結喇嘛與智識份子建立佛學院（shedras）與閉關中心（drupdras）[82]。從國家不同地區的僧團揀選出聰慧的沙彌（gaylong，噶隆），將之送往西藏的大學與佛學院進一步深造。而後再以教授或學者的身分返國，傳授古典與其他知識分支。由於第一任國王對於宗教的注重，佛學院與閉關修院等系統，在王國中仍持續扮演重要角色。

　　烏金・旺楚克有兩位王后。第一位是來自布姆塘唐辛・秋傑家族的仁謙。王妃育有兩位女兒，即佩登（Peldon）與央宗（Yangzom）。她們分別出生於布姆塘的瀾姆寺（Lame Goenpa）與洋都秋林（Yuendochholing）宮殿。生下這兩位公主之後，仁謙王后的健康惡化，無法指望她再生出男性王位繼承人。烏金・旺楚克於是納進「樂姆」（Lemo）佐朵・拉姆（Tshoendue Lhamo）為第二任王妃。她是庫爾第歐寇瑪（Khoma）家族的富紳子弟。她生下吉美・旺楚克，

82.「席札」（Shedra）為宗教學習的經學院，而「竹帕大」（Drupda）則是禪定與瑜珈修持的禪修院。

一九〇五年便立為王儲。一九一二年，次子珠米‧多杰（Jurmi Dorji）
出生，一九一五年再生下貢秋‧旺姆（Konchho Wangmo）公主。
一九一八年，另一位王嗣滇津‧聽列（Tenzin Thinley）出世，小名納庫
（Naku）。王室伉儷共有四名子女。

第二任國王：吉美・旺楚克

（統治期：1926~1952）

　　吉美・旺楚克為不丹第一任國王烏金・旺楚克與王后樂姆（佐朵・拉姆）之子，出生於一九〇五年。他的教育始於七歲，內容包括佛學宗教與哲學、印度語、英語、數學、以及國內史、國際史與時事。

　　他十五歲即進入王宮，十七歲任命為通薩仲耶。十八歲時，他迎娶布姆塘旺地秋臨的阿熙朋措・雀登（Phuntsho Choden）為妻。她是紐（Nyo）氏族的貝瑪・林巴後裔。一九二七年時，她於靠近通薩宗的楚篷（Thruepang）皇家休憩宮內，生下未來的第三任國王吉美・多杰・旺楚克。該棟建築物迄今依然保存如故。

　　十八歲時，吉美・旺楚克任命為通薩本洛，並於廿二歲，其父烏金・旺楚克逝世後繼承王位。吉美・旺楚克於普納卡加冕為第二任世襲國王時，得到來自各界的充分支持。在重大的宗教儀式中，殊卓大典（shugdrel ceremony）[83] 由夏尊轉世吉美・多杰、杰・堪布夕悉・南嘉（Sidshi Namgyal）與前任杰・堪布昂旺・嘎稱（Ngawang Gyaltshen）共同主持。其他高階喇嘛與僧團成員，連同全國各地的政府官員與人民隆重出席。夏尊轉世與杰・堪布聯袂參與大典，顯示不丹宗教體系對世襲國王的充份支持。領導階層的和平過渡，對於初步建立的君主制度及其對國內外事務扮演的有效角色上，具有顯著意義。英國政府指派查理・貝爾（Charles Bell）上校率領代表團，親臨表達祝賀之意。錫金政府也派遣代表參加，還有許多來自鄰近國家的貴賓。

　　國王加冕後不久，隨即接掌管理政府。他從推動宗教著手，強調竹

---

83. 任何重大的宗教儀式中，一般是由具有加持力的主法僧眾帶領法會。

雷龍之吼

巴噶舉的傳承。他召見博學廣聞的喇嘛並授予權責，以加強佛學院與閉關中心的素質。他修復並翻新許多老舊的國家神殿與寺廟，並增建新建築。他也慷慨供養印度與西藏重要殊勝地點的信仰崇拜，因而增上其宗教功德。人民的問題與困難他都看在眼裡，並盡可能解決。為此，他進一步減少人民的傳統稅賦重擔。

一九三一年，吉美・旺楚克被迫處理與夏尊吉美・多杰有關的政治問題。夏尊的親戚與支持者向印度的瑪哈瑪・甘地（Mahatma Gandhi）靠攏，籲其支持夏尊成為不丹的最高元首。他們也攏絡西藏與中國，幸而存在著不丹與英國的協議約束以及國王所建立的穩固政權，因而避免一場內戰。夏尊於一九三一年十一月十二日，在普納卡的塔羅（Talo）遭到暗殺，細節至今未明。

吉美・旺楚克統治期間，終於解決東部與達旺之間有關牧權的長久爭議。爭議始於一九二〇年代，至一九三〇年代已相當嚴重。當時札西岡宗彭聽列・透給（Thinley Tobgay；即多波拉，Dopola）率領武裝人員，與引發紛爭的達旺寺僧人發生對峙，一些偏激人士參與混戰。一九三五年不丹向達旺支付賠償金，以此解決問題[84]（Rahul, page 32）。

一九三四年英國政府邀請國王吉美・旺楚克訪問印度。王后朋措・雀登與王儲吉美・多杰・旺楚克隨同前往。返程期間，貢津索南・透給邀請國王前往噶倫堡的不丹宮[85]。國王於該地待上一段時間，而後經由甘托克返國。返程時，行經哈阿、帕羅、廷布、普納卡、與旺地頗章等地，國王得以在抵達布姆塘旺地秋臨宮殿前探察民情。

---

84. 拉胡（Rahul）並未對和解內容提出詳細說明，筆者仍在蒐集有關不丹支付補償金的這份文獻檔案。

85. 就筆者所知，該處所最初是為了西藏的第十三世達賴喇嘛而興建，一九一〇年到一九一二年間作為西藏封邑，供養達賴喇嘛留居於大吉嶺與噶倫堡，直到他返回西藏為止。

協助英國戰爭

一九三九年第二次世界大戰爆發時，國王吉美・旺楚克鑑於不英兩國發展良好關係，而向英國捐助戰爭援金。對不丹而言，此為意義重大之舉。不僅與南方友邦發展睦鄰關係，也顯示國王已強化對全球事件的覺察力，儘管缺乏傳播媒體與其他公開訊息管道的情況下亦能如此。從外交上來說，不丹金援使得英屬印度政府內部，對國王產生正面看法。例如一九四二年英國政府召開討論，就英國為了茶樹與黃麻種植園而接管阿薩姆與孟加拉杜阿爾斯一事，提高對不丹的補償金額。結果英國人將補償金增加為每年「十萬元盧比」。此友好關係的開展，使得英國人逐漸淡化接管或佔領不丹其他區域，或從王國榨取更多政治與貿易妥協等意圖。英國對於不丹的危害，也隨著英國人在國際間 —— 特別是印度次大陸 —— 的權力傾頹而消失。局勢轉為對不丹有利，國王很快得要面對的是全新的獨立印度，與之交涉的性質與策略都必須改變，以確保不丹繼續保持安穩。

印度獨立與一九四九年協議

印度於一九四七年八月十五日脫離大英帝國而獨立之後，不丹國王派遣代表團前往新德里討論兩國關係。此時儘速向新印度政府澄清不丹地位，意義是至關重大。新德里的權力圈廣泛流傳一些不負責任的觀點，認為不丹只是附庸國，應該併入印度統治。另一個觀點則是基於一九一〇年不英協議中第二項條文的措辭性解釋。根據該項解釋，新印度政府視自己為英國權力的繼承者。這意味著不丹將作為印度「特殊關係」中的「受保護國」，亦即印度除了不干涉不丹內政之外，其他包括不丹的涉外關係，以及未明文地影射國防管轄權，皆為印度權責範圍。

當然，當時無人真正記得一九一〇年協議的背景，其時不丹為避開中國威脅而訂立該協議，其非真正具有國際公法的意涵與義務。該條約

雷龍之吼

為殖民主義下的產物，印度與中國都曾經對之大力譴責。事實上，中國總是將這類條約稱之為「不平等」條約。

不丹特使團由貢津索南‧透給、哈阿敦帕吉美‧多杰、阿熙札西‧秋宗（Tashi Chodzom）、僧團代表揚畢洛彭‧倫杜（Lhundup）、津彭‧康杜（Khandu）、帕羅津帕唐汀‧班覺（Tandin Penjore）以及其他人所組成。J.B. 普拉罕與其他南不丹官員則在場協助。

印度總理提議派遣印度軍隊駐紮於不丹，由印度協助不丹建設道路、裝設電話與無線通訊設備。不丹政府若同意上述條件，印度將增加杜阿爾斯的年度補償津貼。印度政府提出這些建議，顯示當時在新德里與不丹交涉的印度主事者心態。

最後，一九四九年同意不丹與印度自由貿易，計有卅二平方英哩的德旺奇力（德沃塘）林地歸還不丹，同時對杜阿爾斯的年度補貼也增加為每年「五十萬盧比」。上述所有條款皆明文化為條約，於大吉嶺的拉杰帕坊（Raj Bhavan，西孟加拉邦州長官邸）簽訂。印度政府的代表為哈瑞史瓦‧達亞（Hareshwar Dayal），不丹政府方面則是貢津索南‧透給、哈阿敦帕吉美‧多杰、阿熙札西‧秋宗、揚畢洛彭‧倫杜、通薩津彭東杜、以及帕羅津帕唐汀‧班覺等人。由雙邊代表簽署協議。

一九四九年的條約可說是一把雙面刃，在某些方面對不丹比對印度更有利。只有第二項條款實際與不丹權益有關，而且若依下述方式解釋，於今日全球化世界以及改變中的印度次大陸政治場景中，可能實際上並未對不丹造成重大影響。其他各方面，不丹都佔盡優勢。條約中承認，就早期英國人與後來印度人所稱的「不丹杜阿爾斯土地」，每年向不丹政府支付年度賠償。基本上意味著這些土地仍屬於不丹，只是「出租」給印度使用。事實上，在一九九〇年代某次大吉嶺的政治領袖聚會中，蘇哈斯‧紀辛（Subhas Ghising）就曾於一九九〇年代初期在孟加拉，對印度政府與州政府首席部長喬蒂巴‧蘇（Jyoti Basu）強調此點。因此依據條約協議，即使不丹無法取回珍貴的大片土地，仍可與印度政府協商具體的讓步形式。當然，在現存情況下，實際取回土地權也僅是

理論性的討論罷了。

　　再來就是對於不丹使用印度領土進行貨物轉運的規定，包括國防戰備武器。條約影射不丹人可以無限制地在印度旅行與居住，甚至具有與印度公民相同的權利，可在印度擁有財產。不丹人在印度購置物產，不像其他外國人那樣經常受到限制。反之不丹卻對印度人與其他外國人士，限制發放土地所有權證、貿易許可證、以及國內旅遊簽證等。事實上，不丹的貿易、工業暨林業部於一九七〇年代，禁止印度國民在印不邊境三公里內開設店面，只有之前持有許可證的印度店主可以開店。廿世紀末期，共計約有五百名印度店家，但由於許可證不得繼承，因此數量應該已經下降。當然印度大使館會關切某些個案，不丹政府部門為表達善意，也可能採取折衷方案。另外，南不丹邊境城鎮即刻建立邊防檢查站，印度人若未獲得特殊許可證，不得於這些城鎮自由旅行。如果搭機前往帕羅，在固定時限內，則可以免持簽證入境。

　　不丹當局對外國人施加種種限制，立論基礎亦相當明確。不丹北境毗鄰部分政治敏感地帶，如果任由外人自由出入，可能會對政府造成困擾。不丹是一個人口稀少的小國，不受限制的人潮越過邊界而來，可能輕易就超過全國不到一百萬的人口。這些都是不丹限制外國人入境與旅遊相當合理的理由。印度政府一向極了解不丹的情況。

　　總體而言，一九四九年協議明顯對不丹較為有利。問題仍在於對不丹主權所造成的法律與長期影響，這正是為何需要重新修訂協議的原因。所幸不丹在新德里有許多位高權重且認同不丹的支持者，特別是在不丹與印度合力掃蕩印度邊境的激進份子駐紮營之後，印度態度轉趨友好，願意反映時代現況，再加上不丹開始於國際舞台嶄露頭角，於是一九四九年協議於二〇〇七年重新修訂。第四任國王就協議細節進行協商，並得到眾望所歸的成果。他派遣當時尚為王儲的第五任國王前往新德里，簽署這份歷史性文件。

　　不丹第二任國王吉美·旺楚克對不丹國際關係的最偉大貢獻，在於他以主權政體的身分，成功與印度獨立政府建立外交關係。他並未對印

度要求於不丹境內派遣駐軍讓步，也未同意在一九一〇年簽訂的英國外交關係之外，再附加任何條款。如同印度的讓・拉胡（Ram Rahul）教授所言：「一九四九年協議既未提供印度控制不丹的外交政策，也未在印度的指導下，對不丹的外交關係造成約束力；亦未曾涉及任何有關國防與不丹主權完整性的條款。」（Rahul, 1983）

　　國王吉美・旺楚克統治逾廿五年，在此期間他以鐵腕手段確保國內的統一與穩定。他逝世於一九五二年，由王嗣吉美・多杰・旺楚克繼任為不丹第三任世襲國王。

現代不丹之父：吉美·多杰·旺楚克國王
（第三任國王，統治期：1952~1972）

鄰國對不丹主權或宗主權的不實聲明

　　直到一九六〇年代為止，不丹對於強化國家的國際關係方面，領導階層的行政、經濟與軍事能力，仍嚴重受限於國家地理隔絕、缺乏現代化通訊設備以及普遍性的經濟落後所限制。不丹作為群山阻隔的內陸國家，與國際商業和政治主流活動隔絕。不丹領導階層和官員可能未意識到這個問題，或者對於近在眼前的邊境鄰國漠不關心。除非攸關國家利益，否則似乎沒有必要冒險突破與鄰近國家的既有關係。

　　不丹國內幾乎完全缺乏公路、電話與新聞媒體等所有通訊聯繫形式。直至一九五六年到五七年，透過人力與獸力將進口石油馱運到各區中心，供應發電機運轉動力以提供無線設備供電後，才開始有某種程度的國內通訊，取代傳統送信人的工作。

　　一九六一年起，從印度邊境開始向不丹內陸興建公路。一九八〇年代，日本人提供衛星與數位通訊技術，自此不丹才有全國通用的電話服務。早期採用落後方式所裝設的系統，直到發展計畫之後，遇到基本的官方需求時才開始使用，而且很難說是具有功能或現代化的設備，那時甚至無法提供私人使用。一九八五年，不丹駐新德里大使館仍必須依靠無線電與廷布聯繫，這種通訊方式的適用範圍，包括由新德里大使館透過「電報」，將訊息轉達紐約的不丹駐聯合國常駐使館。一九八四年筆者擔任不丹駐新德里大使時，欲通知廷布中央有關英迪拉·甘地夫人悲劇性的暗殺事件，根本不可能透過大使館的無線電話回報國內。

　　一九七三年，噶瑪·天津（Karma Tenzing）私人創立「青年廣播」電台，自此，不丹國內始有無線廣播電台。他從美國學成歸國，擔任不

雷龍之吼

丹貿易、工業暨林業部官員，似乎出於民族與愛國情操而從事此志業[86]。幾年之後，政府將此機構轉型為國家公共事業，並命名為不丹廣播局（Bhutan Broadcasting Service，BBS）。不丹一直推遲至一九九九年，才撤除對網路電視與網際網路的使用限制。

在第三任國王統治期間，與之前仍存在一些無法輕易排除，尚需不丹領導人擬定策略的歷史遺留問題與威脅，即使今日看來，極為遙不可及甚至荒謬。

第一個是對於中國的恐懼，以及憂慮這個強權鄰國對不丹主權的威脅。一九一〇年，中國干預西藏時，宣稱包括不丹、錫金、尼泊爾與拉達克等喜瑪拉雅地區都是中國的一部分[87]。對中國的恐懼促使不丹與英國簽訂辛楚拉條約，使不丹本質上成為英國的「被保護國」。自此以後，不丹與外在世界的關係皆奉行英國「建議」而執行，而在一九四九年不印協議之後，轉由獨立的印度承襲該項權力。中國軍隊於一九五一年干預西藏，又於一九五九年西藏人抗變時以武力鎮壓，不丹與西藏間的實質關係步入盡頭，不丹再度增加對中國意圖的疑慮。因此，不丹關閉兩國邊界，以避免做出任何得罪中國的事情。

一九六二年，中印（Sino-Indian）[88]戰爭於兩國邊界開打後，不丹的考量是，中國若僅需對一九四九年印不協議以及印度在不丹境內據點作出讓步，中方可能會更願意接受且積極承認不丹主權。印度方面可能也會承認不丹主權，並且對於給予更多實質關係而釋出善意。因此，不丹的地緣政治處境，對於強化主權方面具有更多優勢。

當時對不丹而言，完全無法想像將與中國建立更實質性的關係。由於中國的威勢及對喜瑪拉雅王國所宣稱的立場，欲將不丹納進西藏，中

---

86. 噶瑪‧天津（Karma Tenzing）為札熙岡宗彭達紹聽列‧透給（都帕拉）之子，現居紐約，任職於聯合國貿易暨發展協會（UNCTAD）。

87. 事實上，中國對於不丹在內的喜瑪拉雅地區宗主權聲明，甚至可回溯至一七二〇年。中國這些定期性的重複聲明，當然是含糊其詞、曖昧不清。（參見網址：http://www.encyclopedia.com/articles/01435.html，刊載於 2000 年 11 月 29 日）

88.「Sino」指中國，可能是相對於「Indo」指印度。

國看似的確有這種令人恐懼的威脅。屆時毛澤東主席推行的文化大革命，勢將破壞所有不丹傳統，以及才剛建立的君主制度。不丹將不再能以獨特的文化與政治實體地位存在。在一九六〇年代早期，考慮是否與中國發展關係時，應記住這不僅只是揣測而已。當時不丹領導階層中的部分重要成員，主張不丹應向中國而非印度靠攏的強烈立場，尤其是出於種族與文化的觀點[89]。幸而這些人士只有很小一部分，他們未能理解到涉及國家主權與獨立時，民族性或種族取向可能無法證明為國家真正利益所在。這只需要簡單地看看亞洲、非洲與歐洲歷史即可理解。印度人與巴基斯坦人、日本人與韓國人、中國人與日本人、中國人與西藏人、中國人與台灣人、科威特人與伊拉克人等，都並未真正在政治上和睦相處，儘管他們之間存在著種族或文化上的相似性。在廿一世紀中，非洲的盧安達、蘇丹、奈及利亞、烏干達以及其他地方，都面臨歷史上最嚴重的問題。同樣地，假使不丹人認為自己與西藏人較親近，也該想想後者曾對不丹人所表現的傲慢態度。這種一廂情願的作法勢必不會成功。在國家政治上，基於相同種族對自方較有利的這種先入為主觀念，而伸手迎向其他人民的強烈渴望，並非國家的最佳政治決策。帶有這種觀念的領導者與人民將被簡單地漠視，而無法再扮演任何重大的國家角色。國家必須奠基於自身的國際政治，並捍衛主權、獨立與安全等切身利益——不論領導者可能必須與什麼樣的政權、種族或民族相互交涉。不丹的例子極為明顯，正是印度而非西藏或中國，提供不丹最佳利益。

如同前面所見，不丹曾有向中國展開「歡迎雙臂」的可能性，而非選擇一九五〇年代初期的印度，當時甚至還與印度存在著一九四九年的「不平等」條約。國王吉美‧多杰‧旺楚克仔細權衡選擇，抵制反對意見，並決定全面轉向印度。他於一九五五年向加爾各答的印度媒體宣布意向。之後隨著印度總理龐蒂‧賈瓦哈爾拉‧尼赫魯（Pandit Jawaharlal Nehru）於一九五八年訪問不丹而達到高潮。此後不久，一九六一年印

---

89. 不丹的一些政界人士現在依然持有這種觀點。參見網站論壇：www.bhutantimes.com

度即開始挹注第一期發展計畫的援助。

　　從更深入的原因探究，可以清楚看到不丹對於擴展對外關係上，有許多嚴重障礙。對不丹而言，最重要的就是政治上的生存，這主導不丹對鄰國與外在世界所做出的回應。當英屬印度政府強烈建議，要求不丹任其安排時，因懼於中國對區域內其他政權的野心，而將不丹逼入英國勢力範圍。如同前述，這個新關係也體現在一九一〇年的協議之中。同時，不丹也極力避免英國對國家內政進行干預。鄰近的錫金、其他昔日喜瑪拉雅王國，甚至連尼泊爾都未曾出現過類似狀況。如果一九一〇年時，中國不只有簡單明文條款這樣的企圖，則不丹決定與英國訂立條約就是一記妙招，因為這確保中國對不丹所採取的任何舉措，勢將立即與英國人對決。

　　不丹對中國野心的恐懼，一直持續到一九八八年。當時中國人至少願意在一份初步的邊界協議中，向不丹保證，中國承認其為主權獨立的實體[90]。從中國政府的善變本質看來，這樣的保證對不丹而言，實屬必要且不可或缺。應該記住的是，不丹的領導階層並不親中或親印，也不反中或反印，他們只想要捍衛自己的獨立與主權。因此，雷龍之吼僅發於受到激怒之際。

　　不丹轉向印度的選擇，證明有利於國家福祉與「國民幸福總值」（gross national happiness），特別是在中國對不丹政治生存具有敵意的處境下，至少直到廿世紀最後十年以前皆是如此。在印度眼中，不丹與印度幾乎沒什麼共通點。無論種族、語言、文化以及社會等各方面，相較於印度其他鄰國，如巴基斯坦、孟加拉、斯里蘭卡與尼泊爾等國，這些地區都有多語言與多文化的特徵，或擁有共同的歷史與種族背景。尼泊爾是個例外，因為其境內有大量藏裔人口[91]。雖然不丹信仰佛教，但卻

---

90. 參見附錄。
91. 包括林部人（Limbu）、古隆人（Gurung）、夏巴人（Sherpa）以及其他種族，皆可上溯至西藏根源。而後，又有尼瓦爾人持獨特的藏緬語言、早期佛教背景、以及受西藏與不丹影響逾數個世紀的藝術建築技巧。另有一個藏族小王國，地處尼泊爾木斯塘（Mustang），至今仍獨立存在。

是在西藏演變而後傳入不丹，很大程度上屬於西藏佛教，而非印度佛教的形式。這些差異使不丹人內心感到安全，因為它們強調不丹以一種重要的方式與印度人「區隔」開來，使之「異」於印度思想。當然，拉達克、達旺與錫金等地亦屬例外。印度必須處理的東北部蒙古種族群，也與印度其他地區極不相同，這些地區當然也可相類似地主張「區隔與差異」。然而上述個別地區，已在歷史上證明這些政權所採行的政策或處境，反而使其自身喪失獨立的政治身分。

前述提過不丹、英國和獨立印度之間的演變關係，由此可以看出正是由於中國於本地區所展現的態度，以及從一九一〇年開始，就極力宣稱對喜瑪拉雅國家的宗主權，因此毋需過多的國內政治阻力，直接就將不丹送進印度的勢力範圍。雖然這個因素限制不丹擴展其他國際關係，但是國家本身收入來源不足與缺乏合格的外交人員，也是不丹政府的重要考量因素。例如：一九七一年不丹加入聯合國時，國內缺乏經過培訓或合格的外交官員得以勝任國際組織的工作，不丹只好聘請一位精明幹練的印度外交官員阿瑪·納特·拉姆（Amar Nath Ram），在紐約協助安頓使團並執行任務，直到一兩年後，不丹官員有足夠的經驗處理事務為止。剛開始的專業知識與指導極為必要——例如一九七二年四、五月期間，不丹代表團出席在智利聖地牙哥舉辦的第三屆聯合國貿易暨發展會議（UNCTAD III），不丹首任常駐聯合國代表倫波桑給·班覺（Sangye Penjore）為代表團團長，拉姆、仁謙·多杰（Richhen Dorji）與筆者為團員。拉姆協助團長草擬全體聲明。當倫波桑給·班覺與筆者仔細檢查聲明稿時，非常驚訝地得知不丹列入「最不發達」國家之列。我們因不了解而反對這份聲明，且拉姆必須為此解釋分類的判準與理由。這次誤解事件之後，我開始閱讀聯合國文件，以加強對於聯合國體系的了解。不丹既缺乏資源，也欠缺籌措資金所需要的外國貨幣。印度政府再次支援，提供必要的美元儲備。由此可見，不丹除了以協議條款作為主要理由之外，上述面向也促使不丹得將國際外交關係降至最低。

區域政治發展以及印不關係上場

國王吉美・多杰・旺楚克於一九五二年登基時，不丹、西藏以及整個區域大體上正歷經艱困時期。北方中國在西藏的干預行為，已流於暴力與惡質，從而導致達賴喇嘛與成千上萬的藏人從世襲封邑上，流亡進入印度。那個時代的中國共產黨似乎無心對西藏主張做出任何妥協讓步。他們傾向採取任何手段——包括軍事行動在內——都要將西藏地區納入「祖國」懷抱之中。中國的文化大革命企圖以破壞來達成目標，如果無法達到目的，就試圖瓦解西藏宗教、文化、語言、地理藩籬與人口。成千上萬的藏人逃離家園，散居於整個印度次大陸，並橫跨歐洲、美國與加拿大。文化大革命造成數個世紀以來不丹與喜瑪拉雅地區，包括蒙古及中國部分地區的西藏古文明，慘遭悲劇性的破壞。西藏桑耶寺中「如我般」咕嚕仁波切蓮師像也在這個時期遭摧毀。

藏人預期將得到那些對他們或對其奮鬥歷程所知甚少、或甚至不太在意的國際社會支持。美國透過中央情報局，不甚熱心地向西藏抵抗運動提供人員培訓與武器配備，但一旦美國覺得自身利益不受中國影響，或西藏對美國在政治與經濟上不具太大重要性時，他們甚至罔顧之前所承諾的援助。事實上，在中情局的援助下，藏人所遭受的阻力反而可能更有利於中國的無情還擊。當美援突然中斷，西藏人即蒙受更沈重的苦果。

無論是印度的尼赫魯或是聯合國，都無意援助西藏軍隊。事實上，印度一開始即承襲英國觀點，將西藏視為中國「宗主權」——相對於「主權」——之下的自治區：英國外交官員為避免激怒中國人而構想出這個法律地位，當然似乎也對西藏運動表現出同情態度。現今印度當然完全承認中國對西藏的主權，如同中國也承認印度對錫金的主權一般[92]。從印度的角度來看，印度外交官似乎持有這樣的觀點：印度的勢力範圍

92. 二〇〇三年七月，印度總理阿塔爾・比哈瑞・瓦杰帕伊（Atal Behari Vajpayee）於訪問中國期間簽訂協議。請參見拉瑪昌德拉・古哈（Guha, Ramachandra），《甘地之後的印度》，頁 716。

應該在喜瑪拉雅山脈以南，而中國則是山脈以北。這是一種殖民概念，殖民遺毒可能仍存留於新德里政界。

　　一九四七年以後，印度總理賈瓦哈拉爾·尼赫魯政府，對於應如何回應中國，就尚未劃定疆界的喜瑪拉雅邊境陷入兩難。尼赫魯似乎基本上是一位理想主義者，他相信印度與中國這兩大文明古國，同為亞洲人民，又同時剛擺脫殖民主義的枷鎖，兩方皆無法承受任何對立。此時作為獨立的發展中國家，他預期兩國皆能集中於社會經濟發展，並且在尊重他國主權與國家尊榮的基礎上，與鄰國及其他國家交涉。他是如此忘乎所以地以「印地迦尼擺擺」（Hindi Chini Bhai Bhai）[93] 這個口號打造邦誼與合作的理念。一九六二年中國入侵北印度局部地區，並對印度承襲於英國的邊界概念爭論不休時，尼赫魯的期望破滅。

　　話雖如此，印度、不丹與尼泊爾依然必須保證協助西藏難民並慷慨包容。印度在達蘭薩拉及其他地區提供西藏難民許多土地，使之得以維繫宗教與文化。不丹的情況則是，對於想要融入不丹社會的藏人，在觀念上易於找到種族與文化的相似性。在官方上，不丹得罪不起中國，因此必須對藏人直接針對中國的所有政治活動作出限制。在國際社會中，不丹對於西藏地位的觀點，就算想表達也根本沒有任何發言權，政治上的變通法則是接受中國對西藏的主張。畢竟，當美國、前蘇聯政權、英國、印度與所有大國，面對中國所發展的全球經濟與政治勢力時，都默許這既成事實，不丹又能站在哪裡呢？

　　儘管在一九四九年與不丹的條約之中，印度政府還不清楚應該如何與不丹交涉，尤其是中國併吞西藏，並聲稱擁有整個喜瑪拉雅區域的權力。除了不丹與尼泊爾之外，更重要的是，中國甚至宣稱擁有印度視為自家領土一部分的東北邊境局（North East Frontier Agency，簡稱 NEFA），印度總理英迪拉·甘地後來將此地區改名為阿魯納恰爾邦以及阿克賽欽（Aksai Chin）。此時印度軍隊才剛從英人結束統治後的獨

---

93. "Hindi Chini Bhai Bhai" 意思是「印度人民和中國人民親如兄弟。」

立國家中成立，印軍的訓練與裝備皆尚未完備，就遇上毛澤東的中國解放軍威脅。

有關不丹與印度之間的關係，龐蒂‧賈瓦哈拉爾‧尼赫魯在一九五八年九月廿三日[94]於帕羅的公開演講中，提供了一段明確解釋，他公開聲明：

「有些人可能認為，印度是一個雄偉且強大的國家，而不丹是一個小國，所以前者可能希望對不丹施加壓力。因此，我有必要明確地告訴各位，我們唯一的願望就是，你們應該保有獨立的國家，選擇自己的生活方式，並根據自己的意願而走上進步的道路。同時，兩國間應該成為友好鄰邦而彼此互助。不丹與印度的自由應該同時獲得保障，無人可以從外在損害邦誼。」

尼赫魯的這段敘述，為印不關係歷久不衰作出見證。二〇〇八年五月，印度總理曼莫漢‧辛格（Manmohan Singh）博士訪問不丹期間，再度引述這段話。

就一個局外人的評估而言，印度領導階層內部至少到目前為止，還是決定接受中國對喜馬拉雅山脈以北的所有權聲明，也就是控有西藏地區。至於不丹、尼泊爾與錫金，印度覺得不管就國際關係或基於國防安全考量，這些地區應該是屬於自己的勢力範圍。對印度而言，問題在於中國似乎仍不承認這種區域劃分的觀點，也不承認印度打算認同喜瑪拉雅政權的存在。趁著噶箕倫度‧多杰‧岡薩爾巴（Lhendup Dorji Khangsarpa）所掀起的國家政治動盪，英迪拉‧甘地政府企圖併吞錫金。中國最終承認這樁長期以來的併吞行動，視為既成事實，以用來交換印度承認中國對西藏主權所採取的一貫立場。印度避免與台灣來往，並支持中國大陸在聯合國的席位。兩大巨頭之間的貿易與經濟聯繫增長，在在強化中國在世界舞台上的位置與角色。

印度總理瓦杰帕伊（Vajpayee）於二〇〇三年訪問中國期間，正式

---

94. 他的女兒英迪拉‧甘地亦陪同前往帕羅，她後來成為印度總理。

完成簽署並由中國出示修訂版地圖,見證錫金為印度的一部分[95]。

尼泊爾期待握有印度貿易與轉運優勢的同時,仍不斷試圖抵制或盡可能減少受到印度影響,他們強調自己有權行使內陸國家的國際權益[96]。與此同時,尼泊爾不時憑藉自身優勢,企圖玩弄印度與中國於股掌之間,但經常事與願違。試圖拒絕接受印度針對中國的任何防務安排,並企圖輸入中國的武器裝備,包括對空飛彈等,使印度感到兩國之間似乎並未保持真正的協議關係[97]。尼泊爾的兩面策略導致印度與尼泊爾之間不斷摩擦,有時甚至達到嚴重地步。印度總理拉杰夫·甘地(Rajiv Gandhi)甚至一度決定關閉兩國間所有交通要道與貿易往來,據說就是「要給尼泊爾一個教訓」。

尼泊爾最近一次企圖耍弄印度與中國是新任民選總理普絲帕·卡瑪·達哈(Pushpa Kamal Dahal),或更普遍熟知的是他的革命別稱——帕拉昌達(Prachanda),於二〇〇八年八月上任後的首度國是訪問,將新德里冷落一旁,而兀自前往北京訪問。

1964~1965 年間的政治動盪:國王承擔全部責任

一九六四年四月五日,總理吉美·多杰於彭措林招待所不幸遇刺之後,代理總理達紹倫杜·多杰與一些高官緊接著離開不丹,國王面臨嚴重的國政危機,局勢可能加劇國家不穩定及切身利益受損。芒丘(Mangeot)、茹司通基(Rustomji)、達斯(參見參考書目)與其他人分別從各自觀點,紀錄這個不丹史上可厭的篇章。但重要的是,這裡要

---

95. 在 2003/2004 世界事務年刊中,中國所出版的世界地圖上,已不再將錫金標示為獨立國家。參見《論壇報》,二〇〇四年五月七日,昌迪加爾(Chandigar),印度,(網址:http://www.tribuneindia.com/2004/20040507/main7.htm,刊載於 2007 年 7 月 23 日)

96. 然而根據聯合國海洋法公約草案,這樣的權利只能行使於與過境國的合作與和睦相處,包括尊重過境國主權在內。一九八一年,筆者在牙買加群島上,代表不丹王國簽署這項公約。

97. 參見一九五〇年代簽署的「印度－尼泊爾協議」。

紀錄的是堅決的領導人與其政治風度的素養，不丹國王決策時考量到君主制度與國家的最佳利益，並使之落實。

國王迅速決定不再指派新任總理，他決定自該時起，全權負起王國行政管理的責任。他指派自己明確信任的官員，出任關鍵的決策職位。一九六四年十一月廿五日，政府通過新聞稿向國際媒體播放，向世界各國提出官方聲明。

新聞稿全文如下：

茲昭告媒體，不丹情況現已完全於掌握之中。經展開調查後顯示，兩支部隊與多日前離開國內的四名行政官員，出於過度恐懼，誤判國王自瑞士返國後，將對其於國王出國期間的失職行為進行懲處。然而，國王無意於任何時刻針對官員妄作結論或過度反應，失職官員也未能有機會於國王出國期間逃離國家。官員的突然離開，迫使邊境的安全措施更加嚴格，包括出入不丹的旅客檢查。然而安檢人員奉命，盡可能減少旅客不便，以免影響實際交通運輸。有關逮捕多位高階官員的報導並不正確。秘書長（作者註：達瓦・澤仁先生，現任外交部長）於交通檢查哨接受例行性交通檢查時受到訊問，但已前往總部，並已恢復職權。軍需處處長須進一步接受調查，調查期間暫於處長官邸限制外出。高階軍官朗姆・多杰（Lam Dorji）上校，於不丹遭到逮捕的說法則為誤傳。進一步調查期間受到羈押的三名行政官員，都是任職於政府部門兩年到三年的臨時人員。

國王已採行措施徹換怠忽職守官員。朱倫達・普拉罕（達紹 J.B. 普拉罕）將出任南不丹地區辦事處的特級首長。他於一九六二年任命為南不丹顧問之前，已長期於該地區執行公務。特此任命他為該區特首，任命案自十一月廿五日起生效。此外，國王派任親王達紹旺楚克（南嘉・旺楚克親王殿下），除原有職責外，亦接掌軍務管理。

國王遵照醫囑，去年宜健康休養，因而將大部分的行政管理權委由總理執行。隨著國王健康狀況的逐步改善，他決定全面恢復行政管理之

責。需重行調整政府組織機構，包括總理辦公室之裁徹。未來數個月的過渡期間，暫由現居倫敦的倫杜‧多杰先生行使代理總理之責。

短期政局混亂所引發的近期動蕩，終歸導回正途，政府各級辦公室已恢復正常運作。」（Rustomji，p79-81）

國王所展開的後續行動，再次為不丹帶來和平與穩定。他持續執行始自一九六一年到六二年，在印度政府協助下，大部分由總理吉美‧多杰所倡導的不丹社經發展道路。

政治立場傾向印度並實施國家發展計畫

國王吉美‧多杰‧旺楚克是一位實用主義者。他必定感覺到，中國頻繁而模糊地對不丹宣稱其歷史聲明，猶如西藏早期對不丹的態度一般，在不丹與西藏之間訴諸宗教、種族、文化、尤其是地緣位置等論斷，其危險信號引人側目。在一九四九年條約中，不丹王國同意根據部分解釋，將國家的外交關係交由印度政府主導。雖然這意謂不丹對外的主權將受到箝制，但同時也確認印度將無法干涉不丹王國內政。國王至少期待能透過一九四九年協議的條款，而處理兩國關係。

然而，國王似乎也有其他考量。獨立後的印度，強化不丹國王的地位，並擴大所有的基本禮遇，甚至將不丹國王的正式稱號，從原本印度對土邦首領的「不丹瑪哈拉賈大君」（His Highness the Maharaja of Bhutan），改為「不丹國王天龍嘉波殿下」（His Majesty the Druk Gyalpo, King of Bhutan）。這與毛澤東主席在暴力接管西藏前[98]，達賴喇嘛前往北京時所受到的待遇形成鮮明對比。同樣地，進行通商貿易與過

---

98. 參見網址 http://voyage.typepad.com/china/2007/01/chairman_mao_lo.html，刊載於二〇〇八年九月十四日，有關一九五四年九月十一日，達賴喇嘛和班禪喇嘛於北京面晤毛澤東，很清楚地當時毛澤東將西藏視為中國的一部分。

雷龍之吼

境時，不丹透過印度的對外通道，遠比往北橫越喜瑪拉雅山脈容易許多。老一輩的不丹人說：「西藏通達於宗教，不丹善於正規儀典，印度則精於機械與技術。」[99]國王意識到不丹最好的賭注就是站在印度那邊，這也是他所欲發展的方向，並於一九五五年在加爾各答正式向印度媒體公開宣布。因此，國王釋出對不丹國際關係的主導權，交由印度提出王國的外交政策。他以史上罕有君主具備的真知灼見，對於鞏固君主制度的建立扮演著至關重要的角色。

外在影響促成民主政治改革

一九五三年，國王吉美‧多杰‧旺楚克成立不丹國民議會，並就人民參與政治活動而指示國會議員。國王任命自己最信任且最傑出的秘書擔任國民議會議長 —— 最後一任雄嘎爾宗彭達紹昆藏‧旺地之子，嘎卓聽列。聽列是一位傑出的不丹學者，雖然從未前往印度求學，但他對於印度語的說寫能力皆極為精湛。使他擔任國王訪問印度期間，與印度官員對談時的首席翻譯官。一九五〇年代後期，當他邁向生命盡頭時，受指派為不丹政府秘書長（即嘎卓，Gyaldron），在內政上等同於部長職銜。

第三任國王再度做出驚人之舉，他授予國民議會職權，得以就國王應否退位進行表決，並指示下任繼承者登基後，應交由國民議會決定，在任國王的作為是否與國家重大利益相牴觸。這項舉措將確保君主不致成為暴君，並且將為人民福祉與國家主權而努力。

基於與印度總理賈瓦哈拉爾‧尼赫魯的相互交流，國王推出一系列的社會經濟發展計畫，第一項計畫於一九六一年展開。他密切參考並獲得不丹總理吉美‧多杰的建議與協助。這些計畫將不丹各領域 —— 醫

---

99. 以不丹文來說，就是「Bod, chos-la khay, Druk, tenday-la khay, Ja, thrue-la khay」

療、教育以及基礎設施建設，諸如道路、通訊、貿易與工業——皆推向現代化發展。在統治期間，他透過印度湛姆私人航空公司（Jamair）引進首架達科塔（Dakota）飛機進駐帕羅機場。

鑑於統治期間的諸多開創性施政，國王吉美·多杰·旺楚克被譽為「民主國王」以及「現代不丹之父」。

國際組織的會員身分 [100]

尼赫魯於一九五八年訪問不丹時，在帕羅的公開演說中，向不丹人民明確承認不丹的獨立地位。國王自己也在該場合擔任演說翻譯人。然而有時駐印度的不丹官員猶豫於受尼赫魯所擺佈，他們在印不關係的基礎上幾乎毫無選擇餘地。透過參加一九六二年科倫坡計畫（Colombo Plan），有助於不丹逐步跨出印度掌控，向世界敞開國門。從印度獨立以來，這是「現代」不丹首次接觸歐洲與其他外來國家，並取得農業、畜牧業與教育發展等協助。

日本人贊助不丹農業發展計畫，澳洲與紐西蘭則提供不丹學生前往該國留學的獎學金。奧地利提供交通工具、旅遊協助、以及發展水力發電設備等資源。

幾年後，不丹加入萬國郵政聯盟（Universal Postal Union），使不丹具備獨立國家的另一項獨特性。第三任國王的幾項至高無上成就之中，包括：於一九七一年加入聯合國，從而鞏固國家主權地位，恰巧就在他於一九七二年逝世之前才剛加入。

---

100. 參見不丹加入的國際組織機構列表。

承認孟加拉人民共和國的獨立

早在國王於一九七二年英年早逝之前，他就在喜瑪拉雅地區與國際間，留下一項重要且不可磨滅的影響。印度支持孟加拉國，從巴基斯坦取得獨立。此時就印度與孟加拉國而言，對於各方的國際外交與軍事支持皆抱持著歡迎的態度。不丹國王挺身支持，宣布不丹認同孟加拉為獨立國家，使孟加拉永感銘心。若有必要，國王甚至準備派遣軍隊進入該國[101]。對印度而言，正當其他鄰國與國際社會對此事件持有批判態度，或猶豫應否支持孟加拉與印度兩國之際，此舉成為至關重要的區域表態。為了給予實質上的支持，不丹迅速採取措施與孟加拉國建立外交關係，派遣大使駐守孟加拉首都達卡（Dhaka）。孟加拉新政府亦對等地派遣大使，前往不丹首都廷布。

不丹國王對孟加拉國作為獨立國家的身分所做出的反應，對王國造成深遠的國際影響。當國王決定表明不丹支持印度，該國領導人明顯歡迎此舉，這表示不丹能擁有區域影響力，並且超越國家藩籬而有不同作為。

與孟加拉國建立外交關係並互派常駐使節之後，新德里也迅速克服猶豫，將派駐於不丹的「代表」（representative）正名為「大使」（ambassador），並且同樣也對不丹駐新德里「代表」的身分重作修正。這些事件對於不丹的外交與國內輿論而言，皆屬重大突破。

國王吉美・多杰・旺楚克將大力鞏固而穩當的主權獨立國家，且國內政治生態穩定，並服膺於旺楚克王朝繼續統治的王位傳給王嗣暨繼任者。但是，許多暗中破壞不丹主權的未竟議題依然存在，而舊有問題以及新浮現的議題，即將出現在一個十六歲的國王，吉美・辛格・旺楚克面前。

101.透過不丹皇家軍隊的消息來源，筆者得知確有這個可能性。

第四任國王吉美・辛格・旺楚克：
建立廿一世紀的民主王國

王子誕生：南不丹的混搭慶祝活動

　　一九五五年十一月，我當時九歲，住在南不丹的紐里。猶記家父收到王后阿熙凱桑・雀登於不丹首都廷布的德謙秋林（Dechenchholing）王宮，誕下王儲吉美・辛格・旺楚克的消息，而號召舉辦慶祝活動。王儲誕生的消息透過政府的無線電台，以摩斯密碼從廷布發送到沙布杭市（Sarbhang，即現在的沙奔市）。信差從當地搭乘火車轉換多次公車，轉經印度前往不丹邊境，而後徒步數個小時，才將消息送至家父位於紐里的辦公處。

　　慶祝活動由來自南部各地，由數百名民眾聚集組成，包括穿著不丹幗服與旗拉、大多衣衫襤褸的夏丘人。與印度平原接壤的不丹南境，正值瘧疾以及炎夏潮濕季節，穿著幗與旗拉的不丹人棲身於較涼爽且海拔較高的山區，平地上只剩下尼裔移民與印度人，還有為討生計而對地面熱氣與夏季季風別無選擇的居民。不同種族與部落的印度人，經常在無人的土地上四處遊蕩，似乎並不了解不印兩國的國際邊界。桑塔族（Santals），亦可視為阿蒂瓦西斯族人的一支，是兩國邊界上的獨特部落。他們帶著用於狩獵村落周邊林中鳥類和小動物的脆弱弓箭四處搬遷。事實上，他們之中有些人於一九五八年不丹公民法施行之後，列為不丹公民，甚至進入行政機關以及其他政府部門任職。

　　博多・喀夏芮人（Bodo-Kachharis）居住於緊鄰不丹且狹長的阿薩姆，他們與夏丘人關係密切，特別是更靠南邊接近印度邊境，諸如迪沃塘等地的德謙林（Dechheling）、瑪沙拉（Martshala）、錫卡・洛日（Shinkhar-Lauri）以及其他地區的村落。博多・喀夏芮人可以從外觀

明顯辨認出來，特別是他們婦女的主要穿著是具有以鮮豔的黃色、紅色、橙色相間為圖騰的服飾，部分與不丹境內的居民相類似，他們自行編織衣飾並以獨特的方式穿戴。男人則大部分在穿了背心、襯衫或簡單打著赤膊的腰部上，圍上一條短纏腰布。這些自稱為阿薩姆人的族群，有其獨特服飾，但更常見的是該族的婦女穿著梅喀拉罩袍（mekhla-chador）。來自印度比哈爾邦的比哈族人，為謀求生計而搬遷，亦遍佈於此地區之中。後期還有穿著鮮豔服飾的茶園工人，他們則來自於各地不同種族。

穆斯林在阿薩姆毗鄰不丹邊境地區亦建立自己的聚居處。他們來自於今天的東巴基斯坦。孟加拉國內增加的印度教徒與穆斯林族群，為了尋求安全保障、土地與工作，而移居到阿薩姆地區。因這些新移民成為政黨的「選票銀行」，使阿薩姆與新德里的穆斯林政治家大力協助由東巴基斯坦進入阿薩姆的穆斯林移民，至少這是阿薩姆的當地人士描述的狀況。位於阿薩姆果阿帕拉（Goalpara）的優秀穆斯林政治家法赫魯汀‧阿里‧艾哈邁德（Fakhruddin Ali Ahmed），不僅出任中央的內閣部長，最後甚至成為印度總統。

人們也可以看到罕見的「喀布爾」或阿富汗等字樣，出現在頭巾以及腳踏車上方四處飄動的長袍上。這些人來到這個遙遠的地方，成為鐵石心腸的借貸人。馬瓦里（Marwari）的商人亦散佈於該地區之中，大部分試著在不易取得現金的以物易物系統中，牟取現金收益。不丹人帶來柳橙、麝香、氂牛尾巴、織布以及用於草藥或順勢療法的林產品，轉手換得鹽、器皿、紗線與染料、編織草鞋與鞋子、衣物與菸草製品。我猶記在紐里的唯一馬瓦里店主──溫文爾雅且言談得體的巴斯提拉姆（Bastiram），腰上纏著長纏腰布（dhoti），帶著一堆兒子，並且如同普通不丹人一般，尊重不丹國王與王室家族。再往西邊到了印度那頭，今天的桑竺‧江卡（Samdrup Jongkhar）也就是過去著名的達然迦‧梅林市集（Darranga Mela Bazaar），主要為了與不丹貿易而設立。在中國接管西藏之前，該地也是與西藏進行貿易往來的通道，不丹人將之稱

為古達瑪（Goodama）。在之後的歲月中，介於古達瑪與現今不丹邊界之間的「無人之地」，成為娼妓聚集之所。起初，女孩與婦女們大部分來自西隆（Shillong）附近的喀西（Khasi）部落，西隆就是現在印度的梅加拉亞邦（Meghalaya）首府。到了後來，所有不同種族和部落的女性皆群聚此地。不丹與印度當局都試圖不定期「清理」該區，但成效有限。此區因博多族與阿薩姆解放陣線（ULFA）的異議活動造成動亂，賣淫地點於是轉移到毗鄰彭措林的哲貢（Jaigaon）西部。這些缺乏醫療監督管理的「性工作者」已將許多性病散播到不丹境內，現在散佈著更危險的致死性人類後天免疫性病毒（愛滋病毒），因為一無所知，他們從事毫無防護措施的性交易工作。更多不丹近期發展似乎也令人憂心，如：不丹人的失業率上升，因對於更高水平生活的期待，造成年輕人許多壓力，使他們從農村遷往城鎮，以謀求更好的工作機會。雖然政府努力透過教育與職業訓練創造就業機會，但並非所有期待都能獲得滿足，不丹婦女因此在城鎮與邊境地區投入賣淫交易。實有必要遏止這樣的發展，未來政府需要透過更多的性知識與教育活動，宣導問題的核心，而不只是簡單地採行強硬措施。

　　紐里與梅拉市集在季風期間幾乎完全荒廢，暴漲的河水與溪流阻斷任何方向的通行。大象、老虎、野豬、水牛與野鹿，盡情地漫遊於印度和不丹之間這片大地之上。象群破壞稻田並踐踏脆弱的茅草屋，剩一些較堅固的屋舍偏遠又分散，這彷彿向人類傳達一個年度訊息：這些地區屬於牠們，入侵者不受歡迎[102]。在此荒無人煙之地，巴斯提拉姆與他的兒子們，似乎向當地民眾與季節性遷徙的夏丘人，提供所有的簡單需求。他們供應食鹽、芥花子油、粗糖或紅糖、火柴、菸草、織品、紗線、染料、煤油、鍋碗瓢盆、以及各地村民與農人都需要用到的日常必需品。

---

102. 今日這個地區已過度濫伐森林，特別是在阿薩姆地區為了移居者而騰出空地，大象肯定無法再傳達牠們的訊息了！但是倖存的象群依然在南不丹的丘陵腳下閒晃，薩姆奇與其他南部地區的農作物與房屋皆遭到破壞，在一般的不丹報紙上常有類似事件的報導。

由家父號召舉辦的一九五五年慶祝活動，有民眾穿著尼泊爾服飾的朵拉‧蘇如瓦[103]或西褲襯衫，由村裡、印度唐格拉（Tangla）或者靠近巴姆朱里（Bamunjuli）茶園等城鎮的裁縫所縫製。這個慶祝活動是一個多種族、服飾、民族與宗教的奇特組合。此時正值乾燥的冬季，從鄰近村落移居而來的人們，可以赤足、搭牛車或騎馬成功地穿越河水與溪流。家父堅持騎象旅行，特別是適逢溪水暴漲之際，或役使作為採運伐木駄運之用，或用於不丹與印度貴賓造訪時，偶爾為之的狩獵探險。冬季是南部最愉快的時光，因為阿薩姆與孟加拉位於邊境上的村落與城鎮，所歡慶的杜塞拉節（Dussehra）或達善節（Dasain）、以及杜爾嘉女神法會（Durga puja）等慶祝活動，都是落在這幾個涼爽的月份，歡樂氣氛與表演節目也因此吸引許多不丹人前來參加。一直到一九五〇年代，甚至在一九四七年印度獨立之後，附近諸如巴姆朱里等茶園，仍由英國人持有並管理。家父應英國茶園經理伉儷之邀，參加慶祝活動，增添歡慶團隊的多樣性。

家父在紐里成立不丹政府的行政前哨站，設有不丹邊防部隊（Bhutan Frontier Guards）的軍營，鑲上鮮明的 BFG 標誌。他還有一批「察普拉西」（chaprassi）官員，他們依照英屬印度傳統，穿戴卡其三分褲與襯衫、帽子，並佩戴閃亮的橢圓形黃銅扣，上面刻著「不丹政府」與「察普拉西」等字樣。我記得「察普拉西」是政府官員中的全能人員。他們可以充當管區警察或值勤的保安警衛，也可以煮飯、發動攻擊或監工。

紐里，雖如它所看似的偏遠與荒廢，卻得接待有意與不丹當局接觸的重要訪客，包括英國測量員與官員，以及與家父交好的茶園經理在內。在這個偏僻角落，鄰近缺乏市場或適當房舍，款待這些「大人物們」有所難度。家父經常預作安排，並備有蘇格蘭威士忌。有了威士忌，他的「察普拉西」們就可以油炸或燒烤肉類，因他喜愛捕獵新鮮野

---

103. 朵拉‧蘇如瓦（daura-suruwal）：為尼泊爾的傳統男性服飾。——譯註

味、土產雞肉或山羊肉。這些大人物頗為享受這些殷勤款待，並同時進行有關邊界或其他官方事項的業務。有一次家父的蘇格蘭威士忌喝完了，他立刻詢問來訪官員應該怎麼辦：「要怎麼款待大人物呢？」最後，因抱著缺乏蘇格蘭威士忌而帶著的歉意，想做點補救措施，決定取些當地的阿惹酒（ara，當地自釀酒類）來招待客人。當大人物們開始飲用阿惹酒時，他們激動不已。

「為什麼您之前不請我們喝這種酒呢？我們不想喝蘇格蘭威士忌。這種在地的酒款真是太棒了！」其中一位大人物的評語使不丹主人非常開心。從那時起，家父極滿意於只需要提供當地酒品。畢竟買蘇格蘭威士忌得要搭乘火車，從加爾各答一路帶過來。

人們可能會想知道，選定南不丹的這個偏鄉作為辦公處的原因。當時不丹當局認為，南不丹是一個意義重大的前哨站，必須在不丹東南部保持不丹南境邊界的完整性。當時，在今天的桑竺·江卡地區，有大約卅二平方英哩的疆域毗鄰迪沃塘，即英國人與印度人所稱的德旺奇力。在一九四九年印不和平友好條約之前，此地區被英屬印度所併吞，直到印度獨立之後兩年，才由總理尼赫魯所執政的印度政府歸還給不丹。到了一九五〇年代晚期，改名為桑竺·江卡，並提出造鎮計畫，但建築營造直到一九七〇年代或更晚期才展開。早期缺少桑竺·江卡作為邊界前哨站，從沙奔市一直到東南部的邊境盡頭，便缺乏不丹政府的行政機關駐守。家父成功地與印度測量局協商，毫無爭議地確定德芳（Daifam）地區屬於不丹領土，即使博多·喀夏芮人不斷聲稱此邊境地帶應屬於他們的土地。他對於保護並捍衛不丹領土所做出的努力，備受第二任國王所讚賞[104]，第三任國王吉美·多杰·旺楚克、以及嘎卓（拉賈）索南·透給與總理吉美·多杰，皆贈與他大量禮品（索拉，soilra），並對其

---

104. 一九七〇年代晚期，總理吉美·多杰指派接任家父職位的特首仁謙（現為仁謙喇嘛）從尼泊爾前往廷布訪問期間的一段談話中，描述第二任國王吉美·多杰·旺楚克稱家父為「我的朱倫達」（Nge-gi Jhullendra，昂基朱倫達），證明國王對家父管理南疆寄予高度信任。國王從一九二六年到一九五二年的統治期間，在缺乏道路與通訊設備的情況下，始終無法輕易地管理南不丹地區。

雷龍之吼

一生所做貢獻致敬。事實上，後來這些索拉對我的家族造成相當大的麻煩。除了引起官員與他人對家族土地和家族企業的欣羨之情外，皇家公職人員委員會（Royal Civil Service Commission，簡稱 RCSC）於一九七〇年代的後半期，忽然詢問我所持有的家族企業，因為我當時是政府官員。當時家父的助理達紹（南堤 Namthey）班覺（S. Penjore）已晉升為外交部副部長兼外交部秘書，他在皇家公職人員委員會會議上發言說：「雖然我並沒有直接參與企業經營，但也算是間接受益於家族企業。」這段評論引發委員會的調查。我向委員會提交報告，說明這些財產與企業都是在我參與公職之前就已經長期經營建立，我只從中領取遺產繼承的部分，但也並非由我本人執行。難道只因為我出任公職，所以得要輕易放棄這些遺產嗎？但這些辯護未受理睬。委員會的調查持續進行，因為其他完全了解情況的委員會成員們保持緘默，於是我著手翻找家父的古老文件，看看能否提出可開脫不實指控的檔案證明。最幸運的是，我提出一些古老喀書（kasho，由最高行政當局發出的命令）。我將這些文件置於 RCSC 主席面前，當時是阿熙索南・雀登・旺楚克殿下[105]。令我十分寬慰的是，當公主殿下看到這些行政命令之後，立即撤銷 RCSC 對我的所有指控。

然而，彷彿對這些喀書置若罔聞，一些任職於桑竺・江卡的行政官員，以及其他來自首都與城鎮發展有關的參訪人員，對於屬於我家族的土地與財產表達不滿。他們試圖從遺產中，對我的家人施展計謀。家父於一九七〇年代前半期因多次中風而臥病在床，當時擔任貿易、工業暨林業部部長的南嘉・旺楚克王子殿下直接提出要求，家父在沒有任何補償的情況下，同意將很大一塊土地提供作為計畫中的工業園區發展之用。同樣地，他也把靠近沙奔市的菲布索（Phipsoo）鋸木工廠、土地與房舍，以極少量的補貼金過讓給林業部。這些菲布索的財產都是第三任國王贈與家父的禮物，我現在依然持有第三任國王簽署的喀書。那時我

---

105. 阿熙索南・雀登・旺楚克（Sonam Choden）殿下為第三任國王吉美・多杰・旺楚克陛下的長女。

正在旺楚克王子手下工作，多少有點飄飄然地鼓勵家父為了國家的「廣大利益」應同意讓渡。另一方面，旺楚克王子也展現極大的慷慨與慈善，促成我收購位於廷布谷地辛透宗的十五英畝土地。王后的父親，雅伯達紹烏金‧多杰於一九七一年甚或更早之前，在任何皇室婚約儀式之前，都會很周到地指點我好的土地位置。他建議我申請的土地，就是上述辛透宗的那塊。當我向旺楚克王子提出那塊土地時，他很快就同意提供卅英畝。然而消息甫傳出，當時負責辛透宗的喇嘛立刻現身，告訴旺楚克王子，為了宗堡果園，他們需要這些土地。旺楚克王子當場取消原先給我的額度，改為分派宗堡南側的十五英畝土地給我作為替代方案，但還是引發許多官員忿忿不平。即使該地已登記在我名下，仍有些人想分得一杯羹；有些人說需要該地作為未來大使館之用，又有人想將該地用於預設的公共機構。為了要我讓出這塊土地，還用了不怎麼正大光明的手段，在完全不提及我已登記土地的狀況下，就將土地建議案呈報給發展部的國王陛下代表，即第三任國王的次女阿熙德謙‧旺姆‧旺楚克（Dechen Wangmo Wangchuck）殿下。幸而內人和我得到風聲，即刻向殿下申訴。聽到事情的真相後，德謙公主駁回官員所呈提案。但仍有人不願意放棄，當時的廷布宗達做出最後努力，他向國王陛下提議，需要該地建立使館或其他政府機構之用。幸運的是，宗達提到這塊土地已登記在我的名下。宗達後來告訴我，陛下評論說：假使他人已經得到這塊土地，那就已經擁有土地了，「為什麼不能『嗡』（Om）呢？」這個回應徹底平息欲進一步奪取辛透宗土地的任何舉動。

話說回來，上述提到原屬於我卻遭宗堡剝奪的土地，之後也大部分遭私人業者佔為己有，辛透宗喇嘛當時所提到的宗堡果園從未出現過。

在另一個案子裡，第三任國王逝世之後，我從未能促使當局同意，並遵照第三任國王從宮中傳達的榮耀「命令」：指示嘎卓聽列以官方信函寫給宗略代理宗彭，授予家父迪沃塘的土地，作為四千株橘樹種植、建立牧場以及建造私人宅邸之用。第三任國王曾仁慈勸說家父，將住所從邊界搬到較為涼爽的迪沃塘，以渡過他的晚年退休時光。我至今仍持

雷龍之吼

有這份文件，但卻無法取得土地。

家父原本可以像其後的繼任者一樣，輕鬆地待在那位於沙奔市，且可容納好幾百人的舒適辦公處，緊鄰醫療及其他現代設施完備的印度城鎮。然而，為了符合王國利益，他必須待在那個被上帝所遺棄而隔絕的紐里與其周邊地區，渡過漫漫長日。從一九二〇年代早期，家父為設立這個哨所而清除叢林，並且為了建立重要的不丹政府前哨站，而面對孤立、瘧疾以及生命危險。從一九二〇年代開始的幾十年當中，他將家人與妻小暴露於惡劣的環境之中。直到一九四〇年代，七、八個早產的子女都喪生在惡劣且缺乏醫療設施的地方。他沒有任何子女是出生在醫院或有醫療設備之處，結果他的子女之中無人擁有出生證明，亦未在任何行政機關作過出生登記。在那裡沒有慶生這回事，孩子們也不知道自己的出生日期，更甭提出生時間。在後來的歲月裡，我們從父母的老式錫箱中找到一些破爛的「宗教」天文曆算書籍，然後透過這些資料設法推算我們的生日。我還記得我們全家人，接受稱之為達米（dhami）或帕窩（pawo）的當地巫醫擊鼓治療，試著從體內將造成瘧疾或病毒性高燒的惡靈驅趕出體外。如果死亡，達米就會說他／她時候到了，他們無法再做什麼了。

過去英國曾經片面的嘗試劃定印度與不丹兩國邊界，有一個故事發生在十九世紀，殖民孟加拉的英國當局傳話到普納卡，要求德悉的官員派遣代表前往確認不丹邊界。不丹當局不但未派出能夠確認邊界的人員（可能缺乏任何真正具資格的代表），反而發出聲明，告知對方將大石頭從山上往平原方向滾下，石頭停下之處就是不丹國界。我並不確定這個故事的真實程度，但這表示不丹與南部新興殖民勢力的交手過程中，欠缺國家意識與能力。除了不丹單方面為了適合伐木或建造茶園等利益而設立的零散界碑外，直到廿世紀末期，不丹只能就英國從不丹奪取的部分向印度做出讓步。茂密而荒涼的森林與丘陵、行徑多變且狂亂吹拂

的季風、以及河水與溪流 [106]，在在皆使界線標定十分困難。不幸的是，不丹政府辦公室連同家父官邸曾經落腳的紐里地區，後來由不丹調查部進行界線劃定時，皆放棄而讓給印度政府。當年不丹調查官員與中國同意邊界協商時，為認證土地所有權所學到的「使用持有」與「傳統持有」這些相同原則，在與印度政府協商時，似乎找不到可以應用之處。不丹內閣於一九七〇年代屢次詢問調查部，為何在未經明確的內閣同意前，就對不印邊界拍板定案，更甭提通過國家議會的商議與批准。對此，內閣討論從未獲致令人滿意的結論，僅告知劃界的基本原則由英國人決定，大部分由殖民國的測量員片面劃定，就如同次大陸的其他邊界劃定情況一樣。反之，不丹與中國之間的邊境討論與定期進展，都正式經過國家議會的冗長辯論，期間還出示大量詳細地圖，並且在廷布倫登普（Lungtenphu）的不丹皇家陸軍總部，展示砂製模型。為了上述事務，筆者曾由第四任國王任命，於一九八四年夏天，負責不丹史上第一次與中國的邊界協商。

遞嬗中的不丹場景

國王吉美‧辛格‧旺楚克，在其父王於肯亞奈若比（Nairobi）的旅程中逝世之後，於一九七二年登基。先王遺體運送至哈希馬拉（Hashimara）印度空軍機場時，筆者為在場官員之一。而後遺體再啟程送往廷布，於布姆塘的古杰寺進行最後的火化。在哈希馬拉機場時，遺體置放於軍用卡車的後車廂。一幕引人落淚並令人心酸的景象：十六歲的王儲跳進卡車後車廂，陪同亡父遺體從機場前往不丹邊境小鎮彭措林。

當時新王才十六歲，他成為全世界最年輕的國家元首或政府領導

---

106. 很多不丹南部的這類河水與溪流稱為「帕格拉—寇拉」（pagla khola）或「帕格里」（pagli），「帕格拉」或「帕格里」（陰性形容詞）意指「瘋狂的」。

人。幾個月之前他才剛上任為通薩本洛，這個職位在不丹公認等同於英國威爾斯王子的地位。在處理問題的能力上，他將自己投身於國家的規劃與發展，但仍有許多不得不接受的學習，以及有效執掌政府的歷練。我有幸從陛下的童年時代就認識他。一九六二年，當我就讀於大吉嶺北角（North Point）的聖若瑟學校（St. Joseph's School）時，陛下也有一年左右的時間待在那裡。在那之後，陛下於一九六〇年代後半期，就讀於帕羅的烏金·旺楚克學院（Ugyen Wangchuck Academy）時，我也經常遇到他，特別是在一些社交聚會場合。一九六九年在桑竺·江卡，我被傳喚到王儲暫居的招待所，提供他有關該地優良釣魚地點的「最佳情報」，當時似乎傳言我是出色的釣手。古博索南·杜帕（Goob Sonam Dukpa）與王儲的叔叔達紹烏金·多杰（仁波切）是主要隨侍人員。事實上，索南·杜帕作為侍者與知交，陛下於英國就學、歐洲旅遊、帕羅學院就讀以及最終成為國王，他皆隨侍在側。索南·杜帕現在是一位富裕的商人。

當時我建議桑竺·江卡西部措基（Tsoki，丘基 Chowki）地區的兩條溪流為垂釣點，並且指派家父的部屬不丹皇家警察敦杜（Doendup）為嚮導，帶領王室一行人前往該處。那是一條很適於釣到中型印度鮊，或稱「印度鮭魚」的溪流。當我向臥病在床的父親描述此事時，他成為最關切者。「萬一王儲根據你的情報，卻釣不到魚怎麼辦？」他擔心極了！幸運的是，晚間我收到兩條大魚包裹，並附上留言說明王子的釣魚探險極為成功。我想我只能感謝自己的守護星君！

在一九七二年接掌大權之後，新任國王並未就政府結構或更重大部分作出任何立即性的急遽改變，內閣（Lhengye Zhungtshog，倫給宗鄒）的設置是更晚期才開始運作的機構。他對其王父所展開或核准的政策與活動，皆保有一定程度的連續性。事實證明，這是一個明智的做法。在國內，人民與大多數官員發現不論情況如何，政權已順利過渡。印度政府逐漸對這位年輕君主的領導具有信心，特別是他對於不丹與印度關係的處理方式。然而，改變無可避免，國王經常向官員表達意見：

「每一個國王都應該扮演好自己的角色。國內外發展對不丹與國王皆有影響。」

到了一九七二年時，因為我加入公職已有三年的時間，南嘉‧旺楚克親王安排我在他的部會裡擔任代理秘書長。由於殿下的充分支持，使我多次代表部會，出席內閣會議與國民議會。大部分出席這些機構的官員都已獲得紅批巾或更高等級職銜，我站在他們之中，只是一個地位卑微的初階白披巾官員。有時我受到資深官員的蔑視，但卻無法多做什麼。我的宗喀語口說能力，初階到只能進行最簡單的交談，從而限制對組織工作的參與程度。甚至連呈交簡單提案時，都必須預作大量的準備工作。因為怕說錯話，我不厭其煩地寫下每一個字。以宗喀語提交報告前花費了相當多的時間，但這些努力後來都使我搏得讚美。在國民議會，有時可以使用尼泊爾語或洛桑語發言，但我很快地發現自己甚至連使用母語都缺乏技巧與字彙，難以得體地進行官方報告。我唯一能自在溝通的語言就是英文，因這是貫穿學習生涯的授課語言，但在議會中卻不能使用。

由於不丹於一九七一年十二月成為聯合國會員，國家必須出席無數的國際會議，大部分與貿易、經濟及工業有關的責任就落在我身上，也因著政府缺乏有技術或學識豐富的官員，以及在國際聚會中足以得體勝任的代表。在此背景下，外交部長倫波達瓦‧澤仁對我參與這些國際聚會的能力深具信心，總是鼓勵我代表國家參加會議，特別是與貿易暨工業部有關的項目。由於他似乎只信任非常少數的官員，有時也會建議我參加其他不完全與職責相關的領域，諸如海洋法、亞洲及遠東經濟委員會（ECAFE）或其他的區域級別會議。這些機會賦予我巨量的知識與經驗，特別因為我自己極為認真投入參與。我是一個對浩瀚文獻狂熱的嗜讀者，而且喜歡寫下自己的主張與演說，包括應代表團內的其他人士要求而寫的文章。我的參與以及熱心投入早在一九七二年就受到矚目，當時我以副代表身分陪同大使倫波桑給‧班覺，參與第三屆聯合國貿易與發展會議（UNCTAD III）。不丹代表團成員、協助使團於紐約派駐

的印度籍外交官阿瑪・納德・拉姆先生，建議我進入聯合國工作。他對於製作簡報，及教導不丹代表團關於聯合國與國際會議事宜極有幫助。我們參加第三屆貿發會後，並結束於智利聖地牙哥六週的停留，拉姆先生強烈建議我前往聯合國尋求工作機會。他認為我「完全適合」聯合國系統。這的確增強我的自信，我一返回廷布就不假思索地向南嘉・旺楚克親王殿下呈交申請書，說自己獲准加入聯合國工作。親王殿下沒說什麼，但當我看到申請書出現在字紙簍時，就清楚他的意見了。

正當不丹需要國家菁英為國效命時，我卻為了另謀高就而企圖離開國家，這的確有欠考慮，甚至自私自利。其他的不丹官員，例如達紹朗姆・班覺（Lam Penjor）以及達紹謙嘉・多杰（Chengkhyab Dorji）也遇到相似的引誘，對我們這種低薪的不丹官員而言，似乎很難輕易拒絕誘惑。國家有多需要我為之效力，可以由前後兩任國王陛下與南嘉・旺楚克王子接下來的四十年間，加諸於我身上的重責大任得知。我認為自己很幸運能在不丹王室政府中擁有這樣的輝煌事業。很久之後，到了二〇〇三年，在我邁向擔任不丹常駐聯合國代表第二任任期的尾聲，在獲得第四任國王許可，如願進入聯合國工作。但在我尚未完成與該組織的合約期限之前，深感榮幸地被第五任國王召回國內，以非常重要的身分再次為國家服務。在職業生涯中，我有幸在南嘉・旺楚克王子的指導下工作，他極具智慧、耐心、理性，是我遇過最偉大的人物。我也有機會直接在第四任國王手下工作，在作出任何與公事有關的行動或決定時，我很少在公事決策上出錯，因我一向都將國王陛下放在心上。

陛下未婚時，經常現身於各級官方場合。陛下召喚官員在鎮上唯一的電視前，觀看拳擊與籃球，他參加橋牌比賽、打高爾夫球、狩獵與釣魚旅行，包括與發展計畫有關的繁雜行程。在這些場合中，我有機會就許多事務直接向國王陛下報告並提出觀點。這樣的接觸機會，在王室婚姻與王嗣出生後逐漸消失，一九九〇年代末期已極為罕見。

第四任國王積極參與新成立的南亞區域合作聯盟（SAARC），該聯盟由孟加拉國總統齊雅・拉赫曼（Ziaur Rahman）倡議而建立，對區域

內的政治與經濟影響深遠。七個成員國包括孟加拉、不丹、印度、馬爾地夫、尼泊爾、巴基斯坦以及斯里蘭卡。南盟會議是不丹的一項重要進展，這使不丹國王、部長與官員首度與地區內，除了印度以外的國家領導人深入互動。這有助於國王了解並重視區域內以及國際間的問題與議題。最重要的是，因著南盟的成員資格，不丹擁有與其他鄰國相同的平等地位，有些國家甚至因此質疑不丹何以能與印度平起平坐。隨著參與南盟會議，不丹得以直接就議題與會員國成員交涉，例如貿易、文化交流以及聯合國事務。鑑於南盟內部的要求與決定，不丹得與其他成員建立外交關係。這也使不丹在國際舞台上能有更好的主權掌握，並且獲得更多區域間與雙邊政治暨經濟安排。

一九七一年加入聯合國之後不久，不丹採行發展中國家的自然進程，並且加入有一百一十四個成員國的不結盟運動（Nonaligned Movement）。該組織召開由國家元首或政府首長組成的高峰會議時，國王亦參與這些會議。這促使他前往古巴、辛巴威、斯里蘭卡，並途經美國，以及其他數個國家。此行進一步擴大不丹的國際關係以及國王自身對於國際事務的理解與知識。陛下接觸到大部分的亞洲、非洲、歐洲與拉丁美洲等發展中國家領導人。

與科威特的外交關係以及試圖與阿拉伯人發展經濟合作[107]

從一九八〇年代開始，鑑於快速上漲的油價，世界各國皆徹底檢討與中東產油國的外交關係。阿拉伯國家以及其他石油出口國的消費與投資能力，使其在該地區以及其他世界各地，皆擁有巨大的經濟與政治影響力。不但阿拉伯國家的邦交國，尋求鞏固既有關係，尚未與之交流的國家，亦試圖建立邦交關係。鑑於不印關係的特殊性，以及缺乏外交先

---

107. 參見二〇〇八年為止，與不丹建立外交關係的國家列表（附錄四）。

雷龍之吼

例，特別是與阿拉伯人的交涉，或者事實上，除了與聯合國與其他國際機構的互動以外，過去與非洲或拉丁美洲也沒有先例，使得不丹一剛開始時對此持猶豫態度。這是不丹這個最不發達國家在政治與經濟上從未有過的經驗，亦是尚未與資源豐富國家建立外交關係的聯合國成員。一方面，作為不結盟運動以及聯合國的成員，不丹已擴展對中東阿拉伯人與巴勒斯坦事業的支持，但另一方面，卻未與他們發展雙邊接觸。因考量不同的經濟與外交因素，不丹欲在國際舞台上開啟更寬廣的門戶，於一九八三年五月派遣駐科威特總領事，並於一九八六年四月建立全面的外交關係。不丹駐科威特大使隨後兼任巴林與瑞士使館代表。

最初與阿拉伯國家建立雙邊關係的熱情，近來已經消退。阿拉伯石油盛產國，如沙烏地阿拉伯、阿拉伯聯合大公國、伊拉克與科威特等國家，忙於從事以色列與巴勒斯坦、伊斯蘭世界、以及自身鄰近國家與地區的議題。其他的阿拉伯國家則忙於處理與美國和西歐的關係。在印度次大陸上，他們的關懷與利益，則與印度—巴基斯坦對於克什米爾的爭議、印度教與伊斯蘭教的對抗、兩國核軍備競賽等政治議題有關。他們對不丹這樣的國家，似乎沒什麼興趣與時間。

不丹本身缺乏阿拉伯外交專長的官員以及培養外交人才的能力，雖然前任不丹大使倫波桑給・昂杜，於一九八〇年代，協助兩國王室相互接觸，並致使部分科威特人士對不丹產生興趣，他在這些方面的確發揮個人所長。但這些互動隨著倫波桑給離職後很快就消逝，繼任者的努力似乎無法延續與科威特領導人的關係。尤其，來自於印度、日本、歐洲捐助者以及聯合國發展計畫的補助與借貸，對於不丹的投資已達令人滿意的資金挹注。雖有缺乏重大投資計畫的誘因，不丹並未從科威特進一步尋求貸款。特別是尤於不丹碳化鈣與化工有限公司（Bhutan Carbide and Chemicals Limited）、格杜木材加工中心（Gedu Wood Working Centre）、以及不丹木業有限公司（Bhutan Board Products Limited）等企業，向阿拉伯國家經濟發展的科威特基金（KFAED）申請貸款時的不好經驗。當時償還貸款成為這些實業公司的主要負擔。一九八〇年代中

期，科威特第納爾幣（Dinar）兌換不丹努扎姆幣（Ngultrum）的匯率，使科威特迅速增加美金收益。以努幣償還貸款，不丹必須償付幾乎原始貸款的雙倍價格。科威特基金無視不丹的請求而拒絕讓步。早在一九九〇年代蘇丹海珊入侵科威特期間，不丹無條件的支持科威特，拒絕佔他們無用的第納爾幣便宜，如同我後來對財政部長所建議的，不丹可以買進那無用的第納爾幣來支付貸款。然而不丹決定不佔友邦的便宜，他們在伊拉克的入侵中嘗試存活，只能等待科威特解放那一日的到來。但這一切善意卻未換得新政權的同情。

與泰國以及其他東盟國家的關係

許多不丹人對於東南亞國家，較不丹地理位置上所隸屬的南亞諸國更有親切感。歸因於大部分不丹人認為自己在種族與文化上東南亞人更接近，該地區與南亞相比更富有魅力。然而，基於不丹的地理位置以及與印度的關係，不丹沒有機會在可預見的未來加入東盟。畢竟，地緣關係無法輕易擺脫。不丹國家航空公司飛往曼谷的直飛班機——竹航空（Drukair）——即不丹皇家航空公司，可以搭載有能力支付高昂機票的不丹人，前往該地區的核心地帶。多年來，不丹王室家族成員、官員、醫療患者與商人，相較於前往印度而言，至泰國的人數已逐漸增加。雖然旅遊正成為一個文化交流的誘因，但不丹只有大約五十萬人口以及少量的收入水準，多數不丹人無法像前往印度或從尼泊爾前往西藏朝聖那般[108]，花費這樣龐大的支出。而泰國人與其他東南亞人只有少量遊客前往不丹，甚至對於造訪不丹並無興趣。他們大多數傾向前往歐洲或美國

---

108. 自二〇〇八年以來，不丹人前往西藏旅遊與朝聖的人數有所下降，此因中國當局不願輕易發放簽證，原因並不完全清楚。可能是部分不丹護照持有者同情西藏人，他們之中有些人可能早先也是西藏難民或來自於這樣的難民家庭。中國不願發放前往西藏旅遊的簽證，可能也基於二〇〇八年北京奧運所引發的安全考量。不丹人希望中國政府能從二〇〇九年起鬆綁簽證限制。

雷龍之吼

渡假。昂貴的不丹航空與不丹實施的固定旅遊稅，也降低亞洲觀光客的造訪欲望。儘管如此，不丹與泰國的雙邊關係，已經擴展至健康醫療與教育領域。為促進兩國關係發展，不丹現在已於曼谷建立公民大使館，但泰國人尚未於廷布設立使館，這顯示他們對與不丹建立外交關係並未具有同等興趣。

不過，不丹與東南亞鄰國的關係之中，仍可預見更多的政治與經濟利益交流。這可以從不丹加入另一個區域性經濟組織得知，此即BIMSTEC 或稱「孟加拉灣多部門技術和經濟合作倡議」，此為二〇〇四年七月卅一日，該組織召開第一次高峰會議時所採用的名稱。

這個區域性的合作始於孟加拉、印度、斯里蘭卡和泰國，於一九九七年六月六日曼谷的一場會議中決定。其目標、宗旨與原則訂立，揭櫫於同日通過的曼谷宣言之中，旨在朝向建立孟加拉、印度、斯里蘭卡、泰國間的經濟共同合作（BIST-EC）。隨後，當緬甸獲准加入該組織時，重新改名為 BIMST-EC 組織（孟加拉國－印度－緬甸－斯里蘭卡－泰國間經濟共同合作）。不丹與尼泊爾於二〇〇四年獲准加入為新成員國時，就不再將字首縮寫。而是將字首縮寫結合為 BIMSTEC，以代表孟加拉灣多部門技術和經濟合作倡議。BIMSTEC 計畫針對經貿投資、科技、通運、能源、旅遊以及漁業等領域進行區域性合作。

為加強不丹的國格，不丹與泰國發展關係是重要的突破。在擴展與印度的傳統關係時，更多的外交接觸與發展合作將賦予不丹更多意義上的多元化。不丹有望循序漸進地與世界各國建立外交關係。前外交部長亦是第一任民選總理倫欽吉美・渥色・廷禮，是一位極為活躍的外交人員。透過他的正式倡議，不丹加入 BIMSTEC，並且申請成為世界貿易組織的會員國成員。他也向各國解釋「國民幸福總值」（Gross National Happiness）的概念，並且定期出國訪問，每年都在首都接待許多各國政要。不丹的外交往來因其努力而有明顯的進展。

不丹境內的印度武裝份子

隨著博多族與阿薩姆聯合解放陣線（ULFA）的激進份子從阿薩姆滲透到不丹境內，從一九九〇年代後半期至廿一世紀的前十年間，出現了嚴重的政治與國家安全問題。

博多族人[109]大部分居住於阿薩姆地區與不丹接壤的地帶，被稱為阿薩姆的馴良蒙古人種「部落」。他們也以梅切（Meychey）和喀夏芮（Kachhari）等詞語而為世人所知。他們依靠有限的可耕地，並在明顯有著喜瑪拉雅山脈和雨季灌溉低地特徵的無數池塘、溪水與河流裡捕魚，以此勉強維持生計。該族婦女是多才多藝的編織能手，族人所需的布料與服裝幾乎都由自家編織。大體說來，博多人在阿薩姆社會的大框架裡，只有土地與其他副業能充分供應，可以自給自足的過活。人們也尚未接觸外在世界正在發生的巨變，因為他們並不知道有比傳統上更好的生活。他們似乎也不關心由誰統治，不論是不丹、英國、阿薩姆或是印度政府都無所謂。然而，在印度獨立之後（對大多數的博多人而言這是極為無關緊要的事情），他們周圍的世界開始產生變化，博多人逐漸意識到他們正在失去那些被認為理所當然原屬於自己的東西。當情勢無法依其所想的方式運作，政治體系又未能符合其利益時，很明顯地就招致不滿。

靠近不丹邊界的博多人與不丹存在著古老情誼，尤其是不丹東南部敦桑地區的夏丘人。不丹人於冬季乾旱月份前往阿薩姆平原，進行貿易與物品交換，並購買所需要的物品。到了印度領土，許多人留在博多人家裡作客，經過幾代之後，便互為親戚。其他的夏丘人則在緊鄰博多人住所旁的叢林空地或曠野間紮營。許多博多人也在印度夏天的炎熱潮濕月份拜訪不丹家庭作為禮尚往來。

此外，博多人與不丹人互相交易，有時甚至共同生活好幾個月，他

---

109. 根據一九九八年人口普查，印度的博多族人有四百九十二萬人，加上阿薩姆人共有一千兩百七十九萬二千人。參見網址：http://www.bsos.umd.edu/cidcm/mar/indbodo.htm，刊載於 2001 年 6 月 6 日。

雷龍之吼

們熟悉彼此的語言、宗教、飲食與風俗習慣。筆者注意到一九九〇年代期間，東不丹囊郎（Nganglam）與德些林（Decheling）的國會議員，其中許多夏丘人士，能以阿薩姆語交談。更早些時候，兩族之間的通婚並非罕見，雖然目前的情況已有阻礙。敦桑地區的夏丘人與博多人有著相似的藏緬語族人種特徵，如果他們穿著相同服飾，旁人不易辨識兩者。

雖然印度東北部的社會與經濟發展落後於其他地區，已是昭然若揭的事實，但博多族的居住地區直到二〇〇五年之前，仍未見到任何有意義的發展。即使有一些瀝青柏油道路貫穿該地區，也並非為了他們的福利與發展而特別建設，而是另有目的。諸如國道 NH-31 或是由印度政府所興建的道路，都是為了連接油田、煉油廠以及不丹邊境城鎮的經濟區域。影響博多人出入的這些道路，是由附近的印度城鎮，連接著德芳、桑竺・江卡與格列普的不丹城鎮。博多人之所以受益於這些道路，僅僅因為它們碰巧穿越這個地區，但他們主要的傳統村落中心，並未經過審慎評估進行規劃。與之有關的其他道路，早期由英國公司，晚期則由印度人持有的茶園所使用，這些業主大部分居住在加爾各答與其他的印度大都市。英國人從印度的其他地區，雇來工人在茶園裡工作，他們的後代承襲這份職業，很少見到大批博多人獲得阿薩姆茶園的僱用。

甚至到了印度獨立五十週年以後，雖然印度全國各地都歡慶國家的獨立，但幾乎所有博多人都不滿意自己的生活，他們的地區缺乏任何名符其實的發展。即使人口增長，土地與其他周邊工作機會仍不能提供原先生活所需水準，甚至連修路工這樣的非技術性工作都不容易找到工作機會。一些博多人設法接受教育，甚至進入政府服公職，但若是不以大把鈔票賄賂非博多族的上級，即使是像「工友」（辦公室助手）或低階辦事員這類低薪工作，都不一定能獲錄用。這種情況尤其令受過教育、想要擺脫貧窮桎梏，並出人頭地的博多人感到沮喪[110]。

另一方面，令許多博多人滿懷欣羨之情的是，看著老鄰居不丹處於

---

110. 筆者從一位博多官員布拉瑪（Brahma）處得知此情況，他於不丹林業部任職多年。

正在改變中的社會與經濟新況。隨著那些興建中的道路,不丹人直接受益於許多外國慷慨資助的發展計劃,以及免費醫療與教育體系。此外,因為人口不多,再加上政府提供任何未曾擁有土地的不丹人都有向國王申請一塊免費土地的權力,並由政府補貼興建房屋的木材。因著不丹所提供的貸款與獎勵,私人企業很容易在國內設立。不丹政府機關與私人企業皆釋出大量就業機會,但因為不容易僱用到本國公民,因此國外的印度人也受益於在不丹就業。不丹人很少需要為了就業或創業而賄賂任何人。大部分的博多人意識到,雖然不丹只是一個小國,但不丹人卻享有社會與經濟利益。而博多人雖然生活在完全從殖民主義中「解放」出來的民主社會,卻沒有更多值得炫耀的東西。

相反於博多人與阿薩姆人生活條件的惡化,眾多優勢加諸於不丹人身上——外國援助發展計畫、不丹的自由進口政策、許多炙手可熱的商品,例如豐田汽車、日本與其他消費性商品,甚至還包括國外旅遊與義務教育。諷刺的是印度政府出於政治理由,大規模地贊助不丹的社經發展,卻似乎忽略緊鄰不丹的印度本國居民。

除了不丹以外,博多人也看到印度其他地區的生活方式,有著令人振奮的快速發展,反之自己的機會卻嚴格受限。他們可能感受到,就在半個世紀後的獨立、希望與政治承諾中,自己卻輕易地被新德里與古瓦哈提(Guwahati)政府所忽略。這樣的情勢可能反過來使大多數的博多人深信,他們的困境只能透過建立另一個獨立國家來解決,並且對某些人而言,他們要的是一個完全獨立的國家。換言之,博多人想要掌握自己的命運。

為了實現博多人民的願望,諸如「博多民族國家民主陣線」(NDFB)、「博多解放猛虎」(BLT)以及「全國博多學生聯盟」(ABSU)等各種組織紛紛成立,在印度的體制內外,各自為博多地區爭取不同程度的自治權。

印度其他地區的阿薩姆人也同樣存在著不滿,他們在許多方面感覺受到欺騙。印度獨立前,英國人所建立的茶園中,原本就沒有很多阿薩

雷龍之吼

姆本地業主或股東。雖中央政府直接從阿薩姆挖掘並煉取石油，阿薩姆當地人也看不出自己得到什麼好處。只有在發動多年的政治運動之後，印度政府才讓步，建立了苯格剛（Bongaigaon）煉油廠，提供阿薩姆當地人部分就業機會。獲准進入阿薩姆的孟加拉人大量湧入，並且在該國獨立後擁有了更大的政治影響力。更糟糕的是，數量可觀的孟加拉難民與尼泊爾移民定居在阿薩姆邦。如此一來，阿薩姆人的族群比例以及可利用的土地面積相對減少。由於工作與經濟機會越來越少，而教育與認知卻在增長擴大，阿薩姆人自然越發不滿。這就是「阿薩姆聯合解放陣線」（ULFA）與其他相關組織，例如「全國阿薩姆學生聯盟」（AASU），為了爭取阿薩姆人得到更多利益而產生競相成立的原因，ULFA 認為唯有從印度獨立出來後才可能實現願望。

ULFA 建立於一九七九年四月七日，由畢瑪康塔・布拉果汗（Bhimakanta Buragohain）、拉吉夫・拉康瓦（Rajiv Rajkonwar，別名普拉蒂・果括 Pradip Gogoi）、巴德斯瓦・果汗（Bhadreshwar Gohain）、以及帕瑞許・巴如阿（Paresh Baruah）等人，透過武裝抗爭而建立「具有主權的阿薩姆社會主義組織」。阿拉比達・拉康瓦（Arabinda Rajkhowa）出任當時 ULFA 的主席。

與 ULFA 留著同樣血液，「博多民族國家民主陣線」也宣稱想從印度獨立，成為獨立的博多家園[111]。

印度政權總是傾向以軍事手段打擊分離主義者。始於東北部的納迦人（Naga）與米佐人（Mizo），以及西北部的旁遮普（Punjab）與喀什米爾等各地皆是如此。儘管連年動盪與流血傷亡，因擔心將連累到國家其他地區的公投訴求，民主印度中沒有任何一個地方政府敢屈服於分離主義者的要求，因此各區儘管想要從目前的分離狀態中獨立建國，也是絕對不可能也不被接受的。[112]。

---

111. 這些資料皆出自筆者多年來（1965-1998）陸續走訪印度阿薩姆地區與博多地區，所記錄的個人筆記。
112. 這個觀點來自於與高階印度軍官、政治家以及政府官員的討論。基於保密理由，無法列出這些人的名字。

「博多解放猛虎」只求在印度保有獨立分離的狀態，他們願意成為阿薩姆轄內的自治區，「全國博多學生聯盟」也願意接受同樣的模式。印度政府與阿薩姆地方政府，透過簽署博多協議，安撫了博多人的情緒，因為協議賦予博多人在當地行政管理方面擁有很大程度的自治權。我於二〇〇六年八月前往桑竺・江卡訪問該區期間，得知基於上述發展，目前博多地區已有部分和平統治。

而後印度軍隊逮捕了「阿薩姆聯合解放陣線」與「博多民族國家民主陣線」的「武裝分子與恐怖主義者」，使這些組織轉為「地下化」，並前往緬甸、孟加拉與不丹尋求政治庇護。據傳聞，這些武裝份子也從中國、巴基斯坦、緬甸以及其他國家取得精良武器，並且建立相當複雜的政治軍事組織。

在不丹境內，這些組織有數個基地，由於不丹的多山地形與四處分散的聚居地，他們很容易就能建立基地，尤其可輕易地藏匿於遼闊的茂密叢林中。儘管一九九七年到二〇〇〇年期間，阿薩姆邦首長普拉弗拉・瑪哈塔（Prafulla Mahanta）在印度媒體上提出譴責，但不丹政府實際上並未正式或私下向激進份子提供庇護，亦未允許他們建立基地與訓練中心。事實上，不丹王室政府對於應如何掌握情況亦處於兩難。不丹軍隊即使沒有印度軍隊的協助，自己也能處理這些基地並將之殲滅[113]。但一旦採取這樣的措施，博多人與阿薩姆人將可能仇視不丹人。畢竟，不丹真正的印度鄰居正是阿薩姆人、博多人、孟加拉人、錫金人以及阿魯納恰爾邦的居民，不丹人一直與他們生活在一起，前往他們的土地旅遊，並且與之貿易往來。

印度政府只企圖非以武力與之對立或容忍叛亂行動，但這無法取得阿薩姆及其鄰近領土的長期和平與穩定。使印度政府必須以政治方式處理阿薩姆人之訴求，如同目前對待博多人那般，將之視為真正平等的印度公民。印度政府能提供的最佳處置就是：在印度憲法保障下，給予最

---

113. 這是筆者與印度及不丹官員談論之中，所得到的觀點。基於保密理由，無法公開他們的姓名。

雷龍之吼

大限度的自治權，提供立即性且有意義的實質性發展計畫，提昇博多人與阿薩姆人生活水平與福祉等援助，畢竟政府照顧的是自己的人民。但印度政府就只想不費力地控制「恐怖主義」，說它是僅涉及「一小撮恐怖份子」的法律與秩序問題，並試圖忽略部分印度人民的基本權益。

　　與許多印度官員的談話之中，包括民間與國防部門的「在職」官員，筆者的印象是，他們並未嚴肅地正視這些造成法律與秩序問題的民眾訴求。印度官方似乎只是派遣越來越多的部隊，企圖隔離且根除「少數誤入歧途的極端份子」。這種方法可能永遠都無法獲致阿薩姆反抗運動的長期解決之道，反而只會進一步使阿薩姆人與印度其他地區漸行漸遠。然而，也肯定有印度領導人與官員採取長遠角度，正在嘗試發掘問題的真正解決之道。但印度政府實際解決這些問題以前，阿薩姆的抗爭可能繼續存在，並且不幸的是，將使不丹捲入其中。對不丹社會以及經濟發展的衝擊，至少可說是不利的狀況。

　　印度尋求不丹協助驅逐不丹境內的博多人與 ULFA 時，不丹很難直截了當地回應所求。如果不丹同意公開支持印度政府，不丹就會涉入衝突之中。不丹的問題在於：贊成由印度與不丹解決所有問題？或者，不丹是否捲入有損於特定國家意識的冗長衝突之中？但另一方面，印度一向都是不丹國家安全的堡壘，以及經濟發展的夥伴。

　　ULFA 的領導階層曾經向不丹發出威脅，指明不丹若允許印度軍隊進入境內對抗 ULFA，那麼「不丹將要為他們的軍隊耗盡新兵」。除此之外，他們還揚言炸掉「王宮」，意指廷布的札熙閰宗，以及迪沃塘的油庫[114]。另一方面，如果印度軍隊獲准在不丹境內追捕異議份子，王室政府擔心不丹境內的外國軍隊，可能會滯留一段很長的時間。這可能會危及不丹主權，並導致人民對政府的嚴厲批評。事實上，印度在不結盟

---

114. 每年季風雨季的山崩致使道路封閉，造成印度進入不丹內陸的運輸問題，不丹得面臨印度進口石油產品的經常性短缺。筆者於一九九〇年擔任貿易暨工業部部長任期期間，設置兩個儲油庫，以解決這個問題。包括東部地區的德沃塘油庫，以及西部地區的廷布迪謙秋臨（Dechenchholing）油庫。不丹軍隊被迫關閉迪沃塘油庫，因為它接近博多及 ULFA 武裝份子的營地。

運動與聯合國之中，本身就飽受批判，當然批判也來自對它不那麼友善的鄰邦。

　　不丹處理阿薩姆人與博多人問題的另一個主要困境是，從王國境內的某些地區前往其他地區，以及為了貿易而過境印度領土，必須通過阿薩姆地區的交通要道。南不丹境內的主要據點仍待通車，不丹為了通過這些地點，必須借用印度境內的道路，這些道路大半都位於博多與阿薩姆地區。在這種情況下，無論印度政府承諾對不丹人提供任何安全保障，都徒勞無功，因為攻擊與恐怖主義的行動可能分散而且難以預防。

　　一九九八年三月，印度政府更加沮喪，即使他們在阿薩姆邦派駐七萬五千名軍人，再加上當地警力的支援，卻追查不到博多與阿薩姆解放陣線的極端份子出沒。但經常由這些激進組織號召的總罷工[115]，卻總是能達到預期目的，而且不只在農村地區，甚至在城市與鄉鎮，包括阿薩姆首府古瓦哈蒂（Guwahati）的市中心，都有軍事人員遭到激進份子的伏擊與殺害。當印度軍隊追捕這些神出鬼沒的武裝份子時，他們通常就潛逃到孟加拉、緬甸與不丹等鄰近國家但中國邊境則太過遙遠不列入考慮。儘管印度政府已採取預防措施，預先堵住武裝份子運輸武器的道路，他們所擁有的先進武器數量諸如 AK 47s、火箭發射器以及手榴彈等依然越來越多。印度政府試圖獲得孟加拉與緬甸的合作，但似乎只成功了一部分。不丹則是真心誠意的想要幫助印度，但不丹所付出的代價似乎太大了。

　　不丹是一個內陸國家，只有印度領土可以作為通行的交通要道。不丹逾百分之八十五的貿易活動都與印度進行。大部分的不丹出口商品也只能賣給印度，或透過印度販賣到孟加拉、尼泊爾與其他國家。中國接管西藏以前，不丹大多與西藏地區進行交易，在缺乏便利交通的狀況下，大多數只能採取少量物品的交換方式。然而，即使不中兩地仍持續有物品走私進行，邊界卻已從一九五九年到二〇一二年正式關閉。除了

---

115. 印度的用語意指「關閉」，也就是中止所有社會與經濟活動，包括地區或鄉鎮的交通運輸。

雷龍之吼

印度之外，對不丹而言其他外界通道，都不是易達的選項。伴隨著北邊連綿的喜瑪拉雅山脈以及不利的政治環境，不丹到西藏甚至缺乏任何可交通往來的公共建設。因此，兩國在邊境上談判，中國催促不丹發展兩國貿易與經濟關係。然而，因為擔心得罪印度，不丹對於做出任何舉動而感到猶豫。因為王室政府有超過四分之三的收入，來自於將電力輸出到印度，且未來還有可能持續增加。再者，沒有印度的金融與技術援助，不丹幾乎不可能建立任何大規模的水力發電計畫。三百三十六兆瓦的楚卡（Chukha）發電廠以及一千零廿兆瓦的塔拉（Tala）發電廠等水力發電計畫，都是之後在普納夏河（Punatshangchhu）與芒德河（Mangdechhu）等其他主要計畫中，將依循發展的良好模式[116]。即使不丹設法從其他來源取得重大出口導向的電力計畫援助，無論將電力輸出到印度，或穿越其領土，架設供電傳輸線路通向孟加拉與尼泊爾，印度的同意皆為必要。

儘管不丹企圖拓展更多的援助資源，但印度依然是首要援助不丹的國家。附帶一提，重要的西方贊助者正成為惱人的發展夥伴，因為他們不斷就不丹人權以及尼泊爾「難民」問題的處理與解釋爭論不休。他們之中有一些人還提出，不丹已可歸入中度收入國家之列，他們欲將對不丹的援助轉移到其他更貧窮的國家。

國王向不丹內閣明確表明，鑑於不印兩國間存在的緊密關係，他樂於協助印度。這是為了不丹自身利益著想，以擺脫公然違反鄰國主權的激進份子。國王必須非常仔細地權衡，攸關不丹人民安全與治安的任何軍事行動後果。二〇〇一年六月，不丹政府正準備迎向挑戰。

當不丹政府對取締行動的確切過程有所動搖之時，正值印度中期選舉期間，一九九八年三月發生了若干突發事件。首次也是最嚴重的一次

116. 塔拉計畫於二〇〇六年完成，兩國政府已同意於二〇〇七年六月，開始另一項重大的一〇九五兆瓦的水力發電計畫，稱為旺地頗章縣的普那夏河計畫，耗資近十億美元。印度外交部長普拉那伯・慕克吉（Pranab Mukerjee）先生於二〇〇七年七月底參訪不丹時，與不丹締結協議。這項合作進一步拓展兩國爭取於二〇二〇年設立一萬兆瓦的發電計畫，這方面的工作已經展開。預估十年期間所需經費為一百億美元。

是由「博多解放猛虎」（BLT）激進份子所發動的攻擊，在囊郎警察檢查哨殺死四名不丹警察並傷及他人。囊郎一位名為吉美的商人，為不丹前國會議員洛彭‧旺地之子，他遭到綁架。綁匪為 BLT 組織，他們索求一千萬盧比的贖金（當時約折合廿五萬美元）。隨後不久，一枚炸彈炸毀桑竺‧江卡的昆贊‧多杰茶館。同天另一枚炸彈在桑竺‧江卡接近香巴拉與佩卓林旅館附近發現，但因定時器故障而未爆炸，警方設法將之安全引爆。一九九八年三月十五日，另一枚炸彈在桑竺‧江卡的一家印度商店爆炸，造成三人受到重傷 [117]。

上述所有事件都由 BLT 組織策動，他們以不丹境內的不丹人或印度商為目標，對象鎖定於他們所認識，或疑似提供食物與補給品給敵對陣營 —— 不丹境內的「阿薩姆解放陣線」（ULFA）與「博多民族民主陣線」（NDFB）等營地 —— 的當地人士。阿薩姆的多家報紙報導指出，印度軍隊與印度情報局支持 BLT 的行動。不丹與印度的有些人士甚至懷疑，這些事件歸咎於不丹的部分地區，不願採取軍事行動打擊該國境內的印度分離主義營地，或不願允許印度武裝部隊進入不丹境內進行軍事掃蕩。不丹官方向印度阿薩姆當局嚴正要求，逮捕對不丹人施行恐怖行動的罪犯，結果除了根據當地機關提出的報告書，而實施極小規模的逮捕行動之外，並未達到預期要求。

鑑於可能對不丹產生的不利後果，政府起初盡可能地嘗試和平途徑。不丹內政部部長，倫波聽列‧嘉措（Thinley Gyamtsho），致電 ULFA 與博多組織領袖，與他們討論和平撤離不丹領土的可能性。他也告知這些領袖，其抵抗事業終將徒勞無功。印度政府不可能在政治上承認其獨立立場，即使印度必須同時面對其他治安問題，異議份子依舊不可能力抗擁有百萬人次的印度軍隊。

然而，國王吉美‧辛格‧旺楚克，並不是一位能容許嚴重事務無止盡影響國家真正利益的領導者。他也不是在這種處境下魯莽行事的人。

117. 參見一九九八年三月廿一日不丹奎塞日報（Kuensel）。

雷龍之吼

當務之急在於密切監視不丹境內激進份子的活動，衡量他們的強弱，並找出有效處理問題的方法。當其他人還在為了如何因應狀況而討價還價時，國王檢視所有可用情報，仔細地帶頭作好準備。最密切協助國王的人員是不丹軍隊總指揮官，陸軍中將朗姆・多杰以及陸軍防空司令准將凡薩・南嘉（Vyasa Namgyel），後者之後擢升為少將。朗姆・多杰與印度安全部門保持密切聯繫，有能力說服印度，不丹軍隊能有效處理問題，印度軍隊毋需進入不丹境內。當執行任務的時刻到來，國王次子紀耶・烏金・旺楚克（Jigyel Ugyen Wangchuck）王子擱下英國的學業，回國協助他的父王共同為國家奮鬥。最終，當國王完全滿意於政治與軍事上所須採行的絕佳以及最有效之行動佈署時，二〇〇三年十二月期間，由陛下親自發動只有偉大軍事領袖才有能力完成的精悍行動。不丹境內的 ULFA 營地完全無法動員，而且潰不成軍，許多高階領導人遭到逮捕並移交印度當局處置。出於慈悲胸懷，不丹採行非常舉措，將營地中的老人與婦孺移交給阿薩姆的民政機構安置，而不移交印度國安軍隊。

　　鑑於不丹有效率的軍事行動所達成的最少量人員傷亡，國王陛下博得印度政府的感激：這是印度諸多鄰國之中，唯一以此方式回應所求，並獲得世界各國普遍讚揚的國家。國王陛下的創舉也展現出，面臨捍衛國家主權之時，不丹隨時應對，採行必要措施。

　　幸運的是在博多人的例子當中，印度政府與阿薩姆邦地方政府，藉由召開「博多領土會議」（Bodoland Territorial Council ,BTC），在某種程度上解決了部分問題。二〇〇四年二月十日，相關備忘錄連同針對博多地區發展的實質資金分配，於新德里簽訂 [118]。

---

118. 參見 2006 年 9 月 3 日網站 http://www.satp.org/satporgtp/countries/india/states/assam/documents/papers/memorandum_feb02.htm

政治改革

一九九八年六月，國王吉美辛格・旺楚克針對不丹內閣作出重大變革。他宣布從即刻起，內閣閣員將由國民議會「選舉」出任，取代過去由國王全權決定的直接任命。國王所引薦的內閣「選舉」系統，係由國王提名人選與職位，交付國會投票表決後，由國會議員決定是否由這些人選出任內閣閣員。引薦此系統並於新內閣任命後不久，國王又提出另一項戲劇性的舉措，他宣布不再擔任政府行政領導人的角色。政府領導人每年由內閣閣員輪流擔任，任期一年。國會投票期間，得票數最高的閣員將行使該項職權。伴隨這項變革，國王將只是國家領導人，僅負責兩項議題：「國家安全與主權」。

這些舉措被視為不丹的重大政治改革，國家更傾向於君主立憲政體，朝向民主制度的統治方式邁進。這項政治改革的特點在於由國王自行提出：一項由上而下的權力釋出過程。

伴隨這些改變，國王發現自己不再需要參加南盟與不結盟運動的高峰會議，因為這些都是政府領導人的工作。隨著以國家領袖身分所參與的差旅行程與會議減少，自然降低國王的國際能見度。然而，國王繼續接待來訪的外國政要與政府成員、聯合國官員以及南盟秘書長，以此方式繼續在國際場域與事件中公開露面。

一九八五年到一九九八年連續任職約十二年之後，我也卸下貿易暨工業部副部長以及部長等內閣職位。我相信國王陛下當初係出於本人資歷以及能力的信任而授予部長職位，並非基於我的南不丹政治背景。不過，外界觀察者一定會注意到我是內閣閣員中唯一的「南」不丹人。現在，延攬另一位南部人士作為閣員似乎不太可能。我認為普遍的觀感是，國王將在新內閣中，延攬至少一位來自於南不丹的部長，或至少將我留任。但這些都未發生，這暗示著南不丹地區將不再於不丹新政府中扮演重大角色。這也意味即將把不丹國內最多積怨的族群排除在國家事務之外，使他們感到與公民生活及政治主流更形疏遠。然而，國王陛下預將此事保留給人民自己訴諸憲法草案來作決定：也就是二〇〇八年

雷龍之吼

三、四月期間；不丹民主憲政君主制的建立。

與印度關係的演進

在一九四九年協議條款的背景與脈絡中，有關「不丹以印度政府的建議為指導」是項條款，雙邊官員經常對此有所誤解。特別是在一九七二年，新任國王吉美・辛格・旺楚克繼位之後發生。當國王提交建議條款時，一些印度外交部的官員對於國王尋求對一九四九年協議作出改變而表現出不安。前往不丹的印度特使以及其他印度外交部官員，秉持著過去經常依據該協議中視不丹附屬於印度的態度與不丹交涉。這種態度甚至盛行於不丹官員之中，從未有不丹外交部或兩國政府企圖澄清這種狀況。幸而這兩個政治友好的鄰邦，各自擁有具備歷史觀且具政治視野與理解力的領袖，總是能寬慰彼此的疑慮。印度歷屆總理，包括賈瓦哈爾拉・尼赫魯、英迪拉・甘地、拉・巴哈杜爾・夏斯特里（Lal Bahadur Shastri）、拉杰夫・甘地、英德拉・庫馬爾・古杰（Indra Kumar Gujral）、那拉辛哈・拉奧（Narasimha Rao）、阿塔・比哈里・瓦杰帕依（Atal Behari Vajpayee）、以及曼莫漢・辛格博士，在處理不丹事務上具備明智的領導才能——包括極其出色的國會主席索尼婭・甘地（Sonia Gandhi）女士在內。一九四九年協議中所謂的「建議」條款已經大部分交由不丹方面闡釋。

不丹與印度兩國，將一九一〇年的舊有關係體現在一九四九年協議之中，到了二〇〇七年發生了相當戲劇性的轉變。新即位的第五任不丹國王前往新德里進行官方訪問時，簽署一九四九年協議修訂版。該修訂版有助於提昇兩國政治關係。第四任國王殿下多年來與印度領導人從事靜默外交，這些領導人已經逐漸發現早期協議，在世界境況變化中的不合時宜之處，尤其是攸關兩個同盟國之間的關係本質。

與西藏人的關係

不丹人與西藏人之間的關係，儘管在社會方面相近，但政治方面則歷經數個世紀以來不時遭逢動盪，直到中國自一九五〇年到一九五九年期間接管統治之後，不丹被迫關閉與該地區的邊界往來。不丹與西藏之間存在著密切的種族連繫，大多數不丹人自稱為西藏家族的後代（Savada, p.329）。不丹國教竹巴噶舉，由藏人所奠定、傳入，並且由藏人，例如班究‧竹貢‧津波（Phajo Drukgom Zhigpo）等人在不丹弘揚傳播。不丹獨立政體的創建與奠定者為夏尊昂旺‧南嘉，是一位來自西藏惹龍寺的宗教領袖。他統一國家，建立不丹的國家宗教與政治實體。透過鎮壓異議者與反抗者而扛起國家統一大任的多數官員，即使並非全部，大多也都與夏尊有密切關係，例如第一任通薩本洛明究‧滇帕，或陪同夏尊前來不丹的僧人，以及擁有西藏血統的不丹親近追隨者。他賦予不丹「竹域」名號，而國教竹巴傳承的信眾，今日也已成為不丹人民的同義詞。另一位傑出的西藏喇嘛噶旺‧拉囊巴，則是建立了至今仍盛行於國家的宗堡制度。

昔日的不丹僧人與學者總是前往西藏尋求宗教啟迪與知識教授，鮮少前往印度次大陸取經。在中國接管西藏以前，不丹學者前往西藏各學習重鎮，諸如甘丹寺、色拉寺、哲蚌寺以及桑耶寺等，從事更高深的宗教、醫學以及其他學術研究。因此，雖然一個人可以基於政治因素而貶低西藏，但無可否認地，依據歷史事實，不丹在種族、宗教、文化、語言以及其他各方面，都是西藏宗教的直接分支——主要的例外是，為不丹人口增添新血脈的洛桑人（Lhotshampa，南不丹地區的尼裔不丹人）。實際上完成夏尊願景的是與藏人相異的不丹人。

今日公認夏尊為不丹的創建者，其宗教遺產在國家之中具有至高無上的地位。甚至當不丹國王加冕時的重大儀式，皆於安置夏尊遺體的普納卡宗夏尊瑪謙寺（Zhabdrung Machhen）舉行。第四任以及第五任國王的婚禮也在該寺接受加持。這展現出不丹依然遵循夏尊所建立的制度，此具有極大的重要性與國家合法性意義。

雷龍之吼

另一方面很清楚地，西藏首都拉薩並非衛藏地區（Tsang）── 後者與不丹往來最密切 ── 的地方行政管轄機構，衛藏似乎在政治上當真將不丹視為其整體的一部分。不丹被視為西藏疆界之外，在西藏高原南邊的一塊藏人屬地。如同前面所看到的，夏尊昂旺・南嘉抵達不丹並建立自己的王國之後，刻意拉開不丹與西藏的差異，特別因為他與另一位衛藏政治暨宗教當局所支持的西藏竹巴噶舉轉世帕桑・旺波之間，存在著對立紛爭。不丹人與西藏人之間的對立已持續數個世紀之久，而且更傾向強調兩者間的差異，而不強調種族、文化與宗教背景上的高度相似性。由於不丹受噶舉派與寧瑪派等傳統的影響較深，對格魯派的反感隨著西藏受格魯派控制而升高。格魯派與其他兩派傳承的差異，主要是關於蓮花生大士（或稱咕嚕仁波切）的地位問題。格魯派認為咕嚕仁波切是前往西藏的眾多印度老師之一，但噶舉派或寧瑪派則視咕嚕仁波切為「第二佛」而予以尊敬與崇拜。區域內的政治發展，包括一九六〇年代西藏難民帶有政治意含的活動，對於緩解不丹人與西藏人之間的關係亦無所助益。

不丹國際人格的發展 [119]

一九七一年，國王吉美・多杰・旺楚克帶領不丹加入聯合國，這對不丹主權、獨立與外交關係帶來深遠影響。取得世界組織的會員國身分，大幅地消除不丹自身對主權地位的疑慮。這也開啟雙邊與多邊援助之門，引領不丹加入諸如世界銀行以及國際貨幣基金等組織 [120]。所有活動，包括參加奧運，皆逐一強化不丹的主權地位。引進不丹皇家航空公司（竹航空）飛越印度領空，前往區域內的其他國家，目的也在深化相

---

119. 參見附記「不丹邦交國一覽表」，亦可參見附記「王室政府為聯合國與其他相關國際組織成員國一覽表」。

120. 筆者擔任不丹常駐聯合國大使第一任期期間（1980-1984），代表政府與世界銀行展開首度接觸，以尋求會員國資格。

同目標：它讓不丹人服下一粒定心丸。不丹皇家航空初時採用兩架廿人座的多尼爾（Dornier）小飛機，從不丹帕羅飛往加爾各答（印度）與達卡（孟加拉國）。後來政府作出重大決定，引進可搭載八十人、由英國製造的 BAE146 四引擎噴射客機。當時我任職內閣，是率先發聲極力支持購買 BAE146 的人士之一，儘管每架飛機售價高達將近三千萬美金。反對者基於經濟理由，主張政府應該採購較便宜的螺旋槳飛機。事實上，我搭乘過由飛機製造商提供的試飛航程，從德里飛往帕羅，螺旋槳飛機全程耗時將近三個小時。BAE146 只需兩小時航程，而且飛行更為安靜舒適。我認為飛機對不丹而言，具備經濟考量以外的意義。正如同國防與道路基礎設施一樣，經常不能只依據簡單的經濟判準，而應考量社會與政治上的因素，這是飛機對於內陸國家不丹的主權地位，以及增進獨立的渴望。當國王亦支持此觀點時，我頗受激勵。

　　不丹皇家航空擴展國際旅遊，伴隨與外界接觸的不丹願景。不丹人首次能從不丹直飛，毋需經過令人畏懼的印度海關與移民局，就能前往印度次大陸以外的地方 [121]。從心理因素看來，這個進展對不丹而言至關重大。在成本上採用這樣昂貴的飛機，向來都是需要審慎思考的問題。重要的是不丹人所感受到的「國民幸福總值」值得這樣的花費。這種想法持續維持，不丹決定將 BAE 噴射機更換為更大且更新穎的 319 型空中巴士客機 [122]。不丹皇家航空推出計畫，將全機出租（wet-leasing）[123] 給印度與南亞的其他航空公司，使班機在經濟預算上更為可行。

　　直至一九七一年為止，不丹依舊沒有外交部長，該領域的所有相關事務通常直接由國王處理。國王派遣王室成員或其他官員出任外交使

---

121. 一九六〇年代與七〇年代的印度海關惡名昭彰，常胡謅法律依據而沒收物品與現金，對不丹通關旅客而言極為辛苦。那之後他們的態度與運作方式已有大幅改善。
122. 筆者擔任不丹常駐聯合國代表的第二任任期間（1998-2003），廷布當局再度要求筆者與波音公司代表會面，考量他們能否與歐洲的空中巴士集團競爭，但最終波音 737 客機未能成功敵過空中巴士 319 客機。
123. 不丹已將自己的機師與機組空服員租給不丹皇家航空以外的航空公司，但飛機的保養維修並未轉由對方負責。這樣的租用條件稱之為「濕」租。

雷龍之吼

團。王后阿熙凱桑・雀登的長姐阿熙札西・多杰（Tashi Dorji），率領早期代表團出使科倫坡計畫。第三任國王的兄弟，南嘉・旺楚克王子率領首屆不丹觀察員代表團出使聯合國。不丹成為聯合國會員後，國王才指派倫波達瓦・澤仁為外交部長。事實上，達瓦・澤仁是世界各國中任期最長的外交部長，任職期間從一九七一年到一九九八年，卸任之後隨即退休。有些人士批評達瓦・澤仁對於不丹外交事務過於溫和，並且「無力」處理與印度之間的關係。但另一方面，他「按部就班且循序漸進的低調方式」，也總在一些駐地受到讚揚。然而，達瓦・澤仁總是告訴國會，國王才是國家外交事務的最高權力行使者，王室的命令與意見也才是他的行動指導原則。他同時是國內任期最長的閣員，早期擔任發展部部長（一九六七年到一九七一年），而後擔任外交部長。退休後直到二〇〇七年逝世之前，他持續製造話題，成為引發爭議最多的人物。從聯合國離任後，我於二〇〇六年八月造訪廷布期間，訝於得知大量官員不滿於他在不丹報紙上，支持多位不丹顯貴的一篇文章。大體上該文將不丹君主政體的建立，歸功於噶箕烏金・多杰的書面推薦書。他指稱這份書函將烏金・旺楚克推上不丹權力中心，使之成為世襲君主。然而一般不丹人似乎強烈認為，建立不丹君主制度根本不需要其他人士的幫助。畢竟根據歷史的記載，烏金・多杰的父親吉美・南嘉早已在不丹建立統治勢力，而且逝世前就已是政府與國家的實際領導人，而後由其繼承人接任該權力。通薩本洛吉美・南嘉有能力自行建立政權的這種觀點，早就在許多著作中清楚描述。倫波達瓦・澤仁的敘述究竟為何引發如此多的眾怒？出自事實真相的觀點，我試圖考察是否有其他權威人士提及這個議題。在不丹已發表的紀錄中，我發現到洛彭貝瑪・策旺（Pema Tshewang）所撰著的歷史書中曾提及此事，另一位不丹學者洛彭拿杜（Nado）也曾引述於講稿之中 [124]。更進一步細查後，貝瑪・策旺

---

124. 參見洛彭貝瑪・策旺：《不丹歷史》宗喀語譯本，KTM 印刷出版公司，2008 年，不丹，第 881-892 頁。本書對於噶箕烏金・多杰所扮演的角色有完整描述，包括上述涉及請願書呈交等過程亦有詳細記載。另一位不丹官方學者，洛彭・納杜（Lopon Nado）也於 1983 年央謙普（Yangchenphug）公立學校的演講中引用這些資料。

引述噶箕烏金・多杰代表通薩本洛・烏金・旺楚克提交請願書的這個事件，似乎出自動機可議人士的未經證實之口頭陳述。我也未能在可靠的官方或歷史來源紀錄中，找到由噶箕烏金・多杰的這份請願書。

倫波達瓦・澤仁引發嘩然的另一篇爭議性文章，在於文中表達的觀點，指出南不丹尼泊爾裔族群在國家發展，以及適時保衛南疆的需求上扮演著重要角色。他因此暗指政府待他們猶如「二等公民」，導致許多人離開國家，這些處理方式是錯誤的作法。問題不在於觀點本身，因為也有其他人士持有類似觀察，重點在於他擔任外交部長任期內，始終對國會與國際輿論強調「大尼泊爾地區」（Greater Nepal）議題以及不丹人是「瀕危物種」等類言論，造成直接的族群對立。對他不滿的人士無法理解他退休後的徹底轉變。總之，四十年來倫波達瓦・澤仁扮演關鍵性的角色，他身為第三任與第四任國王的顧問與親近人士，自一九六〇年代晚期幾乎到一九九八年，因政府發生空前內閣改組而卸任為止。

軍隊的角色

不印關係之間最大的穩定因素就是不丹皇家軍隊。一九六四年總理吉美・多杰遇刺後，代總理達紹倫杜・多杰與第三任國王關係破裂。倫杜・多杰離開不丹，「自我放逐」到尼泊爾。幾位高階文員與軍官隨同離去。事變之後，軍隊完全失序。國王於是指派朗姆・多杰上校擔任軍團團長，更精確地說，是「參謀總長」，因為他是當時軍中僅存的高階軍官。雖然最初他因威信盡失而未擔任更高職銜，但隨後朗姆・多杰逐漸成為第三任國王的最親近人士與顧問。他在第四任國王統治期間，繼續獲得重用與信任，國王拔擢他為貢倫宮瑪（Goongloen Gongma，中將），等同內閣部長等級。朗姆・多杰是全世界任職最久的參謀總長，世界金氏紀錄為此發出認證信函。我則因出任美洲的不丹大使最長服務年限，而獲得金氏紀錄大全認證。朗姆・多杰於二〇〇五年十一月退

休，但國王允許他保有一切包括參謀總長軍服、薪資、津貼、特別待遇與優惠。後由巴圖・澤仁（Batoo Tshering）少將接續職位。

朗姆・多杰在不印關係中扮演重要角色。他曾在印度國防機構受訓，並對印度軍方及印度政府的工作方式頗為了解。他和藹的個性、軍人儀止以及溫和而堅定的講話和待人接物方式，使他在廷布與新德里成為受歡迎的人物。數十年來，在短暫任期中來來去去的多位印度軍事將領，也都了解並信任朗姆・多杰，尤其涉及中國以及其他外國勢力利用不丹增進其餘各自地區的利益時，皆未侵犯印度在不丹的利益。朗姆・多杰總是堅持印度官員進入不丹境內，應該同樣尊重不丹的政治敏感性。他們不應該在不丹領土上的角色或表現，有任何言行悖離不丹政府立場。朗姆・多杰以此種方式，確保與印度軍方事務在任何時刻都不致於失控。第四任世襲君主，國王吉美・辛格・旺楚克認可貢倫朗姆・多杰對此所作出的重要貢獻。

管理外交事務以增進財源收入

基於不斷擴大的經濟與收入基礎，不丹更大程度上握有獨立執行事務的能力。一九六〇與七〇年代，當不丹官員出國參加科倫坡計畫、萬國郵政聯盟與聯合國會議時，政府除了以印度貨幣作為「強勢貨幣」之外別無選擇。強勢貨幣是一個術語，用於像美元、英鎊、瑞士法郎、日圓之類的可自由兌換貨幣。當時不丹與印度貨幣固定為一比一的匯率，不能自由兌換成其他貨幣。民間與個人取得強勢貨幣的唯一方法，就是在加爾各答、德里與孟買等印度大都會的「黑市」中支付溢價。不丹那時缺乏強勢貨幣收益或儲備。但在這之後，隨著「對第三世界國家援助」的匯入、集郵郵票的販售、出口柳橙和蘋果以及其他貨品到孟加拉國等而獲得外幣營收，外幣儲備開始增長。不丹逐漸有能力將輸往印度的電力、水泥、電石、硅鐵、礦物以及其他貨物所得到的盧比收入，轉

換為強勢貨幣。特別是在區域內,逐漸強化不丹將本地自然資源轉換為強勢貨幣的能力。

一九八〇年代後半期,我以貿易暨工業部副部長的身分兼任部長。當時阿熙索南·雀登殿下代表國王陛下擔任財政部部長,她指示我設法為國家賺進更多的「強勢貨幣」。那時世界銀行的一份報告分析並預測,依據不丹的經濟狀況,不丹甚至不具備每年從外貿途徑賺取百萬美元的能力。政府意識到這是一個嚴峻的挑戰,特別正當不丹對外幣有所需求之際。唯一的國家財源就是集郵相關販售所得到的幾千元美金。不丹其他的微量儲備都來自外援資金的匯入。

我結束不丹駐聯合國、印度、尼泊爾、與馬爾地夫大使任期之後,一九八五年十二月重返部會之前,擬定一些強勢貨幣收益的提案,例如將蘋果空運到泰國販售,當地售價極為高昂。由於國庫開始感到強勢貨幣的嚴重短缺,多位高階官員亦熱心地呈交提案以後為國王賺進強勢貨幣。然而細究提案時,其中諸多考慮不周之處。有些人士似乎過於簡單地向年輕的國王呈交提案,但事實上起不了什麼作用。很明顯地,不丹有限的航班數量以及高成本的貨物空運費,除了少量小眾販售之外,並不值得為這樣的商務交易耗費時間與金錢。但從這類企業中獲利亦毫無意義,因為即使可以賺取較高差價,數量卻極少。同一群熱心人士再度向國王提出另一個想法,亦即將瓶裝礦泉水出口到中東,尤其是已與不丹建立外交關係的科威特。然而,該提案也沒有實質內容。除了空泛用語外,既缺乏可行策略或計畫報告,也沒有經鑑定過的礦泉水水源。該計畫胎死腹中,直到我以另一種樣貌恢復運轉,在靠近廷布的旺楚塔巴(Wangchutaba)設立水果保存機構。不丹瓶裝水最終並未出口到中東,但這亦非甦活計畫的目的。實則只需滿足不丹國內需求,也可以在鄰近的印度邊境銷售。當時財政部長倫波多杰·澤仁向我表達苦惱,為了觀光客與旅館消費,不丹甚至一直向印度進口瓶裝礦泉水,為此我投入甦活計畫。我安排索南·旺地(Sonam P. Wangdi)為旺楚塔巴計畫的負責人,他支持我的所有想法。我們很幸運的得到財政部對此以及其他

雷龍之吼

營利計畫的全力支持，得以大幅增加不丹政府的收入。

　　談到強勢貨幣營利，不丹在一九八〇年代後半期，能夠出口的商品數量有限。但基於自由貿易協定與地力之便，本地農產品與礦產在印度市場具有極高的價格優勢。所有農產品與礦產的等級，諸如煤碳、石灰石、白雲石，甚至是石板，在印度都有划算的價格，那時印度與其他國家仍存在著高關稅障礙與貿易限制。在這之後，印度採取社會主義經濟政策，落實自產自銷。許多關鍵地區的生產都受到嚴格控制，需要得到政府批准。所有強加於印度工業的限制與配額規定 —— 汽車與機車的數量，以及其他「稀有資源」商品不得過度生產，或者「不需要奢侈品」的生產。旨在避免「炫富型消費」。印度駐不丹發展顧問，尤格許・強達拉（Yogesh Chandra）先生，始終批評這些帶有社會主義字眼的計畫委員會以及政府官員。不丹人在印度持有任何非印度製的外國商品，諸如手錶、電子產品與其他商品，會遭到逮捕並沒收商品 —— 這是一九七二年修訂貿易協定時，印度商務部明確告知的訊息。仁謙・多杰、札西・貢多拉（Tashi Godola）及其他貿易暨工業部官員，於廷布慕蒂塘飯店討論期間與會出席。我試著向印度官員解釋，不丹是一個北境關閉的內陸國家，只能從印度取得商品。如果印度官方無法杜絕尼印邊境杜拉巴里（Dhulabari）以及印度其他地區的走私活動，外國商品依然可以在印度市場流通，不丹人為何就得受到牽連？當時印度官員無法就此給出充分理由，而堅持他們將會加入這項條件。當印度採行更為寬鬆的經濟政策，並放棄抑制經濟擴張的社會主義政策時，我樂於見到這項政策的轉變。

　　一九八〇年代早期，在我出任紐約聯合國的外交職位之前，率領首屆貿易代表團前往孟加拉國。當時所遭遇到的最大困難就是，根據一九七二年與印度的貿易協定，不丹受印度海關以及外匯管理條例所管制。印度駐不丹代表達斯（B.S. Das）先生是派駐不丹執行外交勤務中，最有經驗的印度高級員警官（Indian Police Service，簡稱 IPS）。他頗具善巧地與不丹協商並簽署這份協議，加上其他因素，他榮膺夢寐以

求的「貝瑪・師利勳章」（Padma Shree medal）。那時我擔任貿易、工業暨林業部的低階官員，曾向當時的部長南嘉・旺楚克王子殿下，表達對協議的不滿。王子告訴我，林業部部長倫波達瓦・澤仁遞交一份經國王陛下簽署的「命令」初稿給他。他除了遵從指示之外別無選擇。

鑑於這份協議，當印度官員獲知不丹打算與孟加拉展開貿易交流時，他們要求我以貿易、工業暨林業部秘書的身分，前往新德里進行討論。印度商務部副秘書，對於不丹與孟加拉的貿易可能性，首先表達出印方樂觀其成的態度，而後清楚地告知，不丹必須在既有的印孟貿易協定框架下與孟加拉進行貿易交流。我見識到一九七二年「天真地」簽署協議的真正衝擊，眼下開始發揮作用。我結束討論並返回廷布的唯一方法就是，告知商務部副秘書，除非回到廷布向政府報告以待進一步指示之外，我不可能對該次討論簽署任何備忘錄（印方已經片面起草，只留待簽署）。基於兩國政治層面既存的互信關係，我對於商務部副秘書此舉極為不悅。當時還有不丹國家貿易公司（STCB）董事長達瓦・班覺與其他官員隨同與會。

儘管發生上述事件，但是心繫國王吉美・辛格・旺楚克陛下的祝福，我決定前往達卡，探詢齊亞・拉赫曼總統在貿易關係議題上，所能提供不丹的條件。那時不丹尚未有任何航空公司，前往達卡的唯一途徑就是經由加爾各答搭機前往。代表團成員包括貿易暨工業部部長達紹班姆・澤仁（Pem Tshering）少校、以及來自加爾各答的印度公民阿羅克・邁特拉（Aloke Maitra）先生，後者受聘與部長討論從不丹前往第三國之行程規劃。在加爾各答機場的移民櫃台，移民官堅持我們出示印度公民與不丹人出國旅行使用的所謂「P 表格」。此表格是印度政府於結關時，旅客得以用印度幣購買機票。然而，不久之前印度政府才剛解除這項要求。換言之，出國旅行不再需要 P 表格。我向移民官解釋自己是部長秘書（在部長之下最高級的文官），這是由我所率領的官方貿易代表團，而孟加拉政府正在達卡等著接待。此外，印度駐廷布大使先行告知，現行法令已經廢除使用 P 表格。所有的印度政府移民官員，應該第

雷龍之吼

一時間內就已從官方旅遊法規中得知這項改變。然而，我的請求未受理會。我想立刻聯絡廷布，告知計畫秘書達紹蘭姆・班覺通知印度大使，找出問題所在。然而，那時印度與不丹之間的通訊設備依然簡陋，不可能從加爾各答打電話到廷布。代表團成員困窘地離開機場。很明顯地，同時牽涉到孟加拉時，這就成為國際外交事件。達卡報紙報導印度人阻止不丹代表團前往該國參訪。晚間在加爾各答堤佛力（Tivoli）法院的不丹國家貿易辦事處，我終於接到來自達紹蘭姆・班覺的電話連線，並如同往常那般通訊不佳。我必須撕心徹肺地叫喊，但終於設法將訊息傳達給他。加爾各答的移民官獲告知，隔天到機場搭乘前往達卡的班機時，不得再找不丹代表團麻煩，我們終於獲准登機前往孟加拉。

孟加拉負責洽談的對等官員是商務秘書瑪蒂烏・拉赫曼（Matiur Rahman）先生。當我致電齊亞・拉赫曼總統時，他向我面前的商務秘書作出指示，孟加拉為與不丹進行貿易交流，將拓展各項可能性設施。他指出不丹若需要土地興建倉庫，或其他貿易相關用途，孟加拉理當免費出借土地。齊亞・拉赫曼總統與商務秘書盡一切可能作出如是保證。鑑於一九七二年與印度的貿易協定條款，我克制自己談論到兩國間的雙邊貿易協定。

瑪蒂烏・拉赫曼先生是一位精力充沛的官員，不願放任事務懸而未決。我回到廷布後不久，他堅持我再度率團訪問。他要求我方擬定貿易協定，並「將任何不丹所想要的條件都放進去」，他會簽署這份協定。我的確準備了一份對不丹極為有利的協議草案，包括讓不丹使用迦納港（Chalna port）與吉大港（Chittagong port），但是外交部部長倫波達瓦・澤仁警告我先運作協調後再簽署。他說此事必須與印度政府商議，這將花費時間，因為印度大使需要得到新德里方面的指示。由於我處於尷尬的處境，他「為保存我的顏面」而願意親自向瑪蒂烏・拉赫曼先生解釋此事。於是孟加拉商務秘書最終敗興地離開廷布。

一九八〇年我派駐紐約擔任不丹常駐聯合國代表，之前與孟加拉協商簽訂的協議修訂版終於簽署。但並沒有實質貿易往來，直到我於

一九八五年返回貿易暨工業部，再度展開具體步驟，將不丹商品出口至該國。

　　一九八五年冬天我重返部會，與孟加拉的貿易協定已然簽署，但沒有任何商品運輸。問題在於從不丹穿過印度，抵達達卡市場的道路。傳統上從印度進入孟加拉的鐵路，早期由英國人建造，當時已年久失修。從印度進入孟加拉前往達卡的道路，是一條泥濘道路（kutcha）。雨季時卡車幾乎不可能持續行駛於車道上，多數路段都是深泥漿積水。印度政府向不丹卡車簽發許可證，卡車載滿石頭、石塊、蘋果、柳橙以及其他不丹商品穿越邊界，進入孟加拉境內，但路況令人膽顫心驚。印度政府對於穿越邊境的不丹車輛運輸所作出的政令指示，甚至尚未下達至印度邊境的安防人員手上。第一批不丹卡車試圖穿越邊境進入孟加拉時，印度邊界檢查哨的守衛拒絕讓他們通行。之後從印度駐廷布大使館取得信函，向檢查哨出示，並清楚陳述印度政府允許這類由不丹運送人員所執行的過境運輸。然而守衛固執的說：「你們必須出示印度總統的信函，否則不能放行。或者如果有西里古瑞（Siliguri）上級的批准，才讓你們通行。」耗費一些時間後，官僚與官樣文章才終於達成一致。

　　一旦不丹卡車獲准越過邊界，我就下令每週至少一輛滿載貨物的卡車穿梭於印度與孟加拉邊界。這是為了讓相關各方習慣，未來將視這樣的運輸活動為例行公事：不丹卡車固定穿越印度往返孟加拉。第一批少量卡車試運河床砂石，目的在使印度與孟加拉的邊界官員習慣貨物通運。砂石傾倒在孟加拉境內很快就撿拾一空，當地人用於各種用途，包括碾磨食品。孟加拉境內不易找到河床砂石。即使連道路建設的路基，都是使用烤製泥磚而修築。建築用途與河川保護所需的石塊必須仰賴進口。我於格列普開設砂石廠，沿著布拉瑪普特拉河（Brahmaputra River）透過採礦駁船運送。我努力推動出口石材到孟加拉，但在離開

雷龍之吼

部會後這些工作隨即廢置，主要歸咎於當時博多激進運動的干擾[125]。當然，環境保護的議題在開採礦石時，也必須即時列入考量。其他可能危害環境的採礦活動，必須採取防範措施。對一個遍佈丘陵山區而少有平地的國家而言，採礦活動若經過妥善規劃，就能創造出肥沃地區，一旦結束採礦活動，原礦區即可用以興建學校、醫院以及其他機構，包括運動場及其他用途。我建議設於貢圖（Gomtu）的彭登水泥廠（Penden Cement Authority），在開採石灰石的同時要創造出這樣的沃土，總經理寧姆・多杰（Nim Dorji）熟知此想法並按此執行，直到他遭皇家公務員委員會（RCSC）無預警地撤換為止[126]。

有關柳橙與蘋果銷售，我們為此與達卡的商業集團達成協議。問題仍出在路況。卡車實際上花費三到四天的時間，穿越車道從邊境抵達達卡市集。我曾出示卡車從及膝深度的泥漿與污水中被拖拉機拖出來的照片。

國王陛下於一九八九年，前往東京參加日本昭和天皇（裕仁）的葬禮時，不丹航空公司必須中途停留達卡機場添加油料。孟加拉國總統海珊・穆罕默德・艾爾沙（Hussain Muhammad Ershad）前往機場，與國王會面並與之會談。孟加拉方面得知我 —— 不丹貿易暨工業部部長 —— 是王室隨行人員之一，艾爾沙總統因此帶著商務部長隨行。我得到良機於兩國元首前提出意見，呈報總統即使他極力促進兩國貿易往來，但布瑞馬里與達卡之間的恐怖路況，仍將妨礙貨物運輸。總統立刻承諾國王陛下，從邊界到達卡的道路將在一年內完工。總統信守諾言，一年之內「瀝青」道路即可通車。在此之後，兩國間的貨物開始大量運輸。高峰期間，不丹對孟加拉出口每年可達九百萬美元，遠高於世界銀行對不丹出口盈餘的預測數字。

---

125. 許久之後，我結束聯合國的任期，於二〇〇七年十一月回到不丹之後，地質暨礦產部告知我，這個特殊的採石場已然關閉，因為它導致該區氾濫成災，這是廢棄的主因。除了將礦山定位為已達成出口目標外，別無選擇。

126. 二〇〇八年七月，寧姆多杰與其他四人死於不幸的事故中。當時他從彭措林前往廷布參加會議，他行駛著普拉多汽車慘遭土石流沖走。

　　然而，一些人士與官員開始提出關切，特別因為不丹對孟加拉的出口數量不斷增加。孟加拉政府意識到不丹的貿易順差，而計畫以諸多貨品如服裝、陶器、黃麻地毯以及其他商品，取代不丹累積貿易順差的相對實質數量。他們設計出無須貨幣交易的方法，取代兩國貿易合作間的壟斷交易，並企圖平衡資金流動。倘若雙方皆有盈餘，將於年末簽發支票交由另一方收訖。我無法接受這個安排。我不得不提醒孟加拉國，有關齊亞·拉赫曼總統曾作出的承諾，以及艾爾沙總統的擴大支持。後來孟加拉商業部重申早先的強調與建議，指出應以私營形式進行兩國貿易，官方的干預應降至最低，並且只負責事務管理。我告訴他們，雙方應該允許民間企業繼續合作。為了使孟加拉安心，不丹義務支持孟加拉舉辦貿易展覽會，以便向本地民眾展示商品，並預估產品需求。這實際上並不可行，因為不丹約有五十萬名的散居人口，孟加拉的商品範圍又相當狹隘，他們無法與印度的許多同類商品競爭。孟加拉對不丹出口額，甚至無法達到不丹對其數百萬美金出口額的幾十萬美金。

　　印度貿易商也對不丹與孟加拉間日益增長的貿易量感到氣惱。不丹與孟加拉實施直接貿易之前，除了將蘋果與柳橙賣給印度貿易商，由他們越過邊界任意決定價格之外，不丹人別無選擇。現在不丹人轉而在印度與孟加拉市場販售不丹產品，甚至拒絕柳橙回銷到薩姆奇的不丹水果保鮮廠。印度貿易商也調整出口至孟加拉的貿易量，但因為國內產量無法滿足需求，只好透過船運由澳洲甚至美國進口蘋果到孟加拉。印度貿易商很快地發現到，他們過去曾享有的優勢正日益減少，因為不丹與孟加拉之間已經建立直接貿易。他們因失去「傳統」收入而抱怨政府，甚至朝著駛往孟加拉邊境的不丹卡車丟砸石頭。印度官員必須出面協調，並向當地商人解釋，他們不能以這種方式抗議。不丹完全有權在任何能獲取高價的地區販賣商品，印度作為友好鄰邦，根據國際慣例以及兩國間的協定，必須提供過境的便利。這的確花了點時間，但印度貿易商最終也只得接受新的現實。

　　最初，不丹財政部不顧一切地想賺取強勢貨幣，甚至準備補助不丹

雷龍之吼

出口商高達外幣盈餘的百分之卅。但很快地，貿易暨工業部明顯得要面臨更多挑戰，而且外幣已在匯入之中。財政部對補助金的承諾跳票，只簡單片面地提撥少量補助款，既未與不丹貿易商溝通，也未徵詢早先已達致理解的貿易暨工業部。儘管如此，我還是得與財政部口徑一致，而由於豐厚利潤，也已經不需要補助出口商，政府亦已經開始賺取那充實國庫的強勢貨幣。

與孟加拉貿易蓬勃發展，令我寬慰的是一位重要的不丹女性貿易商，雅客企業（Yarkay Enterprises）的普布・簪姆（Phub Zam），信任我所承辦的業務，並說在今後的歲月中，不丹永遠視此為我的獨特貢獻之一。

與中華人民共和國的關係

存在於兩大強鄰之間的既有歷史背景中，不丹並沒有太多選擇，只有避免與中國的所有直接接觸。直到一九八四年，當時雖無邦交往來，卻因展開邊界談判，而突然有所轉變。那一年，國王決定該是與中國解決邊界問題的時刻。

不丹對於中國沿不藏邊境所進行的軍事活動，解讀為具有敵對意味。中國並未尊重不丹的邊境解釋權，特別是比鄰春丕[127]谷地，該國牧民與邊境巡邏警察定期闖進不丹認定應屬於己方領土的範圍內。中國人毫不猶豫地砍伐木材，並將犛牛放牧於哈－拉・楚－拉（Haa-la Chhu-la）、沙喀透（Shakhatoe）、洞朗（Doklam）以及基伍（Giu）等地，不丹一開始就宣稱擁有主權的地區，這些舉動進一步導致不丹人的憂慮。另一方面，中國主張至少基伍與洞朗地區傳統上都是中方領土，並且有諸多實例佐證，兩國邊境巡警對於邊界議題時有口頭交流。不丹政府所

---

127. 不丹人與西藏人將春丕谷地（Chumbi valley）稱之為鐸姆（Dromo）。

持觀點在於，這類不確定性將可能造成經常性的摩擦，甚至不經意地引發軍事衝突。此情況與不丹或印度的利益不符，但無論如何最終都可能牽涉到這類問題。

一九八〇年代，不丹領導人很清楚中國並未嚴格主張不丹為中國的一部分。中國駐印度新德里大使，於一九七四年代表該國應邀前往廷布，參加新王加冕大典，不丹人並未看出敵意。不丹與中國的外交官員也開始在聯合國相互接觸，不丹支持由中華人民共和國取代台灣而成為中國席位的代表。在這些接觸當中，中方表現出樂於與不丹在主權平等的基礎上，發展外交關係。

印度政府信任不丹國王能確保不丹與中國交涉過程中，不會影響到印度安防利益。他們信賴國王及不丹外交官，將維護印度的重要利益，並信任不丹外交官與中國進行協商的能力。事實上，不丹與中國之間保持親密友好的關係也符合印度的利益。

一九七一年加入聯合國之後，不丹提昇對於自身主權地位的自信，對於被鄰國併吞或受到控制的恐懼也逐漸消失。根據聯合國憲章，只有主權國家才能參加該組織。不丹因被區分在這個範疇底下而感到安穩。

在紐約與日內瓦的聯合國當中，不丹代表團不斷支持中國人權狀況，並且反對其他反中國家所發起的決議與批評。不丹「一個中國政策」的立場，以及支持中華人民共和國為中國人民的唯一代表，這也增進兩國間的友好與理解。

不丹與獨立印度的關係（1947~2007）

過去六十年以來，或說自從印度獨立之後，不丹與南方鄰國的關係變得更為複雜與精細。簡閱印不關係的論述，可指明兩國關係演變狀態的性質——這些發展可視為兩個鄰邦之間和平共存的典範。雙方互惠互利，相互合作並尊重彼此主權，不干涉對方內政、文化、宗教以及人民

雷龍之吼

尊榮感。

一九四七年八月十五日英國允許印度獨立，大約整整兩年之後，不丹才與印度訂立新約，並在一九四九年八月八日，於大吉嶺山中的避暑勝地簽署。該條約概述兩國之間的關係本質，並反映一九一〇年與英屬印度協議的某些面向。在早先的條約中，很清楚地在內政方面，印度將「不干涉不丹內政」。然而涉及不丹的外交關係時，條約中的第二項條款規定：

「涉及外交關係時，不丹政府同意遵循印度政府建議的指導。」

一九五五年國王吉美・多杰・旺楚克於加爾各答會見媒體，依循這份新約並且清楚重申，不丹自此將傾向印度。國王採取這樣的表態，可能基於擔憂受到中國的侵犯，那時中國已闖進隔壁西藏的大門，並且在強而有力的控制下，對西藏人民與宗教施以粗暴對待。

這個「特殊關係」讓不丹與印度得到豐碩報償。不丹開始透過由印度發起的五年社經發展計畫，得到主要來自於印度的資金籌措、專門知識與專業技術，以及大量的勞動需求。事實上，對於推動不丹自力更生政策，並且協助降低外部資源依賴等方面，甚至連世界銀行與其他國家皆表現出勉為其難之時，印度政府仍出面支持不丹。這些計畫當中，包括彭登水泥廠與楚卡、塔拉及庫瑞河（Kurichhu）水力發電計畫，對於今日不丹的實質收入與發展需求皆有所貢獻。其中一個項目，是於廷布簽署協議的印度資助普納珊河（Punatshangchhu）水力發電廠計畫。該計畫由印度外交部長普拉納・慕克吉（Pranab Mukerjee）及其對等窗口倫波康杜・旺楚克（Khandu Wangchuk）共同推動，於二〇〇七年七月廿九日提出，並附上預計於二〇一四年竣工的工程計畫。二〇〇八年不丹新任民主政府組建完成後，印度很快地再許下一項歷史性的承諾：將於二〇二〇年之前，投入總計一萬兆瓦的水利發電計畫，耗資約一百億美金。這項計畫的執行工作已於二〇一一年順利展開。

除了重大計畫之外，印度也在各個實際發展面向上協助不丹：健康醫療、教育、軍警人力的訓練、印不邊境沿界的法律與秩序問題、並且

初步協助不丹於一九七一年在紐約聯合國建立使團。

此外，不丹也得益於兩國間的自由貿易安排，並準備進駐廣大的印度市場（截至二〇一一年為止，該市場已超過十億人口），項目包括所有的多餘生產品、電力、農產品、工業商品或礦產，諸如白雲石、石灰石、生石膏、煤炭甚至是石頭與大石塊。擁有印度市場，或將孟加拉國與尼泊爾也包含在內，不丹的生產與製造將能享有規模經濟的效益，儘管不丹自己僅有極少量的人口。截至二〇一〇年，不丹與印度的貿易往來幾乎佔總額的百分之八十五。

雖然最初看來似乎有些不情願，但印度並未阻止不丹加入聯合國與其他國際組織，印度政府願協助不丹提昇國際人格。由於第三任國王堅持取得聯合國成員資格，印度同意支持不丹時，據稱與不丹達成協議，不丹至少十年內，欲與「第三國」建立外交關係時，都將審慎評估，此後也將徵詢印度的建議之後才進行 [128]。不丹成為聯合國成員之後，也只是在新德里派駐「代表」。如同之前解釋過，不丹代表並不像他國使節般稱為大使，而是怪異的「代表，特命全權大使」（Representative, Ambassador Extraordinary and Plenipotentiary），使人聯想到印度各邦派駐首都德里的「代表」。不丹方面對此職位極為重視，第一任駐印度代表由第三任國王授予部長職銜派駐新德里。他是倫波貝瑪·旺楚克（Pema Wangchuk）。不久之後，情勢轉為對不丹有利。印度扶持孟加拉國從巴基斯坦取得獨立，不丹出面支持印度，成為第一個承認孟國獨立地位的國家。這樣的表態透過與孟國建立外交關係而得到認同，並且派駐大使前往達卡。不丹於孟加拉派駐大使後，新德里的「代表」頭銜使兩國關係看起來相當怪異。於是很快地便得到調整，以便反映新的區域現實以及不丹在其間所扮演的角色。

印度政府，特別是總理拉杰夫·甘地的追隨者，不論是國會、新人民黨（Janata Dal）、聯合陣線（United Front）或者印度人民黨

---

128. 我從不丹方面的可靠消息來源得知這樣的協議，但始終無法得到官方確認。

（Bharatiya Janata Party）[129]，都極為同情不丹政府，並希望助其解決任何問題。印度並不干涉南不丹地區與尼泊爾的問題，這使不丹處於外交上的有利立場，並足以防範來自尼泊爾所策動，進入並分裂不丹政治的「和平遊行」。印度立場有助於不丹與尼泊爾在交手的過程中取得上風，聯合國難民署（UNHCR）、其他國家以及非政府組織（NGOs）皆對此表達關切。

　　繼一九五八年尼赫魯訪問表現出對不丹主權與獨立的尊重，半個世紀之後，總理曼莫漢・辛格博士於二〇〇八年五月十七日，再度於不丹首屆民選國會前許下承諾。他的演說也包含對不丹國會議員的嚴正勸勉，強調人民福祉、寬容與法治。他說這是議員「將貴國人民的願望轉變為現實」的特殊責任。他還加上：「民主需要寬容且明智地行使權力，並作出持續承諾，以增進公眾利益的社會信心。這需要深刻的法治承諾。」他強調「進一步改善兩國間的結盟」需求。曼莫漢・辛格隨後堅定地承諾，印度將持續擴大對不丹援助的規模，包括水力發電的發展、以及第十個五年國家計劃、鐵路連結，計畫期間總計挹注一兆盧比的資金。

不丹與歐盟以及其他國家的關係：
澳洲、奧地利、丹麥、芬蘭、日本、荷蘭、挪威、瑞典、瑞士

　　一九七一年加入聯合國之前，不丹已是科倫坡計畫的成員。該計畫由若干已開發國家與開發中國家所組成，特別關注於低額補助與技術支援。透過科倫坡計畫，不丹獲得農業援助，其中來自日本的農業專家達

---

129. 這些都是印度獨立後新德里的執政黨政府。

紹 [130] 西岡京治（Keiji Nishioka），從一九六六年 [131] 開始，將近卅年的時間派駐於帕羅。這位日本人在帕羅谷地協助引進新型作物品種、農業改良方法、並且使用小型現代農機設備與機械。該計畫後來擴大為全國各地農民，以補貼方式提供日製農具與器械。不丹中部的謝姆岡區（Zhemgang）嘗試仿效帕羅的工作模式，但似乎未達顯著成效。自首次科倫坡計畫以來，日本人向不丹擴大援助，對不丹援助的數量僅次於印度。他們在通訊電信方面的支援，對不丹國內與國際接軌產生極大影響。

瑞士對不丹的經濟援助以一種相當特殊的方式展開。不丹第三任國王吉美・多杰・旺楚克陛下，據說曾於一九五〇年代早期前往瑞士就醫。這是不丹史上，國王首次搭機旅行，並且前往印度次大陸以外的國家。國王連同隨行的一小群隨從，從印度起飛而後降落蘇黎世機場，陛下是所有人之中唯一未持有護照者。國王的隨行官員以及印度移民當局顯然疏忽對於這位超級貴賓的要求。瑞士當局明顯接手一個外交問題。然而，他們很快地決定，由於國王是國家元首，他們願意允許他未持護照而入境該國 [132]。

是次訪問期間，國王會見友善的弗里茨・馮・蘇泰（Fritz Von Schulthess）與其妻莫妮卡（Monica），他們是王太后阿熙凱桑・雀登於瑞士就讀女子貴族學校時，好友禮斯娜（Lisina）的父母。馮・蘇泰極為富有，他決定向不丹提供私人贊助。他建立「不丹基金會」（Foundation for Bhutan），委託乳品與乳酪專家弗里茨・莫里（Fritz Maurer），以及其後的林業專家里歐・卡米納達（Leo Caminada）及其

---

130. 西岡京治（Keiji Nishioka）為日本科倫坡計畫的專家，在不丹服務逾卅年。他協助不丹傳統農業現代化，特別是在帕羅谷地，所作出的努力具有成效並且影響深遠。鑑於其貢獻卓著，國王吉美・辛格・旺楚克特授予不丹官方榮譽的紅披巾，以及如同其他不丹資深官員的達紹（Dasho）稱號。
131. 筆者與京治極為熟識，他於一九六七年派駐不丹後不久，我們曾於廷布的倫滇簪帕政府招待所碰面。
132. 據我所知，不丹國王的事件之後，瑞士的法規修改為，外國元首毋需護照即可入境瑞士！

他人管理。馮・蘇泰所提供的贊助，現已併入瑞士官方的援助機構「國營企業瑞士合作協會」（Helvetas），急速擴展對不丹的援助項目。馮・蘇泰家族維持與不丹王室的私人情誼，雖然弗里茨、莫妮卡以及禮斯娜的丈夫法蘭克・霍克（Frank Hoch）相繼去世[133]，但禮斯娜與其子女仍持續協助並與不丹保持聯繫。

在科倫坡計畫下，奧地利提供一九六〇年代外觀古怪的哈弗林格（Halfinger）汽車，不丹使用到拋錨或販售到印度。與奧地利的最初合作始於一九八〇年代，因協助不丹旅遊部門而蓬勃展開，並且在札西岡區從事小型但具關鍵性的冉江（Rangjung）電力計畫，隨後還在旺地頗章進行中型（六十兆瓦）的巴蘇河（Basochhu）水力發電計畫。當時巴蘇河計畫是奧地利在世界各地中，最大的單項援助項目。

我協助推動並執行巴蘇河計畫，當時國王陛下參訪該地之後告訴我，名為「瀑布」（chhu-botori-sa，「楚－波透日－灑」）的這個地方，有發展水力發電計畫的潛力。事實上我一開始即以此名作為計畫名稱，並儘一切可能透過電力部門執行國王陛下的考察。奧地利對於協助不丹執行此計畫也同時表達興趣，印度人參與的都是他們不太感興趣的較大型計畫，該國似乎也不介意以歐洲小國之力來協助不丹。我於維也納的外交部使館簽署協議，簽署期間，不丹常駐聯合國日內瓦代表、同時為不丹駐西歐大使達紹納杜・仁謙（Nado Rinchhen）[134]，亦參與出席並對整個過程大力幫忙。我可以肯定地說，國王陛下對於建立巴蘇河水力發電計畫表達出興趣之後，這就成為我個人擔任貿易暨工業部部長時亟欲處理的電力與能源議題。截至二〇一二年，奧地利對不丹發展扮演重要角色，該國對一一四兆瓦的達嘎河（Dagachhu）水力發電計畫、旅館經營以及其他發展計畫持續提供貸款。

澳洲提供不丹學生多項獎學金，前往該國研究機構學習方面，具有

---

133. 法蘭克・霍克逝世於二〇〇七年。
134. 達紹納杜・仁謙擔任不丹環境部副部長，2011 年他任職於樞密院。就專業上來說，他是一位訓練有素的林務專家。

重大影響。不過，在澳洲減少參與南亞事務後，該計畫於一九七○年代末期取消。此舉也符合當時不丹教育部政策所持的實際上不可行觀點，該部會認為國內新設立的榭魯策學院（Sherubtse College）足以提供所有大學課程，不丹學生只需出國接受研究所教育。這個政策到了一九九○年代有所改變，因為榭魯策學院很難教育出甫一出國即能應付國外研究所課程的學生。另有極少量不丹學生前往紐西蘭，但數量並不顯著。

與歐盟、荷蘭、挪威、丹麥以及其他國家的經濟合作已在過去幾十年間有所發展。這些合作特別有助於不丹保存並保護自然環境。不丹與荷蘭之間存在長期永續發展協定，包括此架構中的另外兩個國家，即貝南與哥斯大黎加，都獲得環境導向計畫的援助。丹麥的「丹麥國際開發署」（DANIDA）協助加強不丹的司法機構，並透過投資而興建法院大樓，以及協助不丹皇家大學等其他項目。

過去英國與不丹之間存在協議關係，但他們將權力移交給獨立印度，因而終止兩國原有關係，他們的藉口是，避免因殖民條約的束縛，而帶有目的地協助公認為具有大英國協成員資格的國家。然而不丹至今從未自願加入大英國協，它並不覺得自己是大英帝國的殖民地 —— 這是不丹人引以為傲的事實。英國政府遲遲不願協助不丹，至今只派遣一些教師，並提供荒原路華的汽車，儘管在殖民統治期間，與其他歐洲強權相比，英國從不丹身上得到最多的好處 —— 包括政治上、以及在經濟上為了茶園與山中避暑勝地而佔用南不丹的土地。

雷龍之吼

第 二 篇
企圖整合不丹各族群

國王陛下吉美・辛格・旺楚克十六歲初登王位以後，即將
南不丹族群之整合列爲王室首要課題。於一九七二年到
一九九〇年期間，積極尋求能將尼裔不丹人與國內其他族
群整合進入國家結構的政策。這並非一項新的政策，而是
他已故的父親，第三任世襲國王吉美・多杰・旺楚克即已
制定。而這段時期四世國王陛下雄才大略，不丹王國的和
平與穩定狀態皆受鄰國所欣羨。

不丹鄰國的衝擊

　　錫金和西藏，在文化、宗教以及種族等方面都與不丹最親密，人民之間存在著許多親緣關係。廿世紀末葉之前的幾十年間，這兩個政治實體皆喪失主權獨立地位，錫金併入印度，西藏則歸於中國。這些變故使這兩國之中，許多傑出自負的知名人士，感到在不丹人面前有點「低人一等」：這是一種不丹人不得不全然細細玩味的感受。過去不丹人前往這些國家旅行或居住時，感到西藏人與部分錫金人的輕視之意。不丹人常說，過去西藏人說不丹人是「竹巴拉陋」（Drukpa la-lo，意思是無知或愚蠢的不丹人），這些民間俚語使不丹人對北方鄰居產生反感。而後又有西藏主要的格魯派傳承，與不丹透過夏尊昂旺・南嘉推動的竹巴噶舉傳承，兩者之間存在著根本上的對立鴻溝。此對立進一步加劇，係由於寧瑪派與噶舉派傳承，將視為「第二佛」的蓮花生大士或稱咕嚕仁波切賦予崇高地位，而格魯派僅將咕嚕仁波切視為眾多印度導師之一。

　　人們必須真正融入西藏傳統教派的世界，才能體會到這種敵對立場的強度，這實際上遍佈於整個西藏與其相關社會之中，特別是喜瑪拉雅地區。作此評論時，我也應該補充一點，達賴喇嘛在西藏宗教上的地位，遠高於作為格魯派共主的地位，其他教派共同承認並尊重他為觀世音菩薩（Avalokitesvara）或稱「千瑞吉」（Chenrezig）[135]的轉世。

　　正是這種普遍意義上的對立，使西藏人進入王國境內後只能算是勉強受到歡迎。大多數的西藏難民在不丹社會中感受到這種不舒坦，於是遷往南部的印度難民營，否則只能透過婚姻而融入不丹社會，但這實即

---

135. 觀世音菩薩（Avoloketswara）是梵文，而千瑞吉（Chenrezig）是確紀語（Chhoskye，即古典不丹語／藏語）──筆者認為正如同拉丁文之於歐洲，梵文之於南亞與東南亞，確紀文之於喜瑪拉雅地區與中亞的大部分區域。

喪失其原有的西藏身分。

不丹人與藏人之間存在著愛恨交加的情結。除了古老的種族、語言與宗教聯繫以外，雙方之間還存在許多通婚關係，其中著名者亦包括王室家族，以及其他諸如多杰家族、壤紀（Rabgye）家族、甚至布姆塘的顯赫家族等等。

其後，不丹始終對一些寧瑪派與噶舉派西藏喇嘛高度尊崇且熱烈歡迎，有時甚至超過本地的竹巴噶舉喇嘛。一九八〇年代以前，不丹依據這些藏地喇嘛在藏傳佛法中的地位，核發外交與其他類型的護照與旅遊文件。這方面的例子不勝枚舉。頂果‧欽哲‧仁波切（Dilgo Khentse Rimpoche）為不丹皇太后阿熙凱桑‧雀登‧旺楚克的根本上師[136]。一九七〇年到一九七一年期間，不丹第三任國王於廷布的札西迥宗，盛大地以崇敬之情接待敦珠仁波切（Dudjom Rimpoche）與嘉華‧噶瑪巴（Gyalwa Karmapa）。已故敦珠仁波切得到不丹人的高度崇敬，許多弟子嚴謹地遵從其教法、實修以及新岩藏（tersar）傳承。仁波切的妻子來自不丹東部，其子聽列‧諾布（Thinley Norbu）仁波切與不丹女士所出的三位子嗣，在不丹亦備受尊崇。這些孫輩當中，有一位曾與前任國王的姊妹阿熙貝瑪‧雀登（Pema Choden）結婚，而後離異。他們之中還有目前極知名的宗薩‧蔣揚‧欽哲仁波切（Dzongsar Jamyang Khyentse Rimpoche）。他發行西藏電影「高山上的足球盃」（The Cup），卻誤植為不丹電影。一九九九年筆者以不丹大使的身分，於紐約應邀參加該片首映。在這部電影之後，蔣揚‧宗薩製作並執導了不丹電影「旅行家與魔術師」（Travellers and Magicians）。兩部電影在美國與歐洲皆深獲好評。其他不久之前，仍享有高度信譽與崇敬的西藏上師們尚包括卡魯（Kalu）仁波切、多竹千（Dodrupchhen）仁波切、以及湯東‧嘉波（Thangthong Gyalpo）的轉世那波喇嘛（Lama Nagpo）、「庫爾第歐」的嘉蒂（Jadi）仁波切以及其他人士。

---

136. 譯為「根本導師」（root Guru）或「上師」（teacher）。

雷龍之吼

政治上，公開表達對西藏喇嘛的崇敬與虔誠已成昔日回憶，並且在不丹的政治圈中憑添尷尬處境。人們擔心本國的竹巴噶舉可能式微，因此政治正確色彩開始出現於數以千計的不丹人之中（洛桑人除外），對於民眾群集簇擁以尋求不丹與印度境內西藏殊勝喇嘛的教導與加持等盛況，不丹宗教委員會制定條款，任何在國內舉辦的宗教集會都要通過核准。限制實施之後，不再舉行集會，現在全國各地罕見西藏喇嘛。但因為強烈的信仰驅使，不丹人仍舊前往印度或其他國家尋求西藏喇嘛的指導，特別是寧瑪派的教法與修行。

印度獨立之後，尼泊爾不像錫金與不丹一般[137]，它有著令其他喜瑪拉雅王國羨慕的政治地位，已經主張其主權與獨立，並與印度和中國兩大鄰國建立外交及經濟關係。尼泊爾因為向印度大玩「中國牌」的驚異能力，而為人所鄙視。尼泊爾透過政治訪問以加強與中國的聯繫，在中國的經濟援助中，最受矚目的就是興建連接西藏的中尼友好公路。然而尼國的外交紙牌屋很快即開始倒塌。中國無法取代印度對尼泊爾貿易與過境等需求，最重要的是，尼國不斷增長的人口持續遷移到印度次大陸，印度卻很少或根本未對此抱怨與限制。尼泊爾於二○○八年烙上印度王國之名，此因其相近的宗教、文化以及與印度極為強大的家族聯繫，甚至延伸至政治層面。

從國際與其他消息來源可知，尼泊爾政府對於長期永續的經濟計畫暨發展看似有極大問題，對其相對優勢的運用上尤其如此。尼國誇耀國內蘊藏著十萬兆瓦的水力發電潛力（肯定此為該國最大經濟資產），但卻著重於觀光業與家庭手工業（這也需要推動，但可以次於水力發電資源發展），而不集中規劃更賴以自立的經濟區塊。外來的援助著重於健

---

137. 雖然不丹與錫金的政治地位相當不同，但印度與英屬印度殖民政府罔顧政治敏感性，而傾向將這兩個喜瑪拉雅政體混為一談。印度政治官員派駐於錫金的甘托克，任命為「錫金暨不丹政治官員」。這可由一九一○年與一九四九年兩份協議反映出，其對不丹地位的錯誤印象。對不丹而言，該「政治官員」只能作為印度政府的非僑民外交使節而行使職權，反之，此官員在錫金則具有更重大且廣泛的角色，有時甚至稱為「總理」或「德旺」（Dewan）。

康醫療與教育領域等社會服務需求，但並未以連貫且永續經營的方式運作。今天，尼國境內擠滿運作出色的非政府組織（NGO）。但尼國政府寧願依賴國外援助，也不願意採取本地的方式支持這些機構，交由本國有能力的失業人口來經營，並維持機構的經濟收益。由於該國缺乏企業運作所需的電力，因而無法創立可供永續投資、收入以及就業機會的重要企業。鄉村缺乏電氣化的生活品質令人訝異，在缺乏能源的狀況下，村民無力運行小型公司，而重要生產力與收入能力的低落正是貧民的決定性因素。事實上，水力發電是我在不丹內閣部長任內的業務推展項目之一，因而對不丹電力的發展計畫也提供一些貢獻。我那時身兼國家最大水力發電計畫，楚卡水力發電合作與其他計畫的主席，並協調國內多項電力計畫項目——如塔拉、巴蘇河與庫力河——的資金籌措與執行。基於對喜瑪拉雅地區水力發電潛力的親身參與及了解，我強烈意識到尼泊爾的發展潛力，如果能夠開發這樣的自然資源，對於這個凍結在喜馬拉雅山中的美麗國家，在克服貧困方面將產生很大程度的貢獻。政治紛擾以及因錯誤認知而牽制印度政府的企圖，阻礙了尼國開發水力發電的機會。對於一個明顯看到這樣的潛力正在耗竭之中的人而言，這真是令人感到沮喪。每當尼泊爾大使前往不丹都會打電話給我——當時任職於貿易、工業暨電力部部長，我習慣性地評論：「貴國不應該將能力用於搞政治。」我也試著勸告他們，印度必須是策劃且執行尼泊爾電力計畫的主導者，因為他們未來將是主要的電力客戶。計畫執行之前即對電價斤斤計較是本末倒置的作法，至少也得等到穩定之後再談。我舉了不丹的例子，在楚卡計畫執行之前，印度支付不丹可輸出電力電價所提供的融資條件（百分之六十的補助以及百分之四十的貸款），相當令人無法接受。但不丹獨力承擔下來，而且坦白說那時一部分出於無知，一部分因為缺乏協商技巧，在協商過程中也沒有太多權力可言。然而，計畫完成並將電力輸往印度之後，雙方隨即重行協商電價。不丹國王的友好與善意態度的確對國事極有助益。

　　不幸的是，尼泊爾至今未能仿效不丹，而它所付出的苦果，就是遭

逢電力短缺，甚至還得從印度輸入電力。

尼泊爾無法為其迅速增長的人口提供生活與就業機會，因為沒有足夠的電力，而無法真正強化生產能力。由於缺乏遠見以及政府在發展上的弊政，成千上萬的人民只能屈辱而絕望地湧進遼闊的印度次大陸。幸而印度並未對尼泊爾人前往尋求更好的經濟機會作出移民限制，但尼國移民通常只落得卑賤職業。販賣尼泊爾婦女與孩童賣淫就是一個顯著的國際事實。總而言之，尼泊爾人民正為行政效能不彰與不當的政治經濟管理付出代價。如果國家的人民不能將頭高舉於貧窮線之上，主權與獨立對大多數人而言將毫無意義。所謂「毛派」的反動與其暴行，清楚表明出許多人民對政府機關所管理的社會與經濟狀況潛藏不滿。除非有適當的政策落實，並啟動足以創造就業機會的經濟成長，否則無法導向更好的生活水準，民怨只可能更加普遍，尼泊爾君主制度與傳統政治體制如今已趨下台。二〇〇六年八月，我於紐約會見聯合國兒童基金會（UNICEF）的助理秘書長庫爾‧高坦（Kul Gautam）先生時，討論到尼泊爾國王賈南德拉（Gyanendra）衰微的角色與重要性。他說國王「自掘墳墓，而且現在有許多了斷尼泊爾君主制度的可能性」。二〇〇八年，尼泊爾廢除歷時兩百四十年之久的君主制，成為共和國。賈南德拉接到最後通牒，遷出現在已成為博物館的納拉揚西提王宮（Narayanhiti palace）。

我與賈德南拉為舊識，我們是大吉嶺紅角聖若瑟中學的同班同學，於一九六五年畢業。我們不僅僅認識，而且還是很要好的朋友。假日時常相偕跑出鎮外，同行的還有我們的朋友，來自緬甸的桑圖‧坦（Santut Thein，即現居美國麻塞諸塞洲波士頓的東尼‧絡，Tony Lao）和來自錫金的雅布拉‧札西‧圖滇‧瓦嘉林帕（Yabla Tashi Tobden Wajalingpa）。事實上，不丹使節倫波達戈‧澤仁前往尼泊爾時，常常打電話與賈南德拉國王聯絡，我相信國王描述過他在不丹有一個好朋友，而且我經常是他們討論的主題。當尼泊爾君主制度面臨恥辱的終結，二〇〇八年賈南德拉國王黯然接受尼泊爾議會的決定，廢除君主制

時，真的很令人傷感。

　　不丹的另一個近鄰是孟加拉。作為不丹繼印度之後第二個承認其獨立性的國家，不丹在一九七一年博得這個新國家的感激之情。儘管該國週期性地遭逢政治動盪，但是自二〇〇七年到二〇〇八年期間最近見證到的，令人驚訝的是這個南亞「毫無希望的國家」，經濟狀況已漸入佳境。該國人民的自豪感來自於經濟成就，儘管內部仍存在為年度糧食而艱苦勞動、少數查克瑪（Chakma）部落的內政問題、以及與印度之間的不斷摩擦。在國際方面，孟國外交官員從不避諱與他國外交官爭相競逐。孟加拉已是聯合國安全理事會的成員，並擔任聯合國亞太地區（ESCAP）經濟和社會委員會執行秘書，卻還是力求爭取其他國際地位。結果孟加拉橫跨全球，在國際社會中建立高度的政治影響力。截至二〇〇五年為止，孟加拉接受了最多的官方發展協助（Official Development Assistance，簡稱 ODA），或至少在不發達國家（LDCs）之中得到最多的國際援助，亦即獲得世界上大部分富裕發達國家所提撥的補助款項。但基於其龐大人口以及其他由聯合國所制定的社會與經濟判準，這個國家的確沒有資格列為不發達國家。

　　國王吉美・辛格・旺楚克曾於孟加拉剛獨立不久，前往該國進行難得的國是訪問。事實上，這是除了印度以外，王室所造訪的第一個國家。

　　第二任孟加拉總統齊亞・拉赫曼，提出南亞區域合作的構想，並努力推動建立南亞區域合作聯盟（SAARC）。

　　區域政治無法將不丹獨漏在外。南盟的建立提供不丹強化地緣政治的地位，並拓展更廣泛的地緣政治機會。正因為南盟的運作，不丹國王、各部會首長與官員頻繁地與印度以外其他五國的國家與政府領導人、部會首長以及官員相互接觸。這顯然使不丹受到地區中其他國家的平等對待，超越原先的處境。不丹出現在南盟之中，也對印度大有幫助。每當印度參加南盟高峰會議或其他會議場合，在政治上處於尷尬或站不住腳的窘境時，不丹總是適時給予協助。錯過前幾次的機會之後，

不丹政府於二〇〇五年提交不丹籍的南盟秘書長人選，即前任不丹對泰國計畫部長暨大使倫波臣喀‧多杰（Chengkhyab Dorji）。

　　有關不丹與印度之間的關係可以書寫上好幾大冊，有許多人已經這樣作過。不丹與鄰國之間的關係確實極為複雜。如同這些著作所描述的狀況，不丹不同於其他的南亞鄰國，而是更近似於西藏地區的旁系。因此，除了尼裔不丹人之外，不丹人在任何方面都與其他南亞人不同。不丹語源自藏語，而不像尼泊爾語、印地語、阿薩姆語、孟加拉語或烏爾都語（Urdu）皆出自印度──亞利安語系。不丹的服飾、建築、生活方式、甚至是倫理道德觀念，都與其他南亞人不同。不丹感到與緬甸、泰國、柬埔寨、老窩和越南等其他東南亞人相處起來更為自在，這與地理位置無關。事實上，看到這些國家與不丹之間的親和力，前任首席大法官、不丹駐日內瓦聯合國大使、以及環境部副部長，達紹帕究‧多杰告訴我，不丹理當納入東盟（ASEAN），可望在幾年後加入該組織。我並未秘密參與任何這類政治活動，但向他指出這不太可行，由於地理位置上受制於印度，致使不丹與東南亞諸國隔絕，政治上不丹可能也不適於這麼作。然而在某種程度上，帕究‧多杰正確且善於觀察。如同早先提過，不丹透過「環孟加拉灣多部門技術與經濟合作倡議」組織，而設法與東南亞達成連結。不丹透過不丹航空往返帕羅與曼谷的班機，與泰國加強往來──未來將與東南亞的關係持續拓展。

　　儘管不丹嘗試不斷定期強調自身的獨立與主權，但印度對於不丹外交關係的影響，表面上看來仍似乎無所不在。外界觀察家的印象是，印度看似刁難不丹與其他鄰國、中國以及像美國等其他國家建立外交與經濟合作。這個理由之所以提出，是在一九六二年中國侵入印度東北邊境特區（NEFA）等許多具有爭議的區域後，印度政府態度更為敏感。不丹無意成為尼泊爾或孟加拉那樣的狂熱國際玩家，而是察覺到印度出於自身利益而對許多事例持有既定態度，儘管既有關係可能偶爾挫折兩國發展，特別是遇到遲鈍與不熟練的官員處理事務的時候。當聯合國反對印度不擴散核武條約（NPT），而不丹支持印度立場時，這其實是不

丹不太感興趣的議題，但卻給予其他成員國一種不丹被迫附合的印象。另一方面值得注意的是，在國際政策的舞台上，印度並沒有辜負不丹。不丹與印度之間，尊重彼此的切身利益而互利互惠。它有助於保護兩國對抗外界干擾的衝擊，避免損害兩國利益。在此背景下，政治觀察家將此關係簡單歸結為由印度主導，這是不明智的見解。不丹在兩國關係中很少犧牲切身的國家利益，相反地，涉及國家內政事務、社經發展目標以及聯合國會員資格、參與布列敦森林機構（The Bretton Woods Institutions）以及其他國際組織時，不丹卻可以牽制印度和其他國家。二〇〇七年重新修訂一九四九年協議之後，不印兩國關係可說已達致最高度的成熟狀態。特別是二〇一三年，不丹已尋求成為安理會成員國，未來不丹應該能與聯合國安全理事會的五個常任理事國建立正式的外交關係。

夏丘族人

夏丘人（Sharchhop）是不丹東部地區的族群，他們與西部昂洛人（Ngalong）之間的主要差異在於語言為昌拉語（Tshangla-lo）或稱夏丘語（Sharchhopi-kha）。大部分的夏丘人傾向於佛教寧瑪派，高度尊崇並重視大多數為藏人的寧瑪派上師或喇嘛。近來他們在不丹竹巴噶舉國教僧團中的勢力受到限制，但並未有特定的理由造成這個情況。許多夏丘人前往印度的慕蘇里（Mussoorie）、甘托克、班加羅爾（Bangalore）、甚至歐洲或美洲，參與寧瑪派喇嘛所主持的藏傳寺廟活動。一九九六年到一九九七年期間，政府接獲可能有異議性活動的情資，因此包括芒嘎爾（Mongar）、札西崗與倫策（Lhuntsi）的宗達（Dzongda）[138]，開始在東部地區盤問民眾與多竹千仁波切的關連。多竹千仁波切是一位殊勝的

---

138. 宗達（Dzongda）：為不丹現行各宗喀的行政首長，舊稱為「宗彭」dzongpon。——譯註

雷龍之吼

寧瑪派上師，駐錫地位於錫金的甘托克。仁波切籌募整建位於東不丹貝瑪加策爾區的古老寺廟央拉寺（Yongla Goenpa）。整建期間，大量不丹人前往請求加持與教導。這樣的情況也許加深中央疑慮，擔心仁波切在不丹積聚過多的影響力，並可能因特殊動機而轉變為政治勢力。政府感到揣揣不安，因為時機正值南不丹異議活動，以及夏丘人士，如洛東・金列・多杰（Rongthong Kinley Dorji）與聽列・班覺（Thinley Penjor）的「反國家主義活動」發動之際。一些政府官員逮捕僧人時執行過當，比政府所呼籲的更為嚴厲。甚至有宗達射殺一名僧人，雖然該員隨後聲稱此事出於意外。這些事件連同部分夏丘官員受歧視的感覺結合，又受到洛東・金列・多杰的撰述與演說而煽動，流亡於印度與尼泊爾的夏丘異議份子警告不丹政府，基於對民主與人權的訴求，應該更加關注夏丘族群的權益。

為了安撫寧瑪派信眾，政府將寧瑪派的儀式明確整合到不丹宗教體系中，不丹的寧瑪派喇嘛因此能夠毫無阻礙地弘法。另外也採取任何可能的安撫策略，提拔夏丘人在僧團與不丹內閣中，晉升至重要地位[139]。伴隨著密集的公共建設動工，政府於東部地區展開多項重要發展計畫與行動，其中主要是提供該區電力的庫日河六十兆瓦水利發電廠計畫。在我擔任貿易、工業暨電力部部長（一九〇〇年到一九九八年），甚至更早擔任副部長，但實際上也是由我職掌部會（一九八五年到一九八九年）等期間，即在東部地區推動這項計畫，雖然當時遭受政府部會間的許多阻力，包括下屬的電力部門主管在內。我不僅將這項計畫視為簡單的經濟議題，並且是一項能提昇生活水準、改善生活環境與健康的基礎建設計畫，對整個東部地區的發展遠景具有高度正面影響。國王殿下接受我的觀點，對此計畫大力支持，而不偏向商業利益。印度政府也從相同觀點出發，極為慷慨地延長援助執行項目：協商的結果是，撥發百分

---

139. 二〇〇八年，不丹僧團史上首位夏丘人出任僧團的領導者杰・堪布。夏丘人也出任首席大法官，而且在政府的十位內閣部長中亦有五位是夏丘人，直到二〇〇七年八月因二〇〇八年民主大選而內閣總辭為止。

之六十的成本款項，以及百分之四十的長期貸款。我委任不丹最優秀的電力工程師達紹赤旺‧仁謙（Chhewang Rinzin）為該項計畫實施的負責人[140]。

上述政府對東部地區的所有舉措皆具有正面影響，隨著夏丘人獲得重視而感到滿意，因而使局勢平息下來。然而，洛東‧金列‧多杰與聽列‧班覺等人繼續在印度和尼泊爾進行異議性的政治宣傳。出於無法返回不丹發揮個人影響力，而並非真正為了傳達民主理念等政治理由，他們的活動因而更為激烈。

政府最初對東部地區所持態度，實際上似乎反映出舊時的政治恐懼。回溯到十一、十二與十三世紀，當時許多不同宗教傳承的知名西藏僧人陸續抵達不丹。除了弘揚自宗的教派實修——薩迦派、格魯派、拉巴噶舉、噶瑪噶舉以及寧瑪派等等，也積極建立可行使政治勢力的宗教封邑。如同前文，竹巴噶舉在國內的主導地位，主要透過軍事行動而達成，對外則是對抗在全區中壓制其他教派的格魯巴藏蒙軍隊。直至近期從一九六〇年代到一九七〇年代早期，許多前往不丹的西藏難民領袖，疑似試圖利用不丹對抗中國，以推動其自由獨立運動，並且可能也已在境內建立政治基礎。鑑於與中國的敏感關係，不丹明顯無法容忍這樣的政治活動，而嚴格阻止這類行動。

不丹政府採行上述舉措的心態，可能也基於有責任禁止其他宗教傳承，在秘密或未告知的情況下傳播，因為這可能使不丹已經夠小的社會群體斷裂成碎片，並且稀釋傳統威權的掌控。然而政府必須摸索出適當的解決方案，一端是人權訴求及宗教自由，另一端則是弱小國家的團結統一與主權。第四任國王過去常說，在大國中保有文化與宗教的多樣性確為恰當，但對小國而言，這樣的作法只會分裂社會，最終將破壞人民的和平、和諧與快樂。不丹現在似乎在二〇〇八年公佈的新憲法中，找

---

140. 在二〇〇九年的國慶慶典上，國王授予紅披巾給赤旺‧仁謙與另一位優秀的電力工程師帕拉‧塔瑪（Bharat Tamang），以表彰其為不丹電力發展所作出的重大貢獻。這項殊榮類似於英國爵位，並冠以達紹之銜。

雷龍之吼

到同時滿足國家自身以及國際訴求的解決之道。類似於泰國的規定，國王將是「所有宗教的保護者」。這樣的規定可提供傳教的方式，並容許建立其他宗教的禮拜堂，例如教堂或清真寺。在這個過程中，可因此而對現存國教竹巴噶舉僧團的角色扮演產生衝擊與改變，除非未來民選政府仍維持過去的慣例。

然而必須要了解到，對不丹而言竹巴噶舉不只是宗教而已。它是一種決定不丹人民心智、文化以及諸多社會規範的生活方式。竹巴噶舉使不丹之所以成為當前的樣貌 —— 在宗教領域與世界上皆為獨一無二。在憲法以及建立民主制度的脈絡下，簡單地將之與其他宗教相提並論並不明智，甚至會傷害國家在世界中的特有意象。有鑑於此，只要其他宗教的傳揚能夠獲得基本保障，竹巴噶舉仍應該保有在不丹國民生活中的顯著地位。

南不丹與其政治事務

　　早在國家發展計畫將之規劃為政治移民，而非移工或經濟移民之前，尼裔民眾即受到不丹政府的鼓勵而遷往南不丹山區。從歷史上而言，尼泊爾人定居不丹並非新鮮事。事實上，回溯十七世紀上半葉，夏尊昂旺・南嘉為其父滇佩・尼瑪於廷布谷地的祈瑞寺興建舍利塔時，甚至就已引進尼泊爾工匠[141]。廿世紀初期進一步發展南部移民區，則是為了達成令人滿意的政治與經濟目標，經審慎評估後而採行的政策。南不丹地區與孟加拉、阿薩姆毗鄰的邊界，夏天雨季期間瘧疾肆虐，並且炎熱潮濕。特別是在缺乏電力與合適的居住條件之下，溫帶地區的居民難以適應這些地區的夏季生活。習慣住在涼爽乾燥氣候環境的北不丹人，不願意住在這些不舒服的低地，只有十月到三月的冬季期間，才會從高海拔的地區移居此地。十九世紀末到廿世紀期間，不丹北部人口過於稀少，防禦人口未能達到足夠的緩衝數量。來自鄰近地區的尼泊爾移民有助於解決此困境，不丹政府因而鼓勵與傳統不丹人截然不同的印度種族移居南不丹。這些移民的確在不丹與英屬印度之間展生緩衝效果，明確阻擋英國茶商進一步侵犯不丹領土。相較於北不丹區域以實物繳納賦稅，南部新移民可以提供政府迫切需要的現金稅賦基礎。為防止南部邊界受到英國進一步侵犯，並創造現代稅賦基礎，透過鼓勵南方移民的政策於是產生。

　　尼泊爾移民與定居所帶來的問題在於，不丹政府無法控制流入的人口數量[142]。隨著大量不同種族、文化、宗教以及語言的移民湧入，無可

141. 桑給・多杰：《帕登竹巴仁波切夏尊昂旺・南嘉大成就者傳記》（*Palden Drukpa Rinpochhe Zhabdrung Ngawang Namgyal gi Namthar*），宗喀語發展委員會發行，廷布，2001 年出版，宗喀語第二版，第 168 頁。
142. 參見附錄二：不丹人口的種族組成，此為筆者的觀點。

雷龍之吼

避免地使種族衝突浮上檯面，除非政府能在每個步驟中皆採行寬待與圓融的方式。不丹政府，特別是第三任與第四任國王執政期間，出於善意而欲將尼裔族群「不丹化」，使之盡量感覺與國家更為親近。這很清楚地可以從早期國民議會提供南不丹宗喀語與佛教普及化的討論中看到，而且南不丹人在國家必要發起戰爭時，也有責任防禦該區域。出於國會的討論，以及其後陸續由南部地區所傳出的意見，南不丹代表明顯地欣然同意，甚至樂於學習國語，並且至少願意於官方或禮儀場合上穿著國服。

然而，一九八〇年代晚期，實施人口普查與地籍調查時，一九八九年到一九九〇年期間引發南不丹騷動。這些政策使該族群民眾心中升起恐懼與疑慮，他們認為這些措施的目的在於將之驅逐出境，並且剝奪其物業財產，以解決他們原始居住地的問題。少部分族群，包括混入不丹公民名冊或非法居留者，使騷動的情勢更為緊張。不丹化政策並非真正問題所在，雖然那時一些地方官員執行政策的方式，很明顯地有缺失。事後來看，不丹化政策開啟族群統一與親近，且順利推展多年。但一九八九年到一九九〇年期間，隸屬內政部的相關地方行政機構採取粗劣的執行方式，消解政府原有的政策規劃，造成南部族群的忿恨不平。族群政策本來就只能透過謹慎縝密的落實而妥善達成，並非數個月或數年間就可以完成，也許需要歷經幾十年才能實現。

人口普查執行所確認的南不丹人口中，在當局的判定下有些人不具不丹公民資格。許多人因此遭當局驅離不丹，他們後來加入異議性活動，甚至組織暴力行動。有爭議的人士大多出自聯合國難民署所管轄的駐尼泊爾難民營組織，議題因而轉為國際化，在世界上大肆宣傳。許多國家，特別是非政府組織，例如國際特赦人權組織以及西方各國議會，紛紛批判不丹罔顧人權。不丹政府指出，難民營中的難民並非完全來自不丹，許多他國人民受到免費食物與少量日用品而吸引前去。不丹認為這些異議份子，特別是領導者，故意唆使南不丹民眾前往難民營，以對抗國王曾懇請民眾不要離開國家的聲明。異議份子的目標是在難民營中

累積足夠龐大的難民數量，大約十萬人左右，以爭取國際社會的關注。據稱來自不丹本地的人數不足時，他們就吸收印度的尼泊爾人甚至尼泊爾當地人。不丹、尼泊爾以及聯合國難民署之間對於難民身分產生爭論。為了解決問題，不丹與尼泊爾進行了長達十年的雙邊會談，聯合清查行動於二〇〇一年展開。不丹與尼泊爾同意，難民營中可能有四大類組成份子，亦即，自稱遭強行驅逐的不丹人、自願放棄不丹國籍而離開國家的不丹人、非不丹人、以及最後一類，罪犯以及對國家不滿者。這項清查行動純屬雙邊進程，拒絕第三方調解。

不幸的是，由於不丹清查小組於二〇〇三年十二月廿二日，在尼泊爾東部的難民營遭受攻擊，這項聯合清查行動於是陷入停頓。一切就此中斷，對於難民營中的難民身分確認，除了建議將之安頓於美國或其他西方國家之外，無人打破僵局。國際輿論持續施壓，二〇〇六年八月於廷布，最後一波訪問者，由布萊恩・貝爾德（Brian Baird）先生率領的美國國會代表團終於找出解決之道 [143]。各方只希望能解決問題並考量到相關各方利益，同時確保不丹的和平與穩定不容妥協。此問題終於在二〇〇九年到二〇一〇年期間以務實的方式處理，美國、加拿大與其他西方國家基於人道理由，同意在其國境內，設置難民營接納這些難民前往定居。直至二〇一二年為止，總理吉美・渥色・廷禮仍持續處理這個拖延已久的問題，試圖找出可接受的解決之道。

強化種族融合之政策

不丹王國的種族組成，多年來由尼泊爾移民輔以印度人與藏人而共同形成，從未發生不丹人無法接受的狀況。

不丹族群融合的一個主要面向就是鼓勵通婚，這不只針對尼裔不丹

---

143. 不丹時報 2006 年 9 月 2 日報導：http://kuenselonline.com/modules.php?name=News&file=article&sid=7398

雷龍之吼

公民實施。在印度與其他周邊國家中，通婚令人難以接受，甚至阻撓居多，透過一九八〇年代的通薩事件足可表露無遺。在一位不丹女孩嫁給印度人士的個案中，通薩宗達也許出於情緒反應而破壞這樁婚姻。他指出，這類婚姻只容許發生於不丹的尼泊爾社群。在此我必須聲明，不丹法律上並不存在與外國人結婚的限制。不丹人可以與任何人士自由嫁娶，但涉及外國人時，外籍配偶及子女的權利，將根據不丹現行法律而嚴格受限 ── 但是若未來不丹更加意識到國際上基於人道考量，而採行可接受的作法時，可能將有所改變。

第三任世襲國王吉美・多杰・旺楚克統治時，為鼓勵其他族群與尼裔民眾通婚，政府提供一萬元努幣或印度盧比的獎金。國王吉美・辛格・旺楚克國王續將獎勵金額提高兩倍。同時，通婚夫妻可優先取得政府分發給無土地者或墾殖計畫補助的配額，並且也能優先取得商業執照。從政府的紀錄中得知，一九九〇年以前，許多通婚夫妻得益於這些政策。儘管之後不再實施獎勵方案，但南北通婚依舊持續，並如預期般加速融合以創造更大程度的統一與穩定。

至少在一九九〇年代之前，種族融合政策似乎仍是明確且理所當然的施政，該政策有助於促進王國內部和諧。另一個選項則是歧視政策 ── 這已是世界上許多地區涉及兩個種族或宗教時的情況。第三任國王治理期間，南非的種族隔離政策成為激烈辯論的國際議題，在世界各地，特別是在聯合國之中受到譴責。不丹領導人強烈意識到，世界其他地區的種族與宗教緊張局勢，將帶來社會與經濟混亂、死亡與破壞 ── 這是任何社會皆亟欲避免的情況，除非是性格扭曲的政治領導人，像南非種族隔離這般，只為了主流族群的優勢，而允許事情朝向另一個特定方向發展。不丹的政體始於包容而非排斥。民族融合的發展方向亦有利於不丹北部的情勢：不丹在政治以及物理環境上，為截斷與中國西藏地區的接觸，試圖降低來自北方鄰國的任何種族與文化影響。但不丹微不足量的五十萬人口，終究無法抵禦南亞國家的政治、社會、經濟、文化以及人口壓力。

　　同時應考量到，英屬印度在地理環境與政治上早已滲透至不丹深腹，並因而奠定不丹與南方鄰國交往的基礎。這個情況始於不丹簡陋軍隊與殖民英國對峙後的潰敗，南部肥沃的土地與台拉河梯田遭到侵佔，最後轉變為茶園的鑄錢機。面臨英國殖民主義，不丹在軍事上是弱勢的一方。為避免領土進一步喪失於強勢政權與軍事者手中，南部地區唯一的因應方式就是盡可能在外交上與其周旋，被迫接受英國霸權，並且盡可能降低領土喪失[144]。有效處理事務的方式就在於保住當地的不丹領土。如前所述，因為北部地區的人口數量不足，北部居民甚至不適合居住在這些炎熱的瘧疾地區，不丹只得求助尼泊爾移民——明顯地，當地原有印度移民不列入考量，因為他們將成為英國屬民。

　　即使到了一九四七年八月十五日印度獨立之後，不丹政府可能擔心損害到自身主權，並可能不公義地納入印度土邦之中。然而，第二任世襲國王吉美‧旺楚克（統治期間：一九二六～一九五二）的官員，在拉賈索南‧透給‧多杰的帶領下極富智慧地處理問題。南不丹的尼泊爾屬民以及大吉嶺與噶倫堡地區的尼泊爾族群，一向都支持不丹主權，並且願意生活於獨立的政體之中。不丹與英國以及獨立印度的關係，廣為該地區的尼泊爾居民所熟知。更因為拉賈索南‧透給‧多杰的父親噶箕烏金‧多杰，曾在不丹、錫金、印度、西藏等多國的交涉事務中，扮演政治外交官的角色，並從十九世紀以來，就將宅邸建於噶倫堡，此處位於印度鄰近不丹的尼泊爾山林避暑勝地。有些南不丹的尼裔移民選擇居住於此，可能也是基於對尼泊爾社群產生共鳴的情感，以及與噶倫堡多杰家族的緊密往來。

　　如果多杰家族的族長們能留下管理南不丹地區的記錄及其整體印象，那將會是最有趣的素材。可惜當時喜瑪拉雅地區保存歷史記載，並非常態性的作法，不像西方或其他社會那般常見。直到廿世紀中葉之前，不丹有關施政紀錄的保存與書面資料幾乎都不存在，甚至印度也

---

144. 這些都是歷史記載的事件，在許多歷史書籍中都已處理過。此處不再進一步詳述細節，留待有興趣的讀者另行查閱相關資料。

雷龍之吼

是如此。由於缺乏書面記載，我仍必須重申個人的觀察是，至少直到一九九〇年代爆發南不丹問題為止，尼泊爾人幾乎無所不在，人們總覺得對他們有種親切感，他們亦支持著不丹人，有助於避開印度、中國或西藏的統治。一些曾住過噶倫堡、大吉嶺與加德滿都的北不丹人，與當地居民通婚，或者，流放到當地的不丹人，都感到不丹人容易為尼泊爾人或廓爾喀人所接納。另一方面，住在這些地區的不丹人也發現自己很容易適應尼泊爾社會，而不像在其他印度次大陸社區那般的不自在。

用意良善之政策招致不合理的批判

南不丹的異議領袖以及部分尼泊爾媒體透過文字與實際行動，強調並保持一貫的種族差異論調，喋喋不休地批判「種族淨化」政策。為滿足其政治目的，而罔顧久遠的真摯情誼與共通性。

我聽說在奇朗宗（Chirang 或稱 Tsirang）舉行的示威抗議活動中，示威領導者行經當地官員達紹羅克・巴哈杜爾・固隆（Lok Bahadur Gurung）面前時，他們拒絕稱呼其不丹的「達紹」（Dasho）頭銜。示威者寧願採用英國殖民時期所使用的「閣下」來稱呼他。他們隨後要求他將不丹幗服改為長褲襯衫，並戴上尼泊爾的「托比」（topi，尼泊爾式小圓帽）。抗議者於示威活動中傳閱異議性文宣，之後亦激進地提出種族性論調。總之，無視於國王對國內兩個種族間的統一所作出的努力。國王統治期間超過廿年、加上早先第三任國王所推動的一切努力，似乎忽然間都輕易地消失了。

我無意對於曾與我共事過的任何官員，作出任何個人攻擊或批評。但基於部分異議份子以及對不丹當前局勢有興趣的撰者，在媒體上提出的誤導性訊息，我認為至少應該試著從自己的觀點澄清真相，以免人們的觀點因受到蒙蔽或疏忽而引發爭議，而且也避免隨著時間推移，而將錯誤印象甚至是謊言誤認為事實。

南不丹的異議領袖批判第四任不丹國王，將尼裔民眾同化為國家其他地區人民的政策與規劃。就我所見，這個批判很大程度上並不具有事實根據。事後也證實，此論調實際上違背南不丹尼裔族群的利益，特別是受到其政治宣傳而搖擺不定的民眾。泰克‧納特‧瑞薩爾（Tek Nath Rizal）的確具有個人野心，這些事例已遭揭露拆穿。他要求國王任命南不丹的內閣閣員，而他亦為可能人選之一。國王陛下告訴他，我就是南不丹地區的閣員時，瑞薩爾表示我並非真正的南部代表。他也要求取得廷布的大量資產，亦即不丹石油經銷加油站對面的政府廠房，但國王沒有權力私相授受政府資產。這個拒絕可能也是引發瑞薩爾轉而反對國王的因素。

我本身並不想繼承父親在南不丹的領導位置。我之所以加入不丹王室政府的職務，只是為了盡可能利益國家，基本上聽候國王差遣，以維繫家族傳統。如果我真有意願，自有手段與家族背景，得以規劃周詳地建立自己在南不丹的政治基礎。許多人在我的生命與職業生涯不同階段中，都曾慫恿我在南不丹占有一席之地，其中一位強力支持者，就是曾擔任皇家諮詢委員的達紹希夫‧拉吉‧固隆（Shiv Raj Gurung）。我個人的內心、信仰與思想，總是將全體國民利益置於第一順位。我全面採行任何行動或決定之時，從未考慮到種族、宗教或團體等因素。我的政治信仰就是必須堅定地維繫不丹主權，並盡可能完整地保有文化與宗教傳統，使不丹能在區域內、亞洲以及世界其他地區中，保有鮮明的國際認同，並且形塑不丹成為主權國家。我的家族與我本人內心都是君主主義者，在這樣的背景下，我信賴並支持國王的政策。我的良知與信念，都將阻擋自己追隨其他涉及不丹的行動路線。儘管此為事實：前任國會議員兼異議性通訊記者哈里‧阿蒂喀里（Hari Adhikari）寫到，政府與南不丹之間緊張情勢的結果，從地位、利益、權力以及財產等各方面來說，所有南不丹人之中的最大輸家就是倫波翁姆‧普拉罕。

我意識到，國王陛下認為南部與北部人民之間，存在著心理與情感融合的實際需求。他植下政策的種子、提供行動指導方針，並於

雷龍之吼

一九七八年在格列普的國慶慶典上正式宣布。在這場國家的歷史性演說中，他說道，南部民眾並不屬於印度或尼泊爾，而是屬於不丹子民－國王使用「帕登竹巴」（Palden Drukpa）一詞，亦即「榮耀不丹」——這個傳統的國號是由國家創建者，夏尊昂旺·南嘉所賜予。國王公開宣布種族融合政策，對於建立南北民眾之間的互信大有幫助，沒有什麼比融合政策更為有效。國王的言論比任何法律條文或制度更加受到重視。

　　格列普演說之後，國王試圖為此心理與情感融合的構想提出具體策略。他首先以宗教作為達成目標的可能方式。他說道，佛教徒與印度教徒只是同一棵樹的兩個分支，根源都是相同的。他也強調，比起一個完全不相信宗教的人而言，宗教，或說任何宗教，都在使人向善、使之成為更好的公民。國王不只參訪不丹境內印度教的廟宇，還前往印度加爾各答附近的迦利（Kali）女神神廟，以及尼泊爾的佛寺。事實上，迦利女神在不丹稱為佩登·拉姆（Penden Lhamo，譯按：即「吉祥天女」），被視為不丹的護法神。國王陛下供養幾座南部的印度教寺廟整修，並捐獻印度教男女神祇的神像。普納卡宗一座曾由夏尊昂旺·南嘉使用過的秘密濕婆神廟被重新發現，這賦予國王積極提倡的正面徵兆。他積極地將洛桑人（Ihotshampa）融入國家之中，國王宣布將提供經費，在格列普建造一座大型印度寺廟，應該由南不丹民眾為這項建造工程確認地點，並制定計畫。

　　國王首度在不丹歷史上，將尼泊爾人的重大慶典 —— 達善節或杜瑟拉節 —— 訂為國定假日。最初幾年，他定期召見南不丹官員，與他們一同慶祝節日。作為南不丹最高層官員，我接獲指示全權規劃慶祝活動，並且帶領洛桑人前往廷布桑天林（Samtenling）王宮。國王還下令，布薩（puja）[145]與慶祝活動的費用將由國家支出。王后、王儲以及其他王室成員也於慶典期間出席參加，亦包括軍方與警界在內的隨行官員。

　　然而，一九九〇年的南部暴動，破壞了國王參加這些慶祝活動的興

---

145. 布薩（puja）：印度教或佛教的宗教儀式或法會。——譯註

致。其後的一兩年，代表國王出席慶典的責任就落到王儲身上，但這也不太可能年復一年的持續，因為王儲得前往國外學校就讀。達善節現在依然是不丹的國定假日，但不再由王室家族以盛大的方式慶祝。在首都廷布，慶祝活動低調進行，僅有少數政府閣員參與。

透過一九八五年成立的文化事務特別委員會，在秘書達紹仁欽‧多杰（Rinzin Dorji）的協助下，國王曾投注極大熱忱詳細研究，強調印度教與佛教之間的相似性。仁欽‧多杰表現傑出，從一九八七年一直到大約一九九五年逝世期間，為國王對於所有南北文化與宗教實務方面的重要顧問。在某種意義上，他具有實際的獨特地位，他精通不丹、西藏、印度與尼泊爾的宗教與文化。他的妻子來自於盛行尼泊爾文化的噶倫堡，其原生家庭慣用尼泊爾語。仁欽‧多杰對於英語、宗喀語、印度語以及尼泊爾語，具有口語、閱讀以及書寫等能力，同時亦相當精熟不丹宗教與哲學。他將兩種文化的男女神祇，依照相似性製成表格，以供國王與南不丹人開會時發表闡述。不丹的宗教稱號溯源自印度教的男女神祇。梵天（Brahma）等同於大自在天（Lha-chhen Wangchuk/ 拉千旺丘），因陀羅（Indra）為迦金（Ja-dzin），象鼻財神迦尼許（Ganesh）是確達朗（Chhoda Lham），迦利女神（Kali）是吉祥天母，諸如此類。從一九八五年幾乎直到一九八九年，國王對南不丹人演說所使用的這份資料，強調兩種宗教的基本統一性，有助於創造族群情感紐帶。然而，雖然國王的觀點在公開場合中並未受到質疑，但很遺憾地，北部與南部仍有不贊同的批判。不丹著名學者，已故的洛彭納杜（Nado）告訴我，這兩種宗教根本上是不同的。擁有婆羅門種姓的瑞薩爾也批評一些喇嘛教的作法。但重要的事情在於強調相似性，以便為兩種殊異的族群與文化帶來國家與政治上的情感聯繫。這並非學術研究。明顯地這兩種宗教確有不同，而這也正是其各自有所區隔之處。國王所主張的論點根本上是正確的。佛教是印度教的變形──畢竟佛陀屬於印度的皇室家族，其主張亦引用於印度教與修行之中──祂放棄原先信仰，或將其改造而形成新宗教，如同瑪哈維亞（Mahavira）亦創立了另一個印度宗教耆那教

雷龍之吼

一般。

多位支持國家立場的官員，所扮演的角色值得高度讚揚。他們之中最優秀者就是達紹蘭姆‧班覺，擔任計畫部副部長，那時為國王最信任的顧問之一。遺憾的是，一九八六年他於楚卡附近，喪生於一場車禍[146]。國王陛下為他追思：「（對國家而言）這是一個非常重大的損失。」事實確實如此，我傾向於相信，倘若他還在世並且繼續在政府中發揮其影響力，對於防範南不丹族群問題可能會有所貢獻。

在此期間，國王投入相當多的時間與精力在族群融合與統一方面，我擔任陛下的翻譯，特別是在達紹納杜‧仁謙（Nado Rinchhen）不在場的時候。達紹的尼泊爾文當然比我優異，當他在加德滿都大學學習時，我還相當初階。國王有時在會議中滔滔不絕地講上四、五個小時，甚至在南不丹的夏日酷暑中，待在沒有空調設備的建築物裡，國王指示將電風扇關掉，因為它們製造了太多噪音。更糟的是，我們全都穿著全套的幗服，披戴著「嘎涅」（kabni），也就是由生絲製成的正式披巾。然而這些會議是這般地強有力並充滿激情，國王如此地熱情，每一個人都認為值得投入，雖然得忍受這些不舒適。

由於每個北不丹的族群都有特殊的詞語指稱，例如不丹東部人是夏丘人（Sharchhogpa）、不丹西部人是昂洛人（Ngalong），不丹中部則是布姆塘人（Bumthangpa）與康人（Khengpa），國王認為需要提供尼裔族群的不丹認同。他勸阻其他人使用尼泊爾人（Nepali 或 Nepalese）以及迦卡（jagar，印度人）等詞語，這些都是其他不丹人提到不丹尼裔民眾時，所經常帶有的貶意字眼。使用這些用詞的人，甚至一度遭到罰鍰處分。與當地不同學者磋商之後，國王採用洛桑巴（Lhoshampa）這個字，意指南方邊境地區的住民。這個新詞的確流行起來，似乎南不丹人渴望有一個指稱自己的符號，這賦予他們渴望已久、並且在潛意識中

---

146. 筆者當時正以楚卡水利發電公司董事長的身分視察建築工地，聞訊趕到達紹蘭姆‧班覺車禍後送往的醫療中心探視。因該中心設備簡陋，筆者立刻嘗試從廷布召來醫療救護，但在救援小組抵達之前，達紹蘭姆‧班覺即已逝世。筆者隨後將其遺體帶回他位於廷布的宅邸轉交家人處理後事。

所需求的不丹認同。

國王接下來忙於推動洛桑人穿著明確可區辨的國服。當時南不丹人穿著與印度阿薩姆邦以及孟加拉邦相類似的褲子與襯衫，雖然他們更傳統的穿著其實是尼泊爾的朵拉·蘇如瓦。國王陛下告訴民眾，他們的服飾使之在情感上與印度人及外來的尼泊爾人較為親近，而非親近於國內的男女同胞。他澄清自己並不想強制規定以不丹北部人或竹巴的幗（gho）與旗拉（kira）等男女服飾作為國服。他知道南部炎熱與潮濕的氣候條件，至少在夏季期間，並不適合穿著北部服飾。陛下還提到，南部人所選擇的服飾，不一定非得是不丹的幗與旗拉，但應該與印度和尼泊爾的服飾有所區隔。然而，沒有人對南部的國服有特別想法。南不丹代表在經過反覆徵詢之後，認為還是幗與旗拉最合適，特別是從國家整體形象的觀點出發。

國王對於在南部推動以幗與旗拉作為國服極為慎重。他想確定洛桑民眾完全同意，這是他們真正想要的服飾。因此他親自前往南部，與各家的戶長開會，直接獲得他們的同意。每個人都明確同意這個想法。

一旦國王認為，國服議題已經充分徵詢過南不丹民眾的意見後，他就督促行政部門開始執行，提供順應於南部氣候與不同收入水準都能負擔的合適布料。

洛桑人也不像北部人那般，有獨特風格的建築作為住所。大部分的房屋都只是簡單的泥土牆，以竹子或木材支撐，上面覆蓋茅草屋頂。大部分的居民沒有適當的水管設施，更甭提現代化衛浴設備。雖然北部的許多房屋也是如此，但兩者不同之處在於，北部的房子看起來較為持久，許多南部的房子則給人一種暫時安置的印象。出於洛桑人的利益，有必要克服這樣的觀感。有些較好的房子使用木料，甚至利用混凝土與磚塊，包括波浪鋼板的屋頂，但仍然沒有任何明確的建築特色。相反地，北不丹建築外觀獨特，並且已經發展逾數個世紀以上。這些建築元素並不需要過度提高建築成本與勞力，卻能使房屋具有獨特的不丹特色並美化環境，亦同樣需要引進南部。由於南不丹缺乏建築風格，而且大

多數民眾的現行房屋只是臨時形式，洛桑人相當樂於採用能為住宅提供不丹特色的元素，並且建造出更佳、更現代化的房子。這項計畫已在南部推廣成功。

接下來是語言 —— 短期內學習新語言是最困難的項目。國家議會中的洛桑地區議員支持學習國語宗喀語計畫，然而他們更實際地意識到，透過國家教育體系，洛桑人約需一個世代才足以熟練地使用宗喀語[147]。有一些年長的南不丹官員的確盡全力學習國語，並未對於融入國家而感到不安。然而許多人，由於個人能力、家庭、或其他影響因素的阻撓，而終究無法做到。瑞薩爾與畢姆‧蘇巴（Bhim Subba）向我描述，他們已經認真嘗試學習宗喀語，但都沒什麼成效。冉‧巴哈杜爾‧巴斯奈特（Ran Bahadur Basnet）則不斷嘗試以宗喀語使用單詞與句子，他似乎相當成功。但當這些野心勃勃的官員，無法藉由融合與同化的道路取得政治優勢時，他們似乎試圖改由利用種族差異來獲得政治影響力。

教育部採行額外政策，取消南不丹學校中的尼泊爾語言課程。如同在任何國家或社會中所採取的這種刻意性作法，此舉明顯引發政治與種族論調，同時也使不丹易於遭受異議份子與外界人權組織的攻訐。教育部官員解釋，政府欲加強宗喀語與英語之教學。尼泊爾文將列入額外科目，而且相較於國內其他地區的學生而言，尼泊爾語言課程也會增加洛桑學生在校內的學習負擔。而後又強調，政府不可能只推動某種方言，而忽略其他諸如夏丘語、布姆塘語、康語以及布洛克語等。尼泊爾語在此被歸類為方言。教育部的解釋未能使所有的洛桑人以及外界批評者信服。

在語言方面，國王提出建議，以舒緩不滿於教育部洛桑語政策所引發的民怨。他說政府應該支持既有的傳統梵文學校（Sanskrit Pathshalas），並在校內推動尼泊爾文。然而國王的建議很大程度上受到忽略。

---

147. 事實上這個情況，對於其他非宗喀語族，如不丹的布姆塘人、夏丘人、布洛克人（Brokpa）與康人而言，情況可能也確實相同。

國王吉美・辛格・旺楚克於印度大吉嶺北角（North Point）接受西式教育，然後到英國求學，其後又於帕羅，由英國教育家斯杜華特・費比（Stewart Philby）管理、特別為國王量身打造的烏金旺楚克學院（Ugyen Wangchuck Academy）中學習。在他的年輕歲月中，他玩拳擊、打籃球、踢足球，並且熱衷於美國拳擊賽與籃球賽事錄影帶。有好幾年的時間，他還熱衷於玩橋牌。我很幸運地在多次場合中，與其他同事出現在皇家橋牌賽的牌桌上。在這些場合之中，國王保有不丹風格，同時又非常精熟於英文與西方文化。然而他成年後採行更為傳統的作法，從一九七二年到一九九二年，透過他個人與一貫發揚的不丹傳統服飾、宗教、語言、文化與建築而表現出來。國王有時會說，他受不丹創建者夏尊昂旺・南嘉的影響，甚至遠大於自己的父執先祖。他牢記著夏尊所引用的策略，後者將十七世紀前半葉新建立的不丹，與其原籍地西藏之間刻意作出區分。夏尊此舉，有助於使不丹人在心理上與情感上感到有別於藏人，並因而從西藏獨立。這是脫離與之敵對的西藏統治者，以建立獨立國家，並且捍衛主權獨立的關鍵性差異。

國王的天性中具備著人道公義與平等意識，包括不輕視不丹人民。雖然許多人將此歸因於政治驅力所然，但在我的信念中，國王起心動念皆出自對於是非對錯、宗教與道德理由的根深蒂固信仰。他向官員強調必須要從事「正確的事情」。這樣的信念高度表現於為了引進議會民主制度，而提倡並支持不丹憲法——其必然的結果，意味著放棄或犧牲君主自身的絕對權力，而這樣的要求甚至並非來自於人民。這在人類史的任何統治者之中，都可說是一項獨特創舉，因為君王總是傾向於獲得越來越多的個人權勢，並盡可能少地交出權力。

我個人可以對此擔保，二〇〇三年六月，我覲見國王以獲得他准許我前往聯合國工作時，國王曾就此事作出許多評論。隨後又於二〇〇六年八月，我再次有機會聆聽他對近期發展的明確觀點。他說，除了駁回制憲起草委員會所提交的憲法草案初稿之外別無選擇，因為這些草案是為了取悅他，為保障君權而制定，並未符合真正的民主政治。他曾明確

告知制憲起草小組，堅持憲法應著眼於人民與國家長遠利益 —— 而不應該只是為了取悅國王。

從觀見國王後所得知的訊息，證明陛下雖然秉持著傳統價值，但仍希望不丹人民享有民主制度。他也在國內推動宗教革新，不丹僧團應當感謝他所發起的改革，否則僧團制度的腐化早在一九七〇年代早期就已經開始。年輕僧侶的戒律與道德低落，行政管理缺乏資源以延續其傳統運作方式。國王與杰‧堪布密切磋商，由內政部解決所有的問題。如今，僧團是一個充滿活力、具有意義、受人尊敬並且精力充沛的國家機構，感恩國王吉美‧辛格‧旺楚克為此所做的非凡努力。

我同時可以擔保，對於南不丹的情況，國王本意良善，甚至富含慈悲與遠見。尤其是受到誤導的南部人，因不滿情緒而引發暴動時，國王的態度顯而易見。國王意識到，有些改革若能由君主代而主動提出，將有益於尼裔族群，他們將不會受到其他族群的排斥。國王的慈悲從這點就可以觀察到。很明顯地，國王認為他越能在情感上、實質上與其他方面貼近國內各族群，他們彼此之間就更能融入國家。聲稱這些政策只不過強加於他們身上的人們可能會感到驚訝，但據我所知，國王從未採取任何決定，而未廣泛徵詢過南不丹戶長。畢姆‧蘇巴，據信現於加拿大工作、定居，那時是電力部門的負責人，曾出席達迦納（Dagana）以及其他各地所舉辦的協調會議，隨同的還有瓦克列（K.B. Wakhley）等多位南不丹人士，他們充分清楚國王的用意。

可能永遠存在著一個疑問，那就是國王為何要在當今這個時代，將獨特的不丹國服引進尼裔的南不丹族群。畢竟也許會有人說，現今幾乎每個人都穿著西服。一般來說國家並不強制穿著所謂的「民俗」服飾，或非西裝款式（西服現在等同於國際正式服裝）的國服，而且即使必要，國服也僅限於國家公開場合與政界穿著。

如同早先描述，國王陛下無意強制規定國服款式，他希望就此事達成共識。他說過由南不丹人自行決定採用幗與旗拉或者其他服飾，只要具備獨特性，主要用於國家慶典與官方場合。這將使南不丹人成為不丹

整體家族的一部分，而與鄰近的尼泊爾族群區隔開來。畢竟，不丹是一個活生生的文化，仍尚未完全西化，不丹人很大程度上可透過語言及當時大力推廣的國服延續自我認同。如同早先指出，國王一再探尋南不丹家戶領袖的同意，並且讓他們挑選任何有助於區隔尼裔不丹人與印度和尼泊爾族群的選項。陛下似乎也感覺到，南部公民穿著幗與旗拉，可以使他們感受到民族融合與國家主義，而非身為局外人或外國人。我所遇到的家戶代表也都同意採納幗與旗拉作為南不丹國服。

同樣地，面臨國語的使用時，並非如同某些人所暗示的一夕之間就得強制就範，或者如同一九九〇年下半年間突然強制施行那般。人們只需要簡單地透過國會決議案，看看幾十年來對此事的討論即可了解。隨著南不丹代表的全面背書，推動宗喀語作為國語的國會同意案已經存在數十年之久。而宗喀語使用的過程，實際上早在國王吉美・辛格・旺楚克於一九七二年即位之前很久，就逐漸形成，此過程亦為逐步漸進。況且不丹還有鄰國印度引進印度文，以及尼泊爾引進尼泊爾文等例證。畢竟，沒有人能夠在非常短的時間內，突然學會一種新語言，尤其是一種對非母語人士而言發音困難的語言。事實上，當南不丹國會議員要求能在南部廣泛教授宗喀語的師資員額時，教育部代表承認，雖然官方的書面施政規劃在南部教授宗喀文，但甚至連學校裡都沒有足夠的宗喀語師資。非母語者的宗喀語教材也始終供不應求。不丹宗喀語教學的獨特困境，還是在於以宗喀語為母語的西不丹昂洛人，亦即大部分的哈阿（Haa）、帕羅、廷布、普納卡以及旺地頗章等地居民，人口數量不足。大部分的宗喀語教師（Lopon，洛彭）來自於東不丹的布姆塘人或夏丘人。這甚至引發宗喀語帶有夏丘語腔調的批判。總而言之，快速傳授國語的教材教法付之闕如，事實上仍在發展之中。

面對語言的使用，不丹處於兩難狀態。一九五〇年代之前，古典確紀文（Chhoskye）盛行於僧團與政府內部。致函藏人、錫金人、尼泊爾人以及英國人的書信，都採用這種古典語文。我曾看過不丹官方發給尼泊爾的這類信函副本，當時是一九八五年我以不丹大使身分前往加德滿

都，向國王畢蘭德拉（Birendra Bir Bikram Shah Dev）遞交國書時，尼英友好協會（Nepal-Bhutan Friendship Association）向我展示此信函。我將文件複本轉交廷布國家圖書館收藏，作為陳列與紀錄保存之用。該書寫文體為古典語文與口語的混合體，據我所知，這並未符合公函的正規標準。

一九四〇年代與一九五〇年代，於布姆塘、廷布與其他地區紛紛開設印度語教學的學校。那段期間在不丹學印度語的人當中，有許多人士雖然從未去過印度，卻能以極佳語法使用印度語。前不丹秘書長暨國會發言人嘎卓聽列的印度語就廣受好評。與印度官員會晤時，他常常擔任國王口譯，若說他的印度語能力更勝於一些印度「棕色薩哈布」（Brown Sahib，譯按：指西化的印度上層智識份子）、印度南部、或者孟加拉與阿薩姆等地印度官員，也不致令人感到驚訝。當不丹學生送往印度奈尼陶（Nainital）的畢爾拉・費迪雅・芒迪爾學校（Birla Vidya Mandir School）就讀時，不丹政府甚至進一步打算在不丹推動印度語。前往該校而說得一口流利印度語的不丹人當中，包括已故達紹蘭姆・班覺、達紹潘・澤仁（上校）（Pem Tshering）、達紹巴帕・耶樹（Bap Yeshey）等人。

印度語很快就被英語取代，不丹人改由前往印度大吉嶺、噶倫堡、庫爾塞、慕蘇里以及其他英語學校就讀。一九五〇年代到一九七〇年代，印度政府提供大筆獎學金，使得大部分的不丹學生都能負擔前往印度公立學校 —— 大部分由基督教傳教士經營 —— 就讀。在這些學校受教育的不丹人很快地回到國內，並占有政府職缺。他們駕輕就熟地以英語溝通。英文自然而然在政府部門中占有優勢，只除了大多基於官方理由，而必須採用古典不丹語的官員以外。例如，皇家秘書處的通信必須採用不丹文，因為國王以英文發佈命令並不妥當。如有需要，總是得提供翻譯人員。國會與最高法院的決議內容仍維持以不丹文書寫，雖然為此總是不斷有民眾因無法輕易了解內容而抱怨。古典不丹文則僅於僧團之中實際使用。

　　而後，如同其他許多國家的趨勢，國族主義的精神也開始接管不丹，國會希望政府推動國語。這顯然並非易事。在教學方面僅有極少量的適當教材，書本也未能充分與口語同步化。宗喀語本身使用於國家的西部地區，但也存在著各地口音，有時差異極大，上從哈阿地區，下至旺地頗章谷地。不過國內普遍上仍以宗喀語作為國語，因為從第一世夏尊時代以來，政界與僧團皆使用該種語言。其他廣泛使用於不丹的語言，則尚有夏丘語、布姆塘語、康語、尼泊爾語以及其他語言。

　　推廣使用宗喀語的另一個困境在於，不丹學校中已經使用英文作為教學語言。不同科目之間，尤其是科學和數學必須以英語教學，因為缺乏以不丹語教學的師資與教材，教學資源尚待開發之中。英文對於前往印度或國外追求高等教育而言，也是必不可少的技能。

　　宗喀語的困難度及其普遍使用性，可以由國會辯論中清楚認識到。討論到不丹學校中所使用的授課語言時，當時的教育部部長達紹（現為倫波）桑給·昂杜大膽地告訴國會，必須具備更寬闊的國際視野。使用宗喀語將會使不丹人無法走進國際社會，尤其是對於一個僅有微乎其微人口數量的小國而言。英文必須作為不丹與世界其他地區的溝通媒介，不丹人需要的是流利並精通這個國際語言。然而基於國家立場，必須在不丹學校內強制以宗喀語作為學習語言。辯論於妥協之中結束，但問題依舊存在[148]。

　　國王出於高度信任，而於統治期間採取若干困難但經深思熟慮過的步驟，拔擢政府部門中的南不丹官員，包括軍警，並且在某些情況下，似乎犧牲國內其他族群的利益。一九八〇年代，我與國王討論過程中，甚至更多是為了提出自己的論點，而非試圖勸諫地大膽提到，南不丹人要求的無非只是平等對待，而非特別優惠。例如，我說道，作為一位受過教育的官員，我希望晉升的原因並非族群因素，而是自己的資格與能力。同樣地，如果看到國王偏袒某個族群，那夏丘人又將怎麼想（至少

---

148. 亦可參考不丹時報，二〇〇八年一月九日廿三卷第三期。

在那時他們也有所不滿，因為在政府中亦未獲得顯著地位）。儘管我提出這些意見，但國王當時寬宏大量地堅持，將採取特殊方式拔擢南不丹人。他開始晉升任職於政府、軍方與警界中的南不丹人。在行政部門，羅克‧巴哈杜爾‧固隆、梅格拉杰‧固隆（Meghraj Gurung）、「哈里」索南‧透給（"Hari" Sonam Tobgye，曾任不丹皇家軍隊少校，現已更改為不丹名字）、剎帝利（D.K. Chhetri）、冉‧巴哈杜爾‧巴斯奈特、畢姆‧蘇巴以及其他許多人，都位居政府高位。達紹噶瓦（D.N. Katwal）為最資深的南不丹官員之一，他身居高職，多年來擔任廷布高等法院的法官。巴讓特‧塔芒（Bharat Tamang）任職電力部門，亦被視為重要人士，早先任職於公共工程部門的桑帕‧塔芒（Sangpa Tamang）同樣也是。這些工程師都是首屈一指的人士。

雖然榮獲陛下任命的一些南部官員，的確對政府作出令人欽佩的貢獻，但得遺憾地說，仍有部分官員無法勝任重責大任。對南部官員而言，處理北不丹的政治、社會與文化環境並不容易。例如，如果他們與外國專家或顧問一起工作，卻無法與北部省份的當地人士溝通，這不只使他們在外國人面前特別尷尬和難堪，而且也無力承辦手邊的業務。有時候外國人還比南不丹人更熟悉北不丹的語言、宗教與文化項目。我甚至曾無意中聽到一位聯合國顧問說，她希望改派另一位當地官員，因為目前這位是「南方人」，無法幫助她執行有關國家內政的參與計畫。

政策執行中失卻人心的官僚作風

即便中央政府具有施政美意，但仍需指出當地權力機構所犯的缺失，以便未來在行政管理上避免類似的重大失誤。

地方政府強制人民穿著國服，甚至包括老人、農忙者以及四處閒晃的民眾。有些人甚至聲稱警察闖進私宅，察看他們家居時是否身著幗與旗拉。一個例子是，民眾（因未著國服而）單腿罰站數個小時以示懲

戒。我無法證實這些指控是否屬實，但的確有肆無忌憚的宗達，採以嚴苛的方式強制民眾穿著國服。有傳言指出，他們毫不猶豫地使民眾難堪，或辱罵年事已大且受人尊敬的村中耆老。他們刻意羞辱民眾，毫不在乎人性尊嚴。我仍想弄清楚，為何宗達會採取這樣的苛刻手法，他們絕不敢在國家的其他地區如此行事。這也是造成南部各地嚴重不滿的原因，早先對於國服的渴望與接受，已成為洛桑民眾厭惡的話題。部分政府官員的執行態度，特別涉及到族群問題時，在世界任何地方都必須全面遏止並從嚴辦理。關於這點，我們應當留意紐約時報湯瑪斯·佛里曼的警語，他描述居住於歐洲或美國，或與這些國家有所接觸的阿拉伯穆斯林青年中，所產生的暴力與恐怖主義背景。

「屈辱是關鍵。我一貫採取的觀點就是，恐怖主義並非源自金錢匱乏。它是因尊嚴匱乏而產生。羞辱是國際關係與人際關係中最被低估的力量。人們與國家受到羞辱時，他們真的會大肆還擊，並且從事極端暴力。」[149]

引用同位作者的另一段敘述：

「給予年輕人環境，使他們將積極的想像力化為具體；給他們一個環境，使憤恨不平的人能在法庭上裁決，毋需用山羊賄賂法官；給予他們一個能追求創業理念的環境，使他們在自己的國家中，成為最富有、最具創造力或最受尊敬的人士，不論其出身背景為何；給予他們一個環境，得以將任何積怨與想法披露於報紙上；給予他們一個任何人都可以競選公職的環境──猜猜看會怎麼樣？他們通常並不想炸毀世界。他們渴望成為世界的一部分。」[150]

南不丹人願意接受不丹化的規劃，幾乎與我的意見完全一致，但他們期待政府能實事求是。如果當初政府機構實施不丹化的過程，能以更令人感到滿意且舒坦的方式進行，那麼洛桑人相當願意接受，因為他們

149. 湯瑪斯·佛里曼（Thomas L. Friedman），《世界是平的：廿一世紀簡史》，第一版，二〇〇五年：Farrar, Straus and Giroux，紐約。
150. 同上，頁 458-459。

雷龍之吼

關切自己的不丹認同。

其後又冒出一個計畫不周全的構想，打算在南部創設「綠化地帶」作為與印度之間的緩衝區，並建立兩國間的野生動物通道。任何行駛於邊境地區的不丹人或印度人都會產生這樣的荒謬想法，而由於人口、城鄉、農業、茶園，以及上述一切人道主義與政治問題，明顯導致這個計畫的提出。然而，即使在瑪納斯與菲布索之間設置一小段這種通道的經驗，都已經展現出任務的艱鉅，為了維持這樣的地區免於受到各種盜獵者侵入，以及激進份子進出其棲身地，皆需耗費人力與資源。一個人只要想像，若擴展到不丹全部邊境將會發生什麼樣的狀況。根據不丹環境委員會秘書處負責人的說法，這個想法應該是由印度環境部所提出，將沿著邊界建立一條一公里寬的造林區，而且也不是設在印度境內，而是在不丹領土範圍內設立。另一個最容易受提案人所忽略的問題，就是當地民眾認為這是該地區中最適於人居且是最佳農業用地，這意味著該地家戶與爐灶將連根拔起。即使政府以其他土地作為補償，但後者大部分都是不適於水稻種植、灌溉，且較貧瘠而難以耕作的山坡地。

當我聽到來自於南部皇家諮詢委員達紹琵爾蒂曼・噶列（Pirthiman Ghalay）所提出的這些問題時，即向國王稟告此事。陛下立刻要求我前往薩姆奇，調查民眾的實際反應。同時，達紹拉克帕・多杰（Lhakpa Dorji）身為宗達，他向廷布彙報，基本上並沒有「真正的」民眾抱怨，僅有少數滋事份子難以應付。調查期間，拉克帕向我重複此論調，我無法否認就某種程度上而言他所言屬實，的確有鬧事者存在。然而，我的想法是試著聆聽民眾真實的說法。我很快地確信，綠化地帶的實施將會造成當地民眾極大困境，而且可能是一個永遠無法完成的任務。即使能遏止當地的反對活動，執行過程中亦可能引發國際喧然。最重要的是，這項政策在經濟上確實對土地所有者不公平，實際上是剝奪他們的祖產與房舍，甚至不利於南不丹人的心理衝擊。我從南部返回廷布後，將此事稟告國王。陛下必定就這些觀點指示環境委員會，因為他們停止重申此事的重要性，綠化地帶的構想逐漸消失，轉由其他國家議題所取代。

　　所有的爭議都還在處理之中，不丹調查局卻匆促決定，在南部展開地籍測量，同時進行人口普查。接受普查的對象，必須出示自一九五八年首部公民法頒布以來，定居於不丹的書面證明。眾所周知，一九五八年之後的幾十年間，極大數量的尼裔民眾才開始陸續定居於不丹，——如同全世界合法或非法的移民一樣，他們透過通婚、基於經濟誘因、或者僅因為較佳的棲身之所遷徙而來。包括南北部的許多不丹人，也在美國及國外其他僑居地有類似的經驗與感受。

　　同樣地，一九五八年的不丹書面證明，僅僅是一小張幾十年前官員發給遷入村民的手抄紙，充當少量或根本毫無官方紀錄的房屋或租稅收據。人們從未想過要將這些收據保留妥當，以作為未來公民資格的證據，或用以指明某人抵達不丹的日期。如果那時核發正式身分證，事態也許會容易得多，但相當確定的是，那時不丹官員的能力亦極為有限。另一方面，對於絕大多數未受教育的族群而言，要在四分之一個世紀或更久之後，出示這些收據也有困難之處 —— 即使能以某種方式保存下來，紙上字跡的墨水也會消褪。村民中有很多人住在濕熱地區，由竹子、木材與泥土搭建而成的臨時房舍中，經常遭受蚊蟲襲擊並面臨自然災害，諸如水災、暴雨、土石流、地震與火災。紙片塞在竹子或木製縫隙等不同夾縫中，歷經數代保管於屋內，在這樣的情況下，紙張只有很小的倖存機會。甚至連歷史學家都聲稱，大部分不丹有價值的歷史紀錄現在已經無法使用，因為歷經時代變遷，受到氣候條件、昆蟲蛀咬、火燒與地震等破壞，文件甚且遺失或遭受內賊盜取 —— 連這類歷史檔案與書籍，保存於不丹中部乾冷氣候的官方環境，其為文物典藏的最佳條件，依然如此。據稱靠近普納卡的梭納喀薩（Sonagasa）就有這樣的保存地點。無論何人認為擁有這樣的紙張就是公民資格的證明，明顯是最不實際的想法。

　　來自南不丹邦塔爾（Bhangtar）的皇家諮詢委員達紹畢蒂亞帕蒂・邦達利（Bidyapati Bhandari），於一九九〇年於不丹內閣中提出這項議題。陛下指示，普查目的應當為了國家發展需求，不僅需要計算不丹居

住人口數量，並且也要查看紀錄保存的有效性與類型，以及評估需採行的額外與長久措施。陛下也指出，遺漏在普查紀錄之外的不丹國民，必須重行納入新建檔的紀錄中。人口普查並非將人民驅逐出國家，對不丹人或外國人皆是如此。陛下並不希望任何人遭強行驅逐。儘管有明確證據，證實有人非法入境，但應該提供法律援助，而不要強行驅離。陛下於內閣中提出這些意見，稍微緩和了南部族群的恐懼。

引發不合理的恐懼

洛桑族群的擔憂為何突然浮上檯面，原有的兄弟情誼、團結與共同的國族主義又為何由恐懼、爭執與對立所取代？

鄰國錫金的政治活動 —— 不適用於不丹

錫金的政治動盪，最後導致這個喜瑪拉雅政體於一九七五年遭到印度併吞。相類似的可能命運，敲響了不丹領導階層的警鐘。這樣的恐懼可能因為不夠了解局勢，或因別有用心人士誤導所致。真正的事實必須透過更縝密的觀察與分析才能得知。

事實上，錫金的民主運動並非由任何尼泊爾移民所推動，而是由錫金藏裔法王（Chogyal，確嘉）王室家族的噶箕倫杜・多杰・康薩爾帕（Lhendup Dorji Khangsarpa）與其比利時籍的妻子艾麗莎・瑪利亞（Elisa Maria）所主導。他們利用錫金國內對政府施政上的不滿，反抗錫金法王（國王）東杜・南嘉（Thondup Namgyal）殿下。倫杜・多杰支持民主以破壞王權，其意圖明顯出於私人恩怨。在倫杜・多杰的領導下，錫金成為印度聯邦的第廿二個邦。一九七四年七月四日，錫金政府憲法應運而生。一九七四年七月廿三日，經由選舉產生的錫金新政府宣誓就職，由國王以及倫杜・多杰所領導的錫金國大黨組成內閣理事會，該黨於一九七四年四月所舉行的大選中，得到卅二席中的卅一席，許多錫金人對此選舉結果有所爭論。錫金國民黨候選人噶桑・嘉措（Kalzang Gyatso），即另一位藏裔候選人，獲選僅存的一席席位。而後錫金國會選出倫杜・多杰為領袖，任命他為錫金的「首席部長」

雷龍之吼

（Chief Minister）。然而，錫金若是獨立國家，他的職稱應該是「總理」（Prime Minister）。採用印度邦聯政府的「首席部長」這個用語，進一步導致有幕後黑手的疑慮。當多杰的錫金國大黨黨代表參加印度國大黨年會，並決定將錫金國大黨合併到印度昌第加地區（Chandigarh）的印度國大黨支部時，幕後黑手終於現身。根據報導，合併後，錫金事務由該州州長拉爾先生（B.B. Lal）、倫杜·多杰與妻子等三人實際管理[151]。

應當牢記於心的是，錫金相對於印度的地位，並非完整的主權獨立國家，而是定義為英屬印度的「受保護國」，這意味國王只限於內政治理權。由印度政府任命指派的「德旺」（Dewan），則經常意指總理的地位。早先，英國殖民時期與剛移交印度獨立政府統治期間，行使德旺權力的政治官員，甚至干預國王治理自己的國家內政。

錫金國王似乎因為與美國紐約的荷蒲·庫克（Hope Cooke）結褵，並封她為嘉姆（Gyalmo, 即王后），而將國政搞得一團糟。印度總理英迪拉·甘地懷疑庫克是美國中情局探員[152]，而這的確損及國王與印度政府之間的關係。當時正值印度與蘇聯結盟之時，涉及冷戰時期的政治局勢。這意味著印度與美國之間的關係，摻雜著懷疑與敵對。美國人與外國人參訪喜瑪拉雅東部地區，如錫金、阿魯納恰爾邦或納迦蘭（Nagaland）、甚至不丹時，經常受到印度情報機構嚴密監控。許多人聽到的傳言是，荷蒲·庫克王后積極主張錫金應向印度爭取獨立與主權。給人的印象是，她並不完全了解印度對錫金的潛在政治份量。結果她毫不猶豫地牽扯具有影響力的美國人，包括印度政府所厭惡的美國對錫金事務參議員。據說這些狀況使英迪拉·甘地政府感到不安，印度方面與國王伉儷的關係惡化，促使印度當局支持當地醞釀的民主運動，並培養因個人因素而反抗國王的政客。據說這是印度併吞錫金的原因之

---

151. 參見 http://sikkimnews.blogspot.com/2007/06/sikkim-of-yesterday.html，錫金時報，2007年 6 月 9 日報導。

152. 參見 http://www.redif.com/news/2004/may/17spec4.html 以及 2005 年 8 月 10 日的專訪 http://www.saag.org/papers8/paper726.html。

—— [153]。

　　然而應當記住的是，任何對荷蒲‧庫克的判斷，係印度官員基於當時冷戰心態盛行下的結果。在她自己的著作中，荷蒲‧庫克只是一位單純而忠誠的妻子與母親，並未削弱王室家族的安全與福祉[154]。

　　補充前面提到的情況，與西藏接壤的錫金，自英屬印度時期起就被視為一個政治敏感的地區。印度政府，不論是英屬時期或獨立後，總是謹慎確保沒有外國勢力，特別是中國與美國以任何方式涉入該地區。正因為如此，印度政府堅持其他國家人民前往錫金、不丹以及其他喜瑪拉雅地區旅行時，需申請所謂的「內界許可證」（inner-line permits）。外國人參訪這些區域會遭遇許多刁難。內界許可證的申請，需至少於六週之前，先前往新德里的外交部辦理，在評估所有情況之後，將由印度政府同意是否發放許可證。因此，開放喜瑪拉雅地區觀光，以及因蘇聯解體而使印度與美國間轉趨友好，因而較為寬鬆之前，外國人若未備妥新德里方面的具體書面許可，無法進入這些喜瑪拉雅王國或其他限制區域。

　　因此可以據此得到結論，錫金的獨立與主權喪失，是印度政府對國王領導喪失信心的直接結果。而加劇失卻信心的原因，遑論對錯與否，在於印度懷疑荷蒲‧庫克為美國中情局幹員，負責破壞印度對錫金的掌控。

　　涉及國內政治時，錫金族群或說王室家族，在印度官員的協助下引進民主制度。錫金的尼泊爾族群之所以牽扯進來，只是因為他們具有投

153. 筆者曾短暫地見過荷蒲‧庫克女士——第一次是一九八〇年代早期，錫金國王逝世於史隆凱特琳醫療中心（Sloan Kettering Medical Center）之後，在紐約市的一家殯儀館與她見過面。在此之前國王遺體已運回印度。第二次是多年後，2007 年在紐約由法王董瑟仁波切聽列‧諾布（Dungsay Rimpoche Thinley Norbu）所主持的一場宗教儀式中再度見到她。她罹患癌症並正在療養之中，與她的繼女——嫁給美國人的錫金公主揚千——在一起。荷蒲‧庫克寫了一本書，有關於她的錫金回憶，我告訴她我會閱讀此書。這本書寫於她與國王離異之後，表明她相當清楚與印度保持良好關係的必要性，除非出版此書是後期才想到的事情。

154. 參見荷蒲‧庫克，「時光消逝：荷蒲‧庫克自傳」（*Time Change: an autobiography*），紐約，1980。

雷龍之吼

票權，並恰巧是數量最多的族群。但事實上當時錫金國內並未廣泛地援引法律以認證真正的錫金公民資格。尼裔族群並不奢求政治權力或推翻國王政權，只想不受歧視與騷擾地在錫金居住與工作。只要政府賦予這些基本人權，他們願意對抗任何試圖破壞國家領導階層與國家主權的外來勢力。其他的事實也支持這個論點。當印度軍隊於一九七五年四月六日入侵，接管錫金國王的王宮時，首位因印度接管而犧牲的受害者是十九歲的王宮護衛，巴薩達‧庫瑪‧剎蒂利（Basanta Kumar Chhetri），他為尼裔人士。沒有聽說過任何王室家族成員，在接管過程中犧牲了生命。此外，尼裔錫金人士，也如同尼裔前任農業部長普拉罕（K.C. Pradhan）一樣，都是錫金國王的強力公開支持者 [155]。

我偶然找到一篇名為「喪國之痛」的文章，於一九九六年十一月，由記者蘇迪爾‧夏爾瑪（Sudheer Sharma）於噶倫堡專訪倫杜‧多杰之後所撰寫。出自該文的部分引述，很清楚地顯示出錫金遭印度併吞的真正責任歸屬。

「我以自己的方式確保錫金併入印度，但任務達成後，印度人就將我擱在一旁」，將近十一年前，噶箕在接受迦納阿斯塔週報（Jana Astha weekly）的專訪時這樣告訴我。

「原先，我得到『紅地毯』式的歡迎。而現在我得等上好幾週，才見得到甚至只是二線領導人。」

而後夏瑪爾寫到：

「事實上，『錫金任務』幕後的黑手，正是印度對外情報機構「調查分析局」（Research and Analysis Wing，簡稱 RAW）。成立於一九六八年的印度調查分析局，在三年之內就瓦解巴基斯坦（並扶植孟加拉國）。併吞錫金，也是該局的『歷史性』成就之一。該局的戰略專家不願在錫金事務上重蹈不丹覆轍。不丹設法於一九六八年（作者按：依據原文）取得聯合國成員資格。因此，他們在倫杜的領導下展

155. 參見蘇迪爾‧夏爾瑪撰文：http://www.thdl.org/texts/reprints/nepali_times/Nepali_Times_035.pdf

216

開行動，可參考阿修喀‧瑞納（Ashok Raina）於其所著的『調查分析局內幕：印度特勤局的故事』（Inside RAW: The Story of India's Secret Service.）一書中，有詳細地描述。」

應理解錫金尼裔公民或移民所可能面對的歧視與放逐，因而他們也沒有理由加入軍隊以抵禦接管。相反地，他們覺得新環境更優渥，毋需受到歧視。因此錫金若真的喪失主權獨立地位，完全不能說是尼裔民眾造成。錫金的尼裔政治人物，如我奉陛下指示而與之會面的納爾‧巴哈杜爾‧邦達里，以及其他與之相同者，從未直接破壞過錫金自治權。事實上我知道在這些尼裔政治人物中，有許多人熱衷於錫金的「獨立」地位，錫金國王甚至給他們機會，共同推動錫金成為主權獨立的完整國家。

從錫金的故事中，任何政治戰略家都必須觀察到真正遺漏的細節，以認清事實真相，而不只是簡單地受到政治宣傳所動搖，例如宣稱錫金之所以喪失獨立性，是因為尼裔移民人口數量增加而造成。否則，這樣的戰略家將會提供錯誤建議，造成國家採行危險的行動路線。我們必須記住，魔鬼藏在細節裡。

大尼泊爾地區的威脅

不丹外交部長倫波達瓦‧澤仁告訴國會，南不丹暴動是一項由印度與不丹的尼裔僑民所策動[156]，以建立「大尼泊爾地區」（Greater Nepal）的政治行動。他以錫金和大吉嶺為例，指出尼泊爾人已控制當地政治，以此作為這項大計畫的明顯證據。根據他的說法，不丹涵蓋在大尼泊爾

---

156. 我於 2006 年 8 月從聯合國返國時，不丹內政部長達紹澤仁‧旺達（Tshering Wangda）帶來一份通告，達紹達瓦‧澤仁在文中寫道，南不丹人一直負責保護南不丹邊境地區，並且實際上為國家社會經濟發展作出貢獻。這些觀點與他當年擔任外交部長時所表達的官方觀點截然相反。因此必須重新審視其觀點，因為他似乎並未真有此意，可能是在國會中被迫如此表達，或為當時情緒激動下所發議論。

計畫的目標之中，因此必須要採取行動因應尼泊爾人的問題，以保護「不丹瀕危人種」——他與外國政府、媒體及參訪者的討論中，戲劇性地使用這個字眼，以辯護政府阻止尼泊爾難民入境不丹的立場。達瓦·澤仁的觀點激化了潛在的種族對立，並在國會中助長衝突。國會因而決定，將對南不丹問題採取嚴厲立場。出自這位最資深部長的強力公開評論，議員沒有理由不相信這位長期任職的外交部長。

從學術觀點出發，我試著找出是否確有「大尼泊爾地區」這個概念。尼泊爾、大吉嶺、噶倫堡或任何其他地方，都沒有正式或非正式的機構刻意推動這樣的行動，類似於歐洲、美國與以色列那類的猶太復國主義；亦找不到擁護此觀點或行動的個人或社團。一九六〇年代，部分加德滿都的學界似乎討論過尼泊爾的國安與主權等議題，這些議題也是錫金與不丹這兩個喜瑪拉雅王國同樣得要面對的問題。隨著其他多個喜瑪拉雅政治實體逐一喪失獨立地位，再加上尼泊爾從鄰邦強國所感受到的真實或自我想像的威脅感，而激發各方共同商討最佳因應方式。於是產生由尼泊爾、不丹與錫金共同組成「喜瑪拉雅國家聯盟」的建議。那時錫金尚未正式遭到印度併吞。組成聯邦的提議是出於「國家安全」的概念，讓人覺得在數量上較有安全感，多個小國若聯合發言並立場一致，與兩大超強鄰國交涉時會容易些。至於政治上是否可行，當時似乎並未考慮太多。提議的目的並不在於將三個王國統一為同一個政治實體，也不鼓勵大尼泊爾區的建立，因為後者勢將立即面對另外兩個喜瑪拉雅國家的敵意與強烈反抗。即使任何人提出了這個概念，勢必一開始就會遭到堅決反對與扼殺。

事實上，透過網路的谷歌搜尋，我發現詢問與研究大尼泊爾概念的其他人士，大多支持我的結論。下列引述可茲證明：

「不丹所展現出最不可信的恐懼，就是散佈於喜瑪拉雅地區的『大尼泊爾區』（或『泛尼泊爾區』（Pan Nepal））的想法，也就是外交部

長達瓦·澤仁將不丹外來移民視為『推動因子』[157]。根據這個理論，一股無以名之的勢力將整個喜瑪拉雅地區，整合為一個以尼泊爾文化為主流的國家。區域內衝突的政治生態製造出一種統合勢力的可能性，以利用有意識的引導，企圖在政治上激化移民。但這是極不可能的事情。」[158]

因此很清楚地，並未有過建立地理上大尼泊爾區這樣的政治運動。無論在政治、外交、文化與社會各方面，這都是一個荒謬且無法接受的概念——畢竟不丹人並不是傻瓜，逾一個世紀以來，他們如此有效率地積極捍衛主權與獨立，不會在這樣的情況下受騙。甚至從鞏固國防的觀點，與區域內兩大強國對峙亦不切實際。這不可能與相關各國、區域內各政府與人民共同完成，而且也從未在不丹執行過。

洛東金列·多杰的異議政見 —— 與南不丹族群運動毫無關聯

洛東金列·多杰（Rongthong Kinley Dorji）所領導的異議性活動，與南不丹展開的民怨訴求之間，存在著根本上的差異。

洛東金列來自不丹東部的康省（Kheng），隸屬於不丹現今的樹姆康（Zhemgang）地區。他早年曾於不丹、西藏與印度等地廣泛游歷，研讀過古典不丹文，並且精熟於所有不丹語言，包括藏文、尼泊爾文以及印度文。他具有政治頭腦，從其參與的多種活動中，證明他是一個易於使人信服的人。他在自己的名字前加上地名「洛東」（Rongthong），因為他與洛東札西崗的歐姆·耶榭（Aum Yeshey）結婚。歐姆·耶榭，在全國各地與王宮（Gokha，廓喀）之中廣為人知。她來自於不丹東部的顯赫家族，曾為前任札西崗宗彭達紹聽列·透給（Thinley Tobgay 亦稱霍普拉，Hopola）之妻。霍普拉逝世後，歐姆·耶榭與金列相遇，並

---

157. 參見曼納許·寇許（Manash Ghosh），〈不丹危機中的存亡〉，週日政治家報，德里，1992 年 1 月 26 日。

158. 參見康納克·曼尼·帝司特（Kanak Mani Dixit），尋找大尼泊爾，1993 年，三月／四月號，15-19。

生活在一起。他們共育有兩女。

一九六〇到一九七〇年代，金列在不丹首都廷布算得上是社交名流，特別因為他熱衷於參加著名的博奕圈。金列與許多不丹商界菁英往來密切，例如達紹烏金‧多杰（仁波切）以及（另一位）達紹烏金‧多杰（前國會發言人）、前財政部長碓嘉（Chogyal）、前倫波桑給‧班覺（Sangay Penjore）以及其他人士，都是不丹上流社會以及在中央政府中具有影響力的人士。此外，歐姆‧耶榭與首都權力中心往來密切，這也對金列提供優勢。

從一九六一年開始，不丹開始接受印度的發展援助。開展道路建設、建立學校與醫院，引進不丹人首次體驗到的現代化設施。不丹農民接受補助的肥料、種子、提昇產能的農業設備，並引進新品種的稻米、蔬菜、水果及其他農作物。同時也引進娟珊牛（Jersey）、瑞士黃牛（Swiss Brown cattle）以及澳洲哈弗林格馬（Hafinger），與不丹本地品種雜交育種，以增進畜產的產能與品質。這個時期不丹政府開始鼓勵民間企業申請商務貸款、建造房舍、購置卡車以增加運輸需求，並訂立不同發展合約。這些措施的出發點與規劃方式都很出色，但形式與現狀卻未能達成如期目標。此因不丹缺乏企業家、以及供應不同商品類別及大宗貨物的供應商、承包商、技術或甚至非技術型勞工，因而這些空缺就由外地人填補——來自印度與尼泊爾的印度人與尼泊爾人。這個領域中罕見精明幹練的不丹人，能從中取得優勢並得到極大利益，洛東金列即為其中佼佼者。政府出於好意，鼓勵當時似乎有能力爭取承包發展項目的不丹國民，很多不丹人都獲得過度慷慨的貸款與合約。當他們無力償還貸款或無能履約時，主事的政府閣員，包括法院，即對本國民眾帶著寬容態度，通常會以鼓勵不丹企業家的名義而盡可能地予以寬貸。為了促進私營企業參與國家經濟活動，這也並非不尋常的方式。事實上，我於一九七〇年代的貿易暨工業部擔任部長南嘉‧旺楚克王子的秘書時，就是採行相同的模式。在這些過程中，許多商務建立於民營企業中，例如不丹飯店、肥皂與糖果工廠、茶磚製作單位、

瑞士烘培坊、乳牛牧場以及鋼鐵廠等，目前許多企業仍在營運之中。在某些個案中，政府必須依規定核銷貸款。大多數時候，金列所侵佔的部分很容易就得到原諒，而且不論前項貸款是否核銷，新貸款案又獲准批示。事實上，直到一九八〇年代中期，金列從政府部門得到許多利益，直到無法履行與政府的煤礦合約為止。當時達紹班姆‧澤仁（Pem Tshering）（少校）擔任工業處處長，因為工業處承諾投資收益將收歸國庫，他代表官方負責確認金列的履約義務，由於金列取得不可思議的高價投標，因而工業處必須採取嚴厲措施，取消與金列的合約[159]。金列的麻煩似乎在煤礦投機事業之後，才真正開始。

事後看來，事實上金列至少本人還在不丹國內時，幾乎未曾從事過與南不丹異議活動相關的事情。民主政治、君主立憲、甚至包括人權，都是從尼泊爾與國際媒體引進，進而由人權組織以及瑞薩爾、達喀（D.N.S. Dhakal）、巴斯奈特與其他異議領袖意識到其實用性而加以利用。

南不丹也確實從未有任何人以金列的方式，抨擊國王或王室成員[160]。如同在他的網站中可以看到，洛東金列高度批判國王及王室家族，甚至質問君主制度的合法性，並將之與流亡於印度，直至逝世的夏尊轉世相提並論。南不丹異議份子至少還迴避任何對陛下與其私生活作出批判。他們似乎無意觸及這方面的議題，國王並未對尼泊爾習俗與實施方面造成阻礙。沒有任何理由或權力批判國王個人與王室家族，包括皇戚。異議份子只想在國王既有的政治領導下，爭取公民權與土地所有權，但他們依然是忠誠的子民。民主議題與人權，只是一些異議性領袖慣用的藉口，以試圖得到權力，即使他們之中有些人已經得意忘形，並朝向令人不快的方向發展。

洛東金列問題浮上檯面的時機，恰逢南部異議性運動如火如荼展開

159. 事實上，政府先前已將礦場出租給家父，而後卻在沒有任何正當理由的情況下取消租約，並於一九八〇年代拍賣礦場。
160. 其他資料參見洛東金列‧多杰的不丹國大黨網站，特別是刊載於 2008 年 1 月 11 日的這篇：http://bhutandnc.com/bhutantodayaug06.htm as accessed on 11 January 2008。

之際。金列聲稱遭到嚴厲刑求，而於獲釋後逃往尼泊爾，他使加德滿都的異議領袖誤以為他在不丹所遭受的一切，都是因為領導夏丘人或東不丹的民主與人權運動所致，而現在，他將聯合南不丹的共同目標而攜手合作。

　　無法完全排除洛東金列並未嘗試取得東不丹的政治領導地位。九〇年代早期，據說金列曾向首都的東不丹官員喊話，指出他們應該支持他展開行動。他的確成功獲得官員在精神上或其他方面的支持，雖然並不清楚這些支持達到什麼樣的程度，但他似乎的確在許多知名人士之間具有相當大的影響力。

　　不丹當局清楚地認知到，洛東金列與東不丹異議份子，仍尚未與南不丹之間形成串連。不丹的國家穩定與整體法律、秩序的最大危機，就在於南部與東部異議份子因某些原因而結合勢力。這對不丹而言，是最不理想的政治處境，必須盡可能防患於未然。

　　不丹政府即時採取多項措施，防範南部與東部新興勢力之間產生串連。第一步是試圖斷絕洛東金列與尼泊爾當地異議份子的來往，力圖確保他在不丹享有安全的棲身之所，並附加經濟誘因。廷布坊間的傳聞是，當時任職為警察局長的金列內弟——湯汀（Tandin）上校及其妻子（也就是金列的妹妹），前往加德滿都作為交換條件。金列似乎拒絕提議，因為他無法信任不丹當局，他特別聲稱於不丹國內的拘留期間遭受刑求痛苦。

　　在東部的多場官員聚會中，官員們認為南部與東部之間應該在政治上有所聯繫，不丹內政部長倫波達戈・澤仁以圓滑的方式煽動，甚至奚落參加地區會議的代表，筆者湊巧從錄影帶中看到。他告訴他們，昂洛人都說「非常容易接管夏丘人的土地，因為夏丘人總是在酒醉狀態。」

　　有一些已經太遲但仍然有效的彌補，以加強東西部的「竹巴」完整性。事實上這是最直截了當的方式，的確很久以前就應該強調這些要素，以在國內創造更大程度的統一情勢。亡羊補牢猶未晚，政府開始將重點放在不同地區之間的傳統與歷史連結。其結果是，刻意或出於巧合

地，任命夏丘人出任杰・堪布，即不丹的喇嘛領袖——這是過去從未發生過的事情。其他的夏丘人也接手政府中的重要職位，包括首席法官以及三名內閣閣員，這些作法從而削弱洛東金列的抨擊，他指稱夏丘人與不丹其他地區比較起來，儘管擁有大量人口總數，卻並未得到相對的平等機會。

由於金列拒絕接受赦免，不丹必須以其他方式牽制。由於尼泊爾的畢蘭德拉國王[161]已喪失權力，該國也已建立議會民主制度，不可能再以瑞薩爾的模式，將金列從尼泊爾引渡回不丹。因此只要金列持續滯留尼泊爾期間，不丹當局就對他束手無策。但機會終於來臨，金列決定將觸角延伸到新德里，他受到印度政界人士與人權份子的支持而吸引前去。印度外交部立即逮住機會，以未持有適當簽證與文件前往印度旅行的罪名，將金列拘留託管。以這麼粗劣而思慮不周的罪名拘留不丹公民，連印度的相關官員都訝於這樣的說詞。眾所皆知，除非搭機或進入國防安全區域以外，不丹人前往印度旅遊甚至不需要攜帶身分證。由於這些因素，媒體迅速斷定，印度政府的行動是出於不丹當局逮捕與引渡金列的要求。

不論原因為何，印度當局依照不丹的請求，根據金列在著作與演說中所作出的聲明，從一名乞者處將之逮捕，並拘留於提哈監獄。印度當局再度未曾預料到，該國的民主運動者與宣稱將對抗「古老獨裁政府形式」的印度同情者所爆發的支持。最受矚目的支持者，竟然是當時的印度國防部長費南德斯（George Fernandes）。他相信金列被捕，是因為在不丹支持民主與人權運動。這些印度人脈給予金列極大的幫助。他得以離開提哈監獄，暫時軟禁於住所中，並容許有限的政治活動，由那些過於熱情支持他國民主人權的印度國會議員進行規劃。

而後在新德里的法庭上，撤銷所有對他的罪名之後，二〇一〇年解

---

161. 應當指出，尼泊爾國王畢蘭德拉是國王吉美・辛格・旺楚克陛下的堅定支持者。他逮捕瑞薩爾，並移交給不丹當局。這表明出，尼泊爾國王並不認為瑞薩爾的活動是種族運動，而是帶有政治動機的行為。

除洛東金列於德里的軟禁拘留。二〇一一年，他於錫金甘托克因病歷經治療後不治逝世。

地方民怨轉變為反政府運動

一九八八年，恰巧就在我預定率領不丹代表團前往中國，參加第五輪邊界會談前的一兩天，瑞薩爾邀請我前往他的宅邸參與茶會，我完全單純地不做他想。瑞薩爾之前從未有過這樣的邀約。事實上，我甚至從未踏入過他的家門。他說這是一個社交聚會，只邀請了幾位朋友。我不得不答應他，因為當時他是皇家諮詢委員。當我抵達官邸時，發現他集結一些南不丹官員，包括冉·巴哈杜爾·巴斯納特與畢姆·蘇巴在內。他還在客廳中展示家父的照片，大概要表達家父是早期南不丹地區的領導人物，也或者只是想要打動我。我們聚集在所謂的社交場合下，他提出了引發南不丹人嚴重關切、發生於南不丹的人口普查與地籍調查等議題。眼看著著政府將要剝奪大多數南部民眾的公民身分與土地持有權，在場人士表現出沮喪與絕望的氣氛。政府對於這些議題所展開的行動，在場人士視之為種族歧視。巴斯納特給人的印象是非常激動，他說應該要將南部的鎮壓行為訴諸國際輿論。

因為我是在場人士中最高階的在職官員，很遺憾地並不知道他們之中部分人士的意圖，因而大膽地給予直白的建議。我告訴他們，如果真正有所不滿，應該遵循已建立的行政程序，首先將這些議題致函內政部，當時的內政部副部長是達紹（前倫波）達戈·澤仁。如果副部長能夠解決問題，使之感到滿意，事情即可圓滿解決。若仍無法處理，依循慣例瑞薩爾有充分權力直接將問題呈交國王。我強烈建議，他們絕對不應該訴諸行動，以免對南部民眾帶來不必要的傷害，也不應煽動民眾從事任何會帶來麻煩的行為，因為他們大多數都是樸實無華，為了生計而奔波勞苦的農民。我重申自己希望不要傷害到南不丹的無辜民眾，官員

們絕不可採取未來將後悔或危害無辜民眾生命的不利行動。我還向在場人士公開提到，將把這些討論彙報給國王陛下。瑞薩爾點頭表示同意。然而幾位在場人士也表明，他們對於達戈·澤仁能否解決這些問題沒什麼信心。因為他們懷疑，事實上他可能正是躲在地籍與人口普查幕後，將尼裔民眾驅離南部地區的幕後主使者。

我離開國內前往中國之前，如實地將上述討論概略呈報給陛下。

瑞薩爾安排這次聚會之後，我即前往北京以及中國各地，配合該國政府為代表團所安排的預定行程。不在國內期間，瑞薩爾已與友人擬好請願書，並先行向國王呈交。在我展開中國行程之前，瑞薩爾並未再與我討論過任何後續行動，既未將我列入請願書連署人之中，也未向我出示任何請願草稿。與此同時，國王必定開始聽到來自南部的傳言——一些我當時毫無印象的事情，甚至到現在依舊如此。消息並非來自任何正式的管道或媒體報導，平民百姓是從國內各地口耳相傳而獲得這類消息，坊間通常才是許多事情的唯一消息來源。

結束與中國的邊界談判，剛返回廷布後的第二天早上，我被國王傳喚到桑天林王宮，向他簡報有關與中國會談的結果。陛下指示我儘快做完簡報，因為他急著趕往南不丹，該地區發生了狀況。他並未提及詳細內容，不丹的宮廷禮儀也不鼓勵官員向國王提問或要求說明。所以我只能推測為王室的南部出遊。

一九八八年四月九日，當時兩位南不丹的皇家諮詢委員，瑞薩爾與邦達瑞（B.P. Bhandari）呈交民怨請願書（參見附錄）[162]，造成了不丹政府的騷亂。瑞薩爾與其支持者宣稱，他們並未反對國王，或從事任何反國家活動。如同告知多家媒體後的聲明，他們只是簡單地向國王合法地表達洛桑民眾所面臨的問題，因為自一九八八年以來，即存在著「不適任普查員的擾民行徑」。連署官員宣稱，公開向國王表達訴求的方式是依據不丹既有的社會形態，此為國民基本權利，甚至是由國王賦予全體

---

162. 摘錄自網站：http://www.geocities.com/bhutaneserefugees/，2005 年 3 月 9 日。

雷龍之吼

國民以及任何有意於王國內尋求正義的一項權利。

乍看之下，審視請願書的措辭，他們主張向國王提交請願書的意圖，並沒有什麼可爭議的部分。事實上如其所宣稱，南不丹族群提出訴求的方式，不論過去與現在皆於不丹普遍實施——亦即，人民具有向國王訴願的權利，也就是不丹人說的「基度祖尼」（kidu zhu-ni）。請願本身所指向的合法性問題，正是尼裔民眾面臨內政部南部官員發起的戶口與地籍調查政策。傳到首都廷布以及我所聽到的消息是，政策執行的方式並不專業，大多是由內政部新招募的戶籍人員，以不通情理、嚴苛、甚至是羞辱性的手法[163]執行。他們給人一種刻意為之的感覺，並有意以擾民的方式與態度進行。這樣的懷疑更進一步得到證明，瑞薩爾等人迅速指出，普查隊中缺乏任何南不丹官員親身參與。瑞薩爾與邦達瑞的請願書，刻意避免任何詞語上，可能造成模糊或暗示性的異議訴求。畢竟，他們擁有像畢姆・蘇巴與巴斯納特這些具有高度政治敏感度的人士，協助起草英文請願書。瑞薩爾與邦達瑞本身，並不具有這樣的英文書寫能力。

不丹皇室政府的官方觀點，則與瑞薩爾及其支持者所宣稱的內容完全相反。王室政府將一九九〇年九月到十月間，所發生的民怨轉為示威活動的一連串事件，定位為反國家運動，並且還以不丹宗喀語，將請願者或異議份子稱之為「翁洛布」[164]。當民眾加入異議領袖所發起的後續暴力活動時，政府的因應行動即更具有正當合法性。

異議領袖在不丹人民黨（Bhutan Peoples Party）的旗幟下，組織示威遊行等活動。如同現在所知道的，他們安排多位來自邊境、印度方面的暴力政運幹部，俗稱「貢達」（goonda）或「達達」（dada），前往

---

163. 多年後，我確認人口普查官員的確有這樣的態度，而在此狀況下，內政部的領導階層似乎因不當處理南不丹問題而遭受批評。

164. 不丹語的「翁洛布」（ngolop）衍生自「翁」（ngo），其意為「臉孔」，而「洛克一帕」（log-pa）或縮寫為「洛布」（lop），則指「將臉轉過去」。換言之，意指對信仰或事業的「對立者或轉向者」。「紮瓦一松」（tsawa-sum）則代表國王、國家與不丹人民三者。因此，「翁洛布」就是破壞「紮瓦一松」的危險叛國者。

不丹從事政運活動。這是眾所周知的事實，在那些災難性的日子裡，聚集在奇朗的群眾，在不丹人民黨的旗幟下組織反政府行動，以抵抗南不丹戶口與地籍調查措施，並宣洩其他不滿。隨後出現的消息，揭露「貢達」強迫並威脅無知村民的性命，迫使村民遵照自己的指示行動。據信，他們拿出巨大的砍刀與廓爾喀刀，威脅每家住戶都要遵從指示。受波及區域的當地管理專員與宗達等政府官員，事先已接獲中央指示，務需採取措施保護民眾，並告知民眾有關貢達與異議份子的真正意圖，避免無辜民眾成為犧牲者。但相關地區的政府官員完全怠忽職守，其用心與忠誠度令人懷疑。格列普、彭措林與薩姆奇的示威者及異議份子做得太過火，他們企圖接管政府辦公室與檢查哨，並向許多知名人士，特別是欲返回廷布的商人收取過路費。異議行動明顯威脅到國家法律秩序以及國家完整性。政府別無他法，只有下令軍隊出動，恢復國家秩序。異議份子以為自己能從肅清行動中僥倖逃脫。在檢查哨與政府大樓中，他們聽到軍車的隆隆聲，才知道無法對抗不丹皇家軍隊。與洛桑人交涉過程中，這些異議活動也導致更嚴厲的官方反制。

　　早先，出於我的建議但並非由我推薦人選，陛下指派南不丹官員作為奇朗的地區行政專員。他是達紹羅克‧巴哈杜爾‧固倫（Lok Bahadur Gurung），儘管政府賦予他權力與威信，卻無法阻止異議份子與國外政運份子的惡意行徑。這種情況過去從未發生，不丹行政專員也不知道該如何處理這樣的問題。貢達強迫民眾聚集在奇朗的羌界（Chanchey）市集，手持標語及海報向政府抗議，羅克‧巴哈杜爾卻並未干預或逮捕貢達。在一個只有幾平方公里與幾千名人口的地區內，該地區的行政專員不可能對奇朗所發生的事情完全不知情。

　　國王派往南部的另一名官員，為達迦納的宗達哈瑞‧索南‧透給（Hari Sonam Tobgye）上校。他是一位忠誠的皇家軍隊退役軍官，具有純正思想，但他對行政管理方面缺乏經驗與訓練，也不知道該如何掌控突然措手不及的情況。透給未能遏止抗議行動，沒有人會責怪這位曾服役於不丹皇家軍隊的可敬官員。

雷龍之吼

非常遺憾地，我建議國王派駐南不丹官員執行政府計畫與政策的善意，並不是很成功。但特別是涉及到種族問題的情況下，交由南不丹官員處理洛桑人事務，對政府執行種族融合政策而言也許是最好的方式，在這種情況下亦可以辨識出非法居留者。然而這樣的官員必須精心挑選，還要有良好的學歷資格。必要時，他們可以要求警察、法庭甚至軍隊的支援。人員素質或人格的確會造成差異，無疑地，當時接任這些職位的官員並非良好人選。

當我得知一些示威者開始大喊：「翁姆‧普拉罕，墓達巴！」，意思是「普拉罕去死！」時，我相當驚訝。多位南不丹人與其他目擊官員事後詢問我，詫異於民眾喊叫我的名字，因為我並非民怨的對象，亦非職權範圍內的主事官員。有些活動籌劃者煽動呼喊口號，很清楚地感覺到，他們需要將積怨發洩在某些特定人士身上，他們不能直呼國王名諱，而其他閣員的名號也不符合訴求，於是我就被倫波達戈‧澤仁當作現成的箭靶。他們偶爾甚至荒謬地喊叫其他部長的名字：「多杰‧澤仁，墓達巴！」或者「謙嘉‧多杰，墓達巴！」甚至，「達瓦‧澤仁，墓達巴！」

儘管一九九〇年冬天，在奇朗（奇朗宗）與桑奇（薩姆奇）發生示威活動，並且從邊界招募貢達，煽動並強迫大多數的無辜洛桑人參加暴力行動，不丹警界與軍方全體人員卻接獲指示，必須保有最大程度的自制。世界上多數地區的士兵，執行法律與秩序等勤務時，即使要求自我約束或使用最低限度的暴力以平息群眾滋事，也得賦予他們人身權不受侵害的自衛權利。在南不丹的暴力事件中，特別是發生於薩姆奇的情況，陛下發出強制令，無論發生什麼事情，都不得使用武器。這項命令使不丹皇家軍隊參謀長貢倫朗姆‧多杰感到氣惱，他負責全國國防安全，並維持法律秩序。作為一位經驗豐富，且在政治上足智多謀的官員，他知道國王如此指示的理由，但對他而言，難以向實地作戰的部隊下達這樣的指令。因此只好不配發任何實彈，以免士兵因把持不住而開火。一位軍官質疑，如果遭受攻擊並且有喪生或傷殘的危險時該如何因

應，貢倫朗姆・多杰下令：「什麼都不做。」

示威者很快地意識到，士兵並未使用武器，他們可能猜測或者得到情報，士兵得令不得開火。一些示威者走到士兵面前並侮辱他們，敞開胸膛大喊：「射殺我啊！」，他們完全知道士兵不能動手傷害他們。其中一人宣稱：「我們知道你們有令不得使用武器」，並且嘲笑士兵。

禁用武器的嚴格軍令，也許是陛下在示威活動期間，所下達的最明智且影響最深遠的指示。這不僅有助於避免可能的屠殺行為或重大數量的死傷，並且也有益於國際媒體與其他國家對此事的觀感。在暴動發生後的餘波中，不丹政府雖然受到人權組織的控訴，但特別是尼泊爾媒體，就其情勢處理上給予極大讚揚。事實上，沒有發生暴力與死亡幾乎令國際媒體感到失望，因為不丹的示威活動對他們而言，變成毫無吸引力的新聞素材。一名日本 NHK 的駐外記者極為失望，他竟回報報社謊稱示威期間有超過三百人，在薩姆奇慘遭政府軍射殺。這則消息在全球一閃而過，人權組織、包括國際特赦組織，立刻譴責這起暴力事件，並要求進入不丹境內調查此事。再度地，陛下並未阻止調查行為，他指派貢倫朗姆・多杰與之聯繫，協助他們前往該地視察。一九九〇年代，甚至連印度這樣的國家，都不允許國際特赦組織，在主權管轄範圍內運作。不丹本來也可以輕易地拒絕該組織干涉內政，但王室政府並未阻止他們的造訪。

正當國際特赦組織針對薩姆奇三百人死亡的消息，與貢倫朗姆・多杰對質時，由於貢倫的否認無法使他們信服，只得邀請特赦小組前往據稱發生射殺事件的地點實地參訪。他告訴他們，這樣就能了解事實真相。畢竟外傳有這樣大量的死傷，一定會有失去丈夫或兒子的婦女，或失去親人的兄弟姊妹等等。最好的調查形式無非就是實地查訪，大量的亡者一定需要土葬或火葬。朗姆・多杰細膩地處理這個事件，並使不丹受益。很清楚地讓國際社會見證，挾帶敵意且不負責任的新聞媒體所作的不實報導。

實際上，聽說示威活動造成一人死亡，那是因為無辜村民被迫集

雷龍之吼

合，紮營準備示威活動時，在樹林中遭蛇咬傷。他們路行穿越濃密樹林與荒地，以便抵達異議份子與貢達唆使的計畫示威地點。無辜民眾基於過度恐懼而受苦，而異議領袖則向他們許下虛假的承諾。

無疑地，暴動籌劃者對事件的結果並不滿意。若有射殺行動或大量示威者死傷，他們就能得到國際同情，國王與不丹政府也將因暴行及違反人權而受到譴責。這個目標落空後，籌劃者安排交通工具，將洛桑人移往不丹邊境另一頭的印度，前往尼泊爾的查巴（Jhapa）難民營。據說他們向村民傳達命令，大家應該全部聚集在南部的格列普，南部大部分地區的民眾將從該處進入印度，而後取得交通工具前往尼泊爾。民眾也獲告知，已在尼泊爾為其停留預作妥善安排，他們可以得到國際援助，包括食物、房舍以及子女的教育。一旦政府對民眾的訴求有所軟化，大家就能返回不丹。

本來就想要離開或者被迫離開國家，前往尼泊爾難民營安頓的南不丹人，的確在格列普聚集數千人之多。得知這個消息，陛下立刻驅車南下，前往該地查看。當他意識到，民眾聚集的目的是為了離開不丹而前往尼泊爾，他力勸他們不要採取這樣的方式。他勸阻、告誡並解釋既存的不丹法律，陛下告知民眾可以重新獲得國籍身分。當他發現除了一小部分民眾願意聽從時，他要求欲離開的民眾晚一兩天出發，政府將發放日常生活津貼。陛下在國會述說，他要求民眾不要離開不丹，「就算要我跪下來，我也會呼籲人民不要離開這個國家。」

羌崗監獄

大部分遭監禁的異議人士都拘留在廷布近郊的羌崗（Chanmgang）監獄，這所監獄正是為此目的而匆促建立。國際媒體頻頻提及這所監獄，因為國際特赦組織將之貼上拘禁政治犯瑞薩爾的標籤。該監獄由國際紅十字委員會（ICRC）小組定期檢查。起先獄所環境遭受譴責，人

權小組要求不丹政府提昇獄中設備及休閒娛樂設施。貢倫朗姆‧多杰試著向人權團體解釋，不丹政府經濟上難以負擔更好的條件。他解釋，比照不丹一般生活水準，獄中設備在不丹本地已經算是可以接受。

然而上將的解釋未受理會。國際小組堅持獄中設備必須達到國際標準，而且要提供犯人適當且充分的醫療救助與休閒娛樂設施。

之後的查訪過程中，人權小組再度前往羌崗監獄視察，確認不丹政府是否執行其建議。他們視察獄中設施，並與犯人交談。獄所增設排球場等休閒設施，並且播放音樂。由犯人的訊問中透露，儘管仍存有政治方面的抱怨，但在特赦組織干預過後，他們也相當滿意獄中提供的設施。小組成員繼續視察相關處所。他們注意到一些破舊的小屋，無法接受有人住在這樣的條件之中。

「上將，你們建造這些小木屋要做什麼？」一位小組成員質問。「我們以為已經明確告知標準了。」

貢倫朗姆‧多杰看起來十分地尷尬。比起人權團體視察過的監獄拘禁區而言，這些小屋看起來的確破舊不堪，而且當然不符合他所接獲指示的國際監獄基本水準。

「我們建造這些小屋給監獄警衛居住，」他惶恐地說道：「您看，我們預算有限，為了你們所堅持的設施，大多數預算必須提供給囚犯。而這就是現階段能為警衛準備的住所。」

現在變成 ICRC 官員感到尷尬了。

「警衛住得比囚犯更差，」貢倫嘆了口氣，「這樣的事情在世界的任何地方都不可能發生。」

事實上監獄規定是如此地寬鬆，有些囚犯甚至還逃出羌崗監獄 [165]。

---

165. 多年後我於 2007 年重返不丹，前往訪視羌崗監獄地區，已為警衛增建了附有足夠設施的「中央監獄」。

避免暴力後果

如同上述情況，陛下不顧一切地避免軍隊暴行，同時又維護法律與秩序。駐紮於國家南部的軍隊，禁止與當地婦女同居或結婚。這可能也是正確的作法，以避免性侵指控，並且也是緊急佈署之時，士兵遵守軍令的必要規範。儘管如此，還是有一些南不丹女性因遭受性侵傷害而提出控訴。這些指控大多數來自尼泊爾難民營，透過記者的採訪而揭露。雖然無法排除完全沒有士兵性侵或施加暴力，但這類事件可能也並不普遍。國際與尼泊爾媒體，也逐漸精於判斷那些為了發洩政治憤怒並吸引國際關注與同情，所編造出與事實真理不符的指控。當調查報告與撰述有所矛盾時，並不是所有新聞從業人員都想讓自己陷入困境，他們不願喪失自己作為記者與報社的信譽。

幸而不丹擁有像朗姆・多杰上將這樣為國效命逾四十年的陸軍參謀長。他對建立小型而有效率的武裝部隊具有重大貢獻。二〇〇四年期間，這些精悍部隊在驅逐國家境內的印度武裝份子行動中大顯身手。該行動本身的成功，直接得益於國王陛下吉美・辛格・旺楚克的精心策劃，他採用訓練有素且紀律嚴明的部隊、皇室御林軍與警衛、以及一些志願軍而指揮行動。執行勤務期間，上將本人只能提供建議與指導，其中大多數時間皆無法動彈。由於艱困軍旅生涯與高齡所致，他若有持續性的脊椎與背部問題。然而他在偉大的國家有需求時，提供國王訓練有素且紀律嚴明的部隊。

這就是印度軍隊訓練出來的朗姆・多杰，他與印度廓爾喀兵團中的其他人士保持密切聯繫，他們一直將不丹人視為一份子[166]。上將於噶倫堡完成學業，不只生活在尼泊爾人的環境中，而且極為精通尼泊爾語。事實上，不丹的一級高階軍官，如烏金・湯畢（Ugyen Tangbi）准將、

---

166. 第三任國王統治期間，恰達・「巴哈杜爾」・南嘉（Chhabda "Bahadur" Namgyal）為不丹首任陸軍參謀長，為第一位由印度軍隊所訓練出來的不丹軍人。他安置在印度廓爾喀軍團。據說他受訓期間極為優異，並因而博得尼泊爾名字「巴哈杜爾」（Bahadur），意指「勇士」。後來南嘉涉及一九六四年於彭措林刺殺總理吉美・多杰的罪行，經法庭審判後遭受處決。

班覺・翁蒂（Penjore Ongdi）上校與其他人，都在噶倫堡接受教育，他們碰面時，慣於以尼泊爾語交談。因此，中將是在多文化的環境中成長，軍中的南不丹人從未覺得自己是外人。事實上令人驚訝的是，軍中的南不丹人似乎也總是以宗喀語交談，而且也同樣頻繁地使用夏丘語。在上將的指揮下，許多南不丹官員在不丹軍隊、皇家御林軍、以及警界中擢升至高階職位。一九九〇年代以後，由於種族問題，這些官員相繼離開、辭職，或遭到免職，與公務體系的南不丹人士命運相同。

執行國家安全措施時，主事者有時執行過當，危及人道考量。例如，毗鄰印度邊境如奇朗宗與達迦納地區的民眾，運送內需物品與食物等日常商業運輸活動，遭到政府以國防安全為由而禁止。此舉致使民眾吃盡苦頭，居住於這些地區的南不丹人認為自己受到官方的剝削。此外，南不丹的學校長期關閉，卻很少有人關切到孩子的教育狀況[167]。示威人士燒毀並破壞學校，激怒了教育部門，因而關閉南不丹學校以及基本醫療設施，但卻因此剝奪南不丹孩童的教育與醫療需求。實際上破壞社福機構的示威活動，是由貢達所指使，但卻對南不丹百姓帶來衝擊。人民因旅遊及基本物資運輸限制的困擾，再加上教育與醫療設施的中斷，促使民眾離開國家而前往難民營。

後來在奇朗宗又發生其他事件。在重大示威活動過後，新上任的宗達與部分官員，以低價購入建物與其他財產。為了得到更有價值的物產，他們似乎強迫並威脅他人搬離原地。在一起事件中，一名情報人員動不動就開槍，並射殺男童，儘管據信孩子的母親已經大喊：「請不要開槍。我們都會離開。」

不論高層當局如何三令五申，這樣的悲劇事件的確有所發生。我將這些事件向陛下彙報，他立即授權高等法院法官達紹喀瓦（D.N. Katwal）前往該地。達紹攜帶皇家喀書，宣布無人將遭強制驅逐，並將

---

167. 當地學校直到 2008 年 5 月，由總理倫欽吉美・廷禮所領導的不丹繁榮進步黨首屆民選政府執政後，才重新開放。新任教育部長倫波塔庫爾・桑吉・波給（Thakur Singh Powdyel）出自南不丹選區。

涉及不法情事的官員將予以革職。

　　騙取民眾地產的官員受到查辦，隨後接受懲處。事實上，這類案例持續發生，甚至到了二○○七年，都還能在不丹日報英文網路版[168]二○○七年九月十九日的一篇報導中看到，該文指出「格列普東喀（dungkhag）[169]法院昨日判處四人入獄，刑期由五年至九年半不等。本案與四十五點五英畝土地的非法交易有關，該土地原屬於九○年代早期潛逃出國的民眾所持有。前楚卡宗喀法官聽列・旺底（Thinley Wangdi）、前沙奔市地方法院書記官策杰・諾布（Tshejay Norbu）、前格列普鎮鎮長提瓦瑞（Tiwari）、以及一名共犯達納・帕提・康達（Dana Pati Khandal），被控偽造文書、刑事共謀、瀆職、以及非法轉讓不動產等罪名起訴。」從這些名字中可以看出，甚至連南不丹官員都涉及犯罪情事。

國會缺乏可靠的情報來源與充分討論

　　南不丹地區異議活動進行期間，一般大眾缺乏可靠的消息來源。消息傳送的唯一途徑，就是透過週邊直接受影響的國家，即邊界另一頭的印度與尼泊爾當地報紙與媒體傳遞訊息。糟糕的是，這些報導基於不適當的情報與調查並且缺乏持續性，大多都是拼湊而成、帶有政治偏見、不可靠亦不完整。更專業的國際媒體，從起初對暴動報導的興趣減退後，其關注也逐漸消失，成為零星報導。不丹本身只有官方的奎塞週報（Kuensel）。這份報紙當時卻未登載任何相關議題，直到數個月之後才刊載。國內晚間的電台節目亦未對情勢詳加報導，即使照講它有權力這麼作。一般社會大眾主要的消息來源都是謠傳。政府本來可以從不同觀

---

168. 參見 http://www.kuenselonline.com/modules.php?name=News&fle=article&sid=9087。

169. 東喀（dungkhag）：為不丹三級地方行政區，僅有大的宗喀下才設有「東喀」。首長稱為「東達」dungda，東達具有宗達的部分權利，遇有重大情況時，可越級上呈內閣大臣或國王。東喀下轄數個「格窩」（Gewog）。──譯註

點向國內民眾以及國外媒體提供正確訊息的國家新聞播報，卻明顯付之闕如，因而造成情勢更加晦暗未明。

由於未對國會議員進行適當的官方簡報，因而類似應避免族群對立、造成歧視感的種種覺察與必要性皆有所不足，國會中也未多予檢證。議員所能陳述的程度大抵不外乎：不丹已歡迎這些外來者進入國家，給他們土地，待他們如同不丹大家庭的一份子，現在他們卻想要接管國家。正如不丹俗諺云：「猶如與蛇共枕」。南不丹人被描述為，對於不丹人為其所作的一切忘恩負義。議員們喋喋不休地述說，這些人本來也不是我們的人民或真正的不丹人（miser ngoma），但卻造成我們的不便。因此結論是，不需要在乎他們的安全與福祉。

國會的這種態度隱涉出，無論南不丹人是否得到醫療照顧、孩子是否受教育、民眾權益是否受到侵犯 —— 那都不關國會或政府的事。一位議員作出極不負責的言論說，昂洛人就是國會本身的代表，以此暗示在場的南不丹議員。對於在座的南不丹人而言，這成為最受羞辱的時刻，並且對於代表人民與政府的最高立法機關感到失望，更甭談尷尬與受到歧視的感覺。

雖然可以理解昂洛人的譴責，甚至連南不丹代表都異口同聲地加入譴責「反國家者」的行列，但國會實在不應當容許種族分裂的言論蔓延。

陛下早先堅持用盡一切心力，避免族群分裂與種族歧視，但國會辯論卻充斥著真正不丹人與客居不丹人的區分。國會議長與其他議員，亦未善盡阻止分裂言論之責。當多位議員繼續火上澆油時，唯有我試圖讓國會議員意識到，事情已演變為何種地步，我插嘴並以宗喀語發言：

「昂洛人可能來自國家的任何地區。他們可能來自南部、北部、東部與西部，故應該依各區法律來處理。我們不應當視自己為任何一個族群，或分屬不丹某特定地區。我認為自己並非來自南部、西部、東部或北部，而只是一個單純的不丹人。」我還提到，在不丹公民之間區分種族差異，並非一條恰當的道路，國會應當審慎商議。

　　我的發言並未得到任何回應或跟進，在激烈的辯論之中受到忽視。在國會議事記錄中，也未對這些評論與討論作出反省。這真的令人遺憾，歷經幾十年來，許多人作出的眾多努力，由不丹國王以及朗姆‧多杰上將這樣的人物所帶來的族群團結，卻浪費在烏煙瘴氣的情緒之中。國會裡的辯論，彷彿不丹突然對南不丹人完全六親不認。作為公民，他們擁有並有資格行使基本的權利。然而另一方的反應卻是，很大程度上這並非公民之間的族群問題，而是非法移民與非公民的問題。

　　當人群中的某些人民判定另一部分人民不具絲毫公民權利，那麼，具有包容性的解決方案就變得窒礙難行。在這樣的情況下，調解者起不了什麼作用，國際法律難以適用，而會談幾乎不會有什麼結果。

　　這種情況是不丹現代史中一段最傷感的篇章，在一九九〇年之後，因南不丹議題的處理而浮上檯面。不丹面對極大的國際與國內反彈，既被大眾與媒體所熟悉，但實則又不是那麼一回事。然而，對後續發展認真反省之時，面對國家不同地區所發生的演變情況，以及整體不丹政治體制所產生的國際影響，不丹最終應如何解決這些政治問題，我們看到了第四任國王陛下的睿智之處。不丹人民，包括洛桑人，從長期的國家觀點與利益看來，最終還是信賴陛下的領導，許多與此有關的議題，透過二〇〇八年引進新憲法，而帶進民主制度交付決議。民主規範與選舉將各階層人民帶進國家政治生活的主流中，如同明確見到的議會代表與內閣閣員。不丹憲法保障公民在生活中，不受國家、官方與個人，基於種族、性別、宗教或政治立場而受到歧視。

令人遺憾的出埃及記

　　如果異議領袖係出於真誠地解決南不丹人的積怨，那麼這正是悲劇性的錯誤。這些領袖在策略方面的謬誤，就在於將大量的南不丹人哄騙離開國家。即使存在因國安措施所造成的擾民問題，以及其他族群對南

不丹人的敵意,無辜人民仍不應當離開不丹。他們可以改為聚集並暫留在格列普。事實上,陛下籲其留在國內,只會更鞏固他們的家業。他們能夠上達君王並向陛下全力抱怨:生活變得悲慘而無法生活,以國家安全為由而限制沙奔市到奇朗宗的交通運輸,導致食物、食鹽以及其他必須用品之供給中斷。他們可以抱怨孩子的未來與教育受到波及。他們可以強調,不論因某些異議份子的煽動而發生了什麼事情,他們實際上都是忠誠的不丹子民,忠于國王陛下。他們只需要強力抱怨政府執行有關國服、戶口與地籍調查政策的粗魯及羞辱方式。如果積怨屬實,且異議領袖沒有不可告人的動機,他們應該訴請陛下代表他們而介入解決。

萬一上述方法未能奏效,難民營也可以只設在不丹邊境旁的印度領土上,或許也會有來自印度政府的協助與支援。將所有人帶回尼泊爾、回到先祖之地,但對他們而言,那裡已是異鄉,這卻削弱了南不丹人的真正訴求。特別是不丹政府宣稱,在尼泊爾難民營的這些所謂難民,大多數都不是不丹公民。那些人是從未到過不丹的經濟移民,或根本就是尼泊爾當地人,為了得到「有吸引力的國際援助與金錢補助」而去。同樣地,看到難民營設置所帶有的偏頗立場以及難民處置等相關問題,不丹也指責尼泊爾的寇瑞拉(Girija Prasad Koirala)政府,以及駐尼泊爾聯合國難民署官員,為了得到西方政府、非政府組織與基督教會的救濟援金,而過度熱衷於設置難民營。

聯合國難民署官員給人的印象也是一樣,他們過度熱衷於難民營的設立、擴展與持續。不丹指責這種過度熱情的態度,缺乏適當的身分查證與紀錄即收容民眾進入難民營,聯合國難民署的參與官員只是簡單地設置場地盡其責任,以便能不斷延續他們的工作。另一方面,雖然尼泊爾的新聞媒體大多支持難民事業並譴責不丹,但尼泊爾政府也發現這個議題的困難之處,而尷尬地處理衍生的狀況。尼泊爾政府難逃與不丹雙邊對話。由於難民組成份子複雜,除非反覆提及難民的不丹國籍身分,否則無法向不丹政府施壓。唯一能與不丹達成協議的方式,就是先承認難民營中的確存在著非不丹籍人士,未來進行任何行動之前,亦必須先

執行查證工作。

當然，每種處境皆有解決之道。如果最初即簡單地將南不丹問題依公民的方式處理，將之視為國內部分公民的積怨（當然不考量非公民的情況），以此方式來解決所有相關問題，就能更輕易地出現雙贏的解決方式。不丹內政部的最大缺失即在於，將不丹公民依種族差異而任意歸類，並依其類別而斷言國家忠誠度。這樣的分類只會凸顯差異，並且很明顯地，不利於統一與和平共存。第二次世界大戰期間，有人提醒說，因美國在大戰中與日本為敵[170]，因此日裔美國公民被另行監禁在特定的難民營中，受到仇敵般對待。在印度，由於印中的敵對關係，華裔印度公民也受到許多懷疑對待，並在加爾各答等地遭受虐待。然而，不丹並未處於交戰狀態，內政部不需要在某種程度上朝此方向發展。在文明的廿一世紀全球世界中，國家應將內部所有公民視為同一，並且不考慮其出身背景以及成為公民的過程。他們應當具有相同權利、責任與義務。

過去的歷史顯示出，不丹的確面對並處理來自於東部、西部以及南部等不同地區的異議者。這些人與其後代目前都居住於國內，成為盡責與忠誠的公民，這是因為問題發生時，他們及其家族或群體得到適宜的居住環境。

廿世紀的上半葉，許多夏丘人或東不丹人因政府的高壓政策而離開國家。他們在西隆（Shillong）建立了一整個村落，也就是現在印度北部的梅加拉亞邦（Meghalaya）。這個超過三千人的村落後來重回不丹懷抱，我是負責處理「西隆人」參與昂隆（Nganglam）水泥計畫的官員之一，並且協助他們解決國家公民法所規定的嚴格條件。南嘉·旺楚克王子和我，滿懷同情地看著這些過去可能出於特定動機而離開國家，或者只是簡單地被帶頭者誤導的不丹後代子孫。這些不丹裔人民，應否遭拒於國門之外、與其脫離關係、施以懲罰，或者為了定居國內，而要求他們申請廿年的居住規定，以重新取得不丹公民資格？

---

170. 作此評論時，也應該記住在第二次世界大戰期間，日裔美國人在歐洲戰場上代表美國參戰。

　　以西隆人的情況而言，我認為答案應該是否定的，而且政府當局也逐漸回歸此觀點。這些返國者在南嘉・旺楚克王子 —— 隨後接任貿易、工業暨林業部長 —— 所發出的許可中，得到昂隆水泥計畫的工作機會，而後逐漸回歸祖國懷抱，圓滿地結束了西隆人的冒險傳奇。

　　在不丹歷史的不同時期中，的確有其他例子是在不丹社會的其他地區中，抗議實際或想像中的政府鎮壓政策。西部人民離開不丹，定居於印度孟加拉邦大吉嶺，靠近噶倫堡的貝東（Pedong）。一九六一年五年計劃展開之後，他們返回不丹時似乎並未真正遇到阻礙，許多人則與當地尼泊爾族群同化，目前對於尼泊爾文化比對不丹還要熟悉。

　　本身即出自南不丹的固隆（D.B. Gurung）率領著不丹國會，於第三任國王統治期間，友善地達成居住調解。更近期以來，不丹總理於一九六四年遭暗殺之後，代理總理達紹倫杜・多杰與國王之間發生齟齬時，許多不丹高階官員投向尼泊爾並定居於該地 —— 這是自與西藏斷絕往來以後，不丹異議份子選擇投奔的另一國度。雖然烏金・湯畢准將與班覺・翁蒂中校等官員，在國王吉美・多杰・旺楚克於一九七二年逝世之後，隨著國王母舅達紹倫杜・多杰返回不丹，但仁謙・喇嘛（委員仁謙）等官員仍定居尼泊爾，繼續與尼泊爾密切進行貿易往來，或如同班覺・翁蒂中校一般，與尼泊爾的家人有所聯繫。

　　最近期的東不丹異議份子洛東金列・多杰，也是投向尼泊爾。如同上述，他犯了企圖前往新德里的錯誤，印度當局受不丹所托而將之軟禁。跟隨他的多位心懷不滿的夏丘人與昂洛人，諸如卻庫・黨帕（Chhoku Dukpa）、聽列・班覺（Thinley Penjore）等人，目前仍然在尼泊爾從事異議性活動。

　　從過去的經驗學習到，和解、調停與妥協等作法，對國家長期和平與穩定最為有效且影響深遠。畢竟，每個國家都必須解決公民的積怨。各方都需要在多方利益的架構下，考慮各自的立場。若將過去的解決方式視為觀察指標，相關各方將會訝異於，他們極少真正採取友善解決的態度。反而通常涉及高度緊張的情緒、自我、以及未察覺到的高度恐

雷龍之吼

懼，誇大問題所在，並使情勢惡化。在近期南不丹問題的例子中，每次其實都需要確定洛桑人以真正等同於其他公民的方式受到對待，並且以不傷害的方式投入更多努力，將他們帶進不丹的主流生活。至於難民營中的相關人士，陛下的作法是，部分的解決方法可能是允許不丹公民合法地回到國內，儘管有其他人正尋求不同的選擇，或者有些真的不想返國的人士。在這方面，美國、加拿大、澳洲與歐洲國家慷慨提議，在他們的國家中設立難民營重新安置民眾，將對於朝向更持久的人道解決方案作出貢獻。

大多數早就放棄其志業而定居於西方國家的南不丹異議領袖，似乎久居於民主體制中，而存在著一些錯誤的見解。如同媒體重複強調以及道聽塗說地，他們獲得英國作家米樹爾‧哈特（Michael Hutt）[171]所支持，自認為人數眾多，可以主導不丹國會。在政治上，這樣的想法天真而不可行。自稱為南不丹人士的公民身分並不明確，許多人的公民資格尚且存在著爭議。尼泊爾難民營中則更為明顯，大多數人都無法認證為不丹公民。不丹提出證據，指出有些人是經濟與非法移民，其他人則甚至未曾進入過不丹，卻宣稱自己是不丹人，企圖矇騙前去查核身分的官員。不丹當局未確認為公民身分的南不丹人，不具有國會代表選舉權。特別是過去並不真正存在適切的移民文件、出生證明、公民身分紀錄保存時尤為如此。異議領袖幾乎無法改變這種狀況，即使他們也許能以人權與民主之名，號召所有的國際輿論。上述問題轉變為政府所公告的南不丹人比例，由不同時期的預測數目，再扣除百分之十五到廿五的不確定性，以此作為可能的預測基礎。因此，南不丹人在議會中大約只有這些比例的席次。若依不丹新憲法，將該族群比例從不丹正式與非正式政治體系中刪除或降低的話，變化應該更大。這是為什麼我主張簡單地將不丹公民視為不丹公民，而非某個特定族群，或者比照內政部區分為數個類別──公民、居留者、外國人或外僑。如同第四任國王過去強調

---

171. 2005 年 8 月 21 日米樹爾‧哈特教授訪談「不丹的認同危機」，參見 http://www.geocities.com/bhutaneserefugees/crisisof.htm。

的，一個小國家在政治上承擔不起過度多元化的奢侈[172]。

同樣亦應記住，不丹主權與獨立的大力鞏固，是來自於國家的獨特性格，這些源自於金剛乘佛教、中亞與西藏的種族、藝術、建築、語言、文化以及生活方式，與南亞的其他國家相當不同。如果南不丹人無法透過其他面向而融入國家，他們就應該儘可能地透過服飾、語言與通婚，來適應這個獨特的文化，以有益於國家統一與社會和諧。畢竟，移居國外像美國或日本，人們也得適應語言、服裝規矩，並傾向通婚。在我看來，大多數的南不丹人一向願意，而且其中一些人也相當樂意基於國家與個人的更大利益而作出這樣的適應。此外亦須鼓勵南不丹的宗教領袖，特別是梵文學者、法師以及婆羅門，適應並協助推動統一工作。當然他們可以保留對自身信仰有必要的部分。在這樣的過程中，政府與其他人民必須幫助南部同胞，以體諒、親和、不強迫以及友善的方式達成目標。

所幸不丹擁有慈悲的皇室家族，他們對宗教虔誠，並且如同第四任國王所強調的，對於與佛教同源、並有著許多共通性的印度教高度尊重。在民主體制中，皇室家族應該繼續成為這個獨特國家願景與遺產的捍衛者，盡其所能地推動並培養它。例如皇太后們將是國家中推動族群和諧的理想人選，因為她們長期關切心之所繫的國家事務。她們已對國家福祉產生影響，透過其行程與慈善活動，特別是建立於達拉雅納（Tarayana）基金會、青年、尼師與婦女的基礎上，幫助弱勢民眾獲得協助。她們對不丹民眾不帶歧視的處理方式與態度已成為典範。

二〇〇六年憲法草案甫一制定，瑞薩爾與其他異議性領袖，就相當草率且不負責地譴責草案。其實，甚至連經常持批判立場的夏丘異議領袖，亦即不丹國大黨主席洛東金列·多杰，都認為這是國家發展的正確

---

172. 截至 2008 年，這些爭論不再重要，因為上述情況都是 2008 年 3 月 24 日首屆民主大選之前所發生的事情。新的選舉結果是，國會的四十七席議員中有九名洛桑人，其中兩位還成為內閣閣員，即倫波塔庫爾·辛吉·波帝（Thakur Singh Powdyel）以及南達拉·瑞（Nandalal Rai），以及第三位，揚庫·澤仁·榭爾帕（Yangku Tshering Sherpa）是國會副議長。

方向，因而欣然接受憲法草案。瑞薩爾以指控的方式取代呼應國王與全國同胞之所願，造成他不論是在革命事業，或作為異議活動領導者的信譽皆有所損。例如二〇〇五年在紐約接受電台專訪時，瑞薩爾公然指責國王侵吞國際社會撥發給不丹的發展援助款項[173]。電台主持人對此指控相當驚訝。畢竟，提供不丹援助的贊助者皆派駐代表與自方人士，駐紮在王國境內負責監督經費的使用狀況。印度甚至設有使館，由多個執行計畫與項目的印度機構共同負責。例如，丹塔克計畫（Project DANTAK），是由印度邊境道路組織，直接執行道路與其他建設計畫。印度協助建立的水利發電站，由一流的印度管理人員、工程師以及其他重要人士監督，以確保妥善使用可運用資源。同樣地，日本人、丹麥人、荷蘭人、加拿大人以及歐盟，都有自己的官員與管理方式，確保他們的援助不致進了任何人的「口袋」。聯合國則自行管理對不丹的援助，於不丹設立大型機構，以便執行任務。事實上，不丹受到世界銀行表揚為有效使用援助款項的國家之一。面對這種正面的國際輿論，瑞薩爾的指控無異於抹滅其異議行動的可信度。

獲得聲望的行誼

筆者很訝異地得知，一些異議份子關切自身家族在不丹史上所扮演的角色，毫無疑問地，這影響了一位對他們事業寄予同情的英國作家，即米榭爾・哈特。他支持薩姆奇的固隆家族成員，即已故的噶嘉曼・固隆（Garjaman Gurung）。米榭爾・哈特以誇張事實為基礎[174]所提出的觀點，甚至與另一位傑出的學院異議份子旦卡（D.N.S. Dhakal）的著作

---

173. 不丹常駐聯合國雇員澤仁・旺嘉（Tshering Wangay）先生帶回這段訪談，引起我的注意，我們一同在網路上收聽這段訪談。

174. 哈特，米榭爾，《不合宜的公民：文化、國族與逃離不丹的難民》，Oxford India Paperbacks, 2005。哈特引用噶嘉曼・固隆母親，據說在他出生前的一個夢境，內容令人聯想到釋迦牟尼佛母親摩耶夫人的夢。

不一致。此外，雖然後者提出批判，但亦明確地肯定特首達紹普拉罕（J.B. Pradhan）在南不丹的特殊地位。

第二任與第三任不丹國王統治期間，J.B. 普拉罕管理南不丹的各個層面——法律與秩序、稅收、林業、土地以及法律執行。人們前往拜訪，以尋求諸如種性重建與社會規範等攸關傳統尼泊爾人高度關切的事務，或甚至就個人問題求取建議。因此，不丹歷任國王以及多杰家族，包括拉賈索南・透給以及總理吉美・多杰，皆認同其卓越貢獻。美國柏克萊大學的歷史學者里奧・羅斯（Leo E. Rose）在著作中，基於歷史事實作了紀錄。曾於不丹探訪期間，前往會晤 J.B. 普拉罕的哈佛大學約翰・甘迺迪・賈伯瑞斯（John Kenneth Galbraith）大使，也在所著《大使日誌》一書中對 J.B. 普拉罕[175]加以描述。書中為了凸顯 J.B. 普拉罕所扮演的角色，還收錄了太陽報（The Sun）新德里辦公室刊載於一九六二年四月卅日的一篇文章：

「行政特首 J.B. 普拉罕為南不丹的瑪哈拉賈（Maharaja），作為行政管理執行者，為陛下照管著七分之五臣民的福祉，……」文章繼續寫道，「與這位『智者』兩晚的談話，賈伯瑞斯得體地描述到……」

米榭爾・哈特在其廣泛的，但如他所承認尚未完成的研究中寫道：「通常南不丹地區為哈阿地區的多杰家族所管理，他們對於南不丹的責任於一九九○年代進一步移轉。其後於該區投入各方面行政管理的唯一尼泊爾族裔，就是名為普拉罕的尼瓦爾家族，特別是一位名為朱倫達・巴哈杜爾（J.B.）普拉罕的人物。」

米榭爾・哈特進一步引述里奧・羅斯教授與辛哈（A.C. Sinha）教授的論述：

「多杰家族任用一個尼泊爾家族——即普拉罕家族——為其效命，後者於一九一○年之後，採用契約制度將大量尼泊爾移民引進不丹南部。普拉罕家族成員夕楚・噶箕（Sipchu Kazi），經任命後負有南不丹

175. 約翰・甘迺迪・賈伯瑞斯，《大使日誌：甘迺迪歲月的個人解讀》，Houghton Mifin Company, Boston, USA 1969。

雷龍之吼

行政管理與徵收稅賦之責。」（Hutt 2003: 46-47）

如同前述，米榭爾‧哈特的研究，事實上揭示出 J.B. 普拉罕的角色。哈特承認，他無法前往不丹取得當地觀點，並述及尼泊爾難民營的情報，無法提供更多有關 J.B. 普拉罕所扮演的角色。

我認為哈特所描述的狀況完全可以理解——難民營畢竟不會是很好的歷史資料來源。此外，許多不丹歷史紀錄已寥寥無幾，也許除了少數長者，難民營中的相關人士大多身處於一九九〇年代，對有關 J.B. 普拉罕的生命史及其工作也許並不感興趣、不熟悉或不知情，因為他自一九六七年就於公職退休，與家人較常居住在以夏丘人居多的桑竺‧江卡與首都廷布。因此哈特帶著薄弱或有問題的認知，從充滿著異議性文宣的難民營中尋找資料，也未附上官方管道或受到公認的卅年前人物誌及事件文獻佐證。當許多街上的美國人甚至連自己現任總統的名字都說不出來時，可以想見尼泊爾難民營中的情況。為了進一步凸顯這點，可以參考最近美國二〇〇七年一份中小學童的調查報告，這些孩童誤認美國人於二次大戰期間，與德國人聯手對抗蘇聯人。

J.B. 普拉罕從一九一〇年或甚至更早開始，直到一九六五年期間，參與南不丹的行政管理，之後他擔任不丹皇家政府顧問，就南不丹事務直接上呈國王。他於一九七五年逝世於桑竺‧江卡的寓所。在英屬印度以及印度政府的紀錄中，有關阿薩姆、孟加拉、錫金與東北邊境特區的邊界協商，以及其他雙邊會談中都可以看到這些官員與 J.B. 普拉罕的交涉紀錄，並公認不丹當局授權他執行。J.B. 普拉罕參與南不丹事務，歷經第一任到第三任不丹國王。他是國王與總理唯一認可在南不丹事務上的權力執行者，而且這是官方公認的事實，從任何的不丹文獻、甚至異議作家的著作皆可得到證明。

J.B. 普拉罕管理不丹南部，剛開始任職於噶倫堡的不丹宮。一九六四年總理吉美‧多杰遇刺後，國王直接接管當地行政與政治權力，J.B. 普拉罕由國王吉美‧多杰‧旺楚克直接指派，於皇家法院中處理政治、文化、宗教與南不丹民眾陳情案件，亦包括所有法律與秩序以

及跨境事務。事實上，國王曾規劃我繼承家父在南不丹的領導工作。一九六五年到一九六六年冬天，國王於南不丹的卡拉帕尼狩獵途中，向家父表達對我的計劃。當時我才剛從大吉嶺的北角完成高中學業。陛下讓我執行一些任務，也許想測試我的能力是否適合，之後他說我所接受的教育已經足夠成為家父的副手，並認為在接下來的幾年中，我應該接受培訓以接管父親的職責。然而家父期待我進入學院接受更高等的教育。受到他的英國與印度朋友影響，他對兒子的最佳規劃，就是前往英國取得學位。他恭敬地向陛下表達這樣的觀點。作為妥協，陛下認為我應該如同他王弟南嘉・旺楚克王子一般，接受印度行政官員選拔考試（IAS）的課程，然後開始公職生涯。家父只得奉命，與不丹暨錫金政治官員巴哈杜爾・辛格（Bahadur Singh）先生共同安排。

在短短幾天之內，陛下與其隨行人員應印度駐不丹邊境道路組織主席布里加迪・賈嘎納坦（Brigadier T.V. Jaganathan）之邀，前往格列普洛卓的丹塔克難民營。該官員是位隨和的老煙槍，後來晉升為印度軍方中將，最後逝世於肺癌。巴哈杜爾・辛格前往格列普求見國王，要求並承諾立即為我安排 IAS 課程。大約在國王訪問南不丹之後一個月，帕羅本洛且兼任不丹皇家軍隊副總司令的南嘉・旺楚克王子，造訪桑竺・江卡。我被家父召去陪同王子殿下午宴，殿下詢問我的未來計畫。家父告訴他，國王規劃我結束大吉嶺北角的學業之後，就前往接受與帕羅本洛曾受過的 IAS 課程。旺楚克王子說，他不認為該學院的課程有助於不丹國政，安排我去新德里的聖史蒂芬學院（St. Stephen's College）會比較恰當，家父與我極為驚訝。旺楚克王子說，他將立即安排印度政府獎學金，並在大學中安插名額。他指示辦公室立刻與錫金甘多克的政治官員取得聯繫。教育部也接獲要求，採取措施為我做好一切安排。

家父對於影響兒子未來的新發展感到開心，但又擔心國王如何看待計畫的改變。旺楚克王子安撫他，告訴家父只要自己遇見陛下，會向國王解釋為何改送我到聖史蒂芬學院，而非印度行政服務學院（Indian Administrative Service (IAS) Academy）。這項保證令家父與我都放下心

雷龍之吼

中憂慮。很久以後，我從可靠消息來源得知，陛下對於我未能遵從他一開始即要求我前往 IAS，並在學成之後立刻投入政府工作的指示感到失望。我對這樣的誤解感到非常遺憾，只希望家父與我當時能即時且直接地稟告國王這件事情。

一九七一年，南嘉・旺楚克王子也應家母的請求，安排舍弟瓊・巴哈杜爾・普拉罕（Jung Bahadur Pradhan）前往澳洲深造。

不丹第三任、第四任國王統治期間，優秀不丹官員間的互動

我曾與之共事或在官場上結交的多位重要人士，對國家建立皆有所貢獻，亦於一九六〇年代或更早期，以其他方式影響我的生活與工作。有些人已在行文中提過，以下盡量避免重複。

我於一九六九年加入公職，當時最高階的官員包括內政部長倫波湯紀・迦卡（Tamji Jagar）[176] 與財政部長倫波確嘉。確嘉是我的支持者，一九七七年第四任國王授予我紅披巾時，他評論道：「我很高興見證一位值得獲此殊榮的人士。」當政府配發私人處所時，他也鼓勵我在廷布申請住宅。當時我無此意願，因為擔心沒有工作可以支付政府三百一十元努幣的稅金，我也幾乎沒有意願在廷布定居，而想回到家鄉桑竺・江卡。倫波確嘉一開始是老師，他深諳印度語，並且極力安排家族成員參與許多商務活動。

倫波迦卡是深受第三任國王所信賴的副手，先後擔任不同性質的職務，包括札西崗法官（Thrimpon，特鈴彭）以及中央的主任秘書（Gyaldron，嘎卓）。在內政部長任期期間，他參與許多宗教活動，特別是在國家的東部地區。他的妻子來自東部，無論對國王或對一般人，一向都使用夏丘語交談。迦卡鼓勵我在桑竺・江卡的巴喀朱里

---

176. 湯紀・迦卡（Tamji Jagar）並非原出生姓名，「迦卡」是綽號，意指印度人，這必定是童年時代的綽號，他實際上並非印度人。「湯紀」則是他出生的布姆塘村落名。

（Bokajuli）申請土地，當時札西崗的札倉空置，但很遺憾的那時我沒有興趣。

倫波迦卡與確嘉由於語言和文化問題，而與印度為協助發展初期行政管理所派遣的官員有溝通上的困難。這些顧問分別隸屬於當時負責財政的發展部，另一位則是與倫波確嘉共事的財政顧問。內政部長則有來自於印度警政署（Indian Police Services，簡稱 IPS）的警政顧問。這些印度官員必須指導計畫的擬定，以及準備五年計畫的預算書，並在必要之時予以修訂。實際上，如果缺乏他們的背書與控管，對於獲取金融釋出以及保有計畫帳戶等方面可能會出問題。警政顧問則參與不丹警力的訓練。一九八〇年代以後，不丹本身培訓出越來越多的人力資源，不再需要這些委派人員，其中亦包括大多數學校的印度校長在內。不丹需要感謝一些印度先驅人士以及其他外國教育者，他們冒著艱辛困苦前往不丹偏遠地區傳授現代教育。此刻我也回想起大吉嶺北角耶穌會教士的重大貢獻。最傑出者就是來自於加拿大的威廉・麥凱神父（Father William Mackay）。他建立了札西崗學校與崗隴學院（Kanglung College），除此之外還在教育方面擔任不丹政府的終身顧問。

倫波桑給・班覺與前述幾位部長相比，甚晚才晉身為部長，之前擔任副主任秘書直到晉身為部長職務為止。其後派駐聯合國，擔任首任不丹常駐聯合國代表。隨後他也出任駐印度與駐科威特大使。有一段時間，他擔任社會福利部部長以及首席法官。他因通曉英文而出任大使職缺。他的長子達紹策旺・仁謙（Tshewang Rinzin），與第三任國王的長公主索南・雀登・旺楚克（Sonam Choden Wangchuck）結婚。策旺・仁謙以西方教育的背景，晉身為副部長，而後擔任不丹外交部長多年。倫波桑給・班覺則逝世於相當戲劇性的變故之中。他退休後不久，參訪溫泉勝地並於當地休憩放鬆時，巨石突然砸落營地。他受傷而於趕往醫療途中不治身故。

另一位晉身為部長，但未於中央擔任內閣職銜的官員則是倫波貝瑪・旺楚克（Pema Wangchuck）。他以此重大職銜代表不丹派駐於印

雷龍之吼

度。早先他擔任政府與印度邊境道路組織丹塔克的聯絡官員。隨後他擔任南不丹首席行政官時，原職依然保留。

另一位曾與我共事，並且來往密切的高階部長為倫波多杰・澤仁（Dorji Tshering）以及倫波札西・透給（博士）（Tashi Tobgye），他們在前批部長退休後，繼任部長職缺。倫波多杰・澤仁跟隨確嘉多年，曾先後擔任不同職位與財政部秘書。確嘉逝世後，他出任財政部部長。倫波澤仁是財政部的資深官員，以高度整合能力而著稱。第四任國王對他寄予厚望並深具信心，於他退休後授予竹尊吐穗勳章之殊榮。回顧職業生涯，我總是向他尋求私人或官方的建議與指導。我深知他的睿智與樂觀，並且是一位腳踏實地的人物。多杰・澤仁之子，達紹（阿蓋 Agay）烏金・多杰（Ugyen Dorji）最初任命為通薩眾耶，當時第五任國王為通薩本洛與王儲。二〇〇八年新王加冕之後，他成為陛下的秘書。

倫波札西・透給（Tashi Tobgyal）博士是社會福利部部長。他於印度接受教育，訓練成為醫生。他擔任第三任國王的私人醫師，直到陛下於一九七二年逝世為止。他同時也負責不丹隨後推出的醫療衛生服務。這之後，他擔任不丹駐印度與駐孟加拉大使。

我認為自己在職場上較上述三位部長資淺，因為我在他們之後才晉升為部長。其餘的同事都在我之後才升任部長職銜，即使其中兩位的服務年限比我資深，此即內政部長倫波達戈・澤仁，以及計畫部部長倫波謙嘉・多杰（Chengkhyab Dorji）。另外尚有四名傑出的副部長官員，他們所執行的任務對於國家行政運作亦極為重要，也在國家政治上扮演過重要角色。一位是皇家顧問委員會主席達紹噶瑪・勒托（Karma Letho）。另一位是首席法官達紹帕究（班吉 Benji）・多杰，之前提過他是總理吉美・多杰的長子，十幾年來都是第四任國王的朝臣（有些人幽默地稱他為宮廷小丑）。達紹納杜・仁謙（Nado Rinchhen）是不丹駐新德里與駐日內瓦任期最長的大使，多年來亦負責國家的環境政策，二〇〇九年任命為智庫委員。

當然尚有幾位是在早期常年任職的閣員解散之後，從一九九八年開

始接受任命的部長：倫波吉美・渥色・廷禮、倫波桑給・昂杜、倫波耶樹・金巴（Yeshey Zimba）、倫波康杜・旺楚克（Khandu Wangchuk）、倫波旺地・諾布（Wangdi Norbu）、倫波烏金・澤仁（Ugyen Tshering）以及倫波樂基・多杰（Leki Dorji）。他們都是國家文官，因此我有機會在不同部會與之共事。這幾位都是歷經第四任國王指派、國會議員正式通過的最後一屆非民選閣員，他們的任命多少都已歷經更民主化、並且類似選舉方式而產生。在此之後，二〇〇八年三月根據新憲制定，舉辦第一屆民主選舉選出國會議員，由其遴選內閣閣員。

　　我認識一些更著名的南不丹人士，例如一九五〇年代與一九六〇年代期間，擔任薩姆奇副首長的噶箕嘉斯・然・固隆（Jas Raj Gurung）。他具有令人欽佩的人格，並且以身為不丹人為榮──他使用宗喀語，並且是第三任不丹國王最賞識的官員之一。他與他那溫文儒雅且更令人讚賞的兒子，達紹希夫・拉吉・固隆──曾擔任消費稅與賦稅官員，而後成為首位出自南部的皇家諮詢委員之一──兩位都是傑出、備受尊崇、忠誠並具有才幹的官員。這對父子的確是南不丹人的驕傲。遺憾的是，希夫・拉吉因肺結核與肺部切除的後遺症而英年早逝。他的去世是一件憾事，因為無疑地他對國家的團結與進步貢獻良多。

　　達紹嘉卡・巴哈杜爾・剎蒂利（Janga Bahadur Chhetri）也是南不丹官員，於一九六八年到一九七〇年代新籌組的內政部中，擔任不丹首任內政部長倫波湯紀・嘉卡的部屬。之後他獲選為皇家諮詢委員。他在國會中掀起許多波瀾，並且在職業生涯的某些特定時期，多少都是一位具有爭議性的人物，因為他試圖將南不丹規劃為種族分離的政治實體。他企圖在國會中尋求皇家諮詢委員的第二任任期，但並未成功。而後他退隱於廷布的寓所多年，直到二〇〇八年離世為止。他的兄弟亦任職於不丹政府，有幾位在高等法院以及其他機關身居高位。

　　另一位顯赫一時的剎蒂利（D.K. Chhetri），是不丹駐孟加拉大使，隨後擔任不丹奧委會秘書長。至於達紹喀瓦（D.N. Katwal）曾在前面提過，他也擔任過相類似的高職。

　　早在南不丹爆發族群問題以前，畢姆‧蘇巴即為貿易、工業暨電力部的電力部主任。陛下高度重視他，擢升他為處長，當時蘇巴甚至已計畫於一九九〇年以後潛逃出國。蘇巴的父親與家父共事，我也曾在相同部會工作。家父聘用畢姆‧蘇巴的父親阿斯‧巴哈杜爾‧蘇巴（Aas Bahadur Subba），一九五〇年代於沙邦市（Sarbhang，現在的沙奔市）進入政府部門服務，我憶起那段期間他短暫教授我尼泊爾文。不久後他晉升為分區官員，而後由總理吉美‧多杰拔擢為奇朗市副市長。阿斯‧巴哈杜爾‧蘇巴是一位溫和、說話輕聲細語的人，我相信他為奇朗民眾貢獻良多。他設法將子女送往印度學術機構接受良好教育，並透過獎學金或不丹政府的安排而出國深造。非常遺憾的是，畢姆‧蘇巴受到其他人（有些人說是他的姻親）所影響，因而離開國家。否則他是一位優秀的電氣工程師，同時是不丹電力部部長。政府與國王相當器重他，並對其建議與領導大有信心。一九八六年，我們隨陛下前往達迦納，視察該區的發展計畫，途中蘇巴患上感冒。國王立即召來皇家侍從，為他調製不同的配藥。這是國王對蘇巴關心的表現，因為至少就我所知，國王從未對其他官員做過同樣的事情。最諷刺的是，幾乎就在畢姆‧蘇巴升任為電力部部長的當天，他就已決定隨同巴斯納特與其他人潛逃前往尼泊爾。

　　陛下早先得知畢姆‧蘇巴的兄弟已經加入異議性活動時，他相當憂心。陛下召我前往札熙岡宗的辦公室，告訴我應當告知蘇巴此事。更具體地說，我應該告訴他，政府將要開始取締異議份子，這對他的兄弟可能也是同樣嚴重的後果。如果他的兄弟非得成為異議份子，那麼國王的忠告是，他應該參加非暴力的派系，因為訴諸暴力的組織可能會面對嚴厲的官方反擊。蘇巴應該盡可能試著將兄弟帶回不丹。

　　從國王面前告退後，我立即打電話請畢姆‧蘇巴到我的辦公室，並秘密地告知國王的關切之情。我告訴他，可以請假去找他兄弟，不論如何都要試圖說服對方。

　　大約一週後，蘇巴告訴我，他在印度邊境一處叫做噶崗達

（Garganda）的地方，已設法聯絡到他兄弟。但令我驚訝的是，他的兄弟反過來說服了他。他認為他們正在從事正確的事情，而他欽佩這樣的決心。我提醒蘇巴，應該遵從陛下的建議，告誡兄弟應參加非暴力派系的異議活動，因為暴力性社團可能即將面臨嚴厲的取締行動。蘇巴說會找機會轉告他的兄弟。

這些事件展現出陛下對畢姆・蘇巴信任與信心。如果畢姆・蘇巴當時沒有離開國家，而顧及家族在國家中的利益，他可能可以推展很多事情，包括處理南不丹的衝突。我相當確信，陛下不只將授予他更高的職位，基於他對不丹未來最重大的經濟潛力，即水力發電發展所具有的價值，可能會將他列為內閣閣員。

在貿易暨工業部中，索巴納・拉瑪（Subarna Lama）與我密切共事。他早先任職於外交部。事實上，第四任國王曾稱他為不丹的第一律師。儘管有酗酒的問題，但索巴納具有紮實的法律知識以及傑出的法律語言能力。我參與他對於公司法的修訂和破產法、動產與不動產法的擬定工作，當時我擔任研擬這些法案的委員會主席。索巴納多年來在不丹的貿易暨工業部，負責法律與智慧財產權等議題。他的父親達紹多爾喀・達斯・拉瑪（Durga Das Lama），為首批南不丹皇家諮詢委員之一，並且是當地的大地主，在該地區扮演著重要角色。多爾喀・達斯的妻子亦當選為國會議員，為榮獲此項殊榮的首位不丹女性。第四任國王對這個家族投注仁慈，一九九〇年暴動發生時，陛下很快地命令地籍測量機構，重新確認多爾喀・達斯家族所擁有的大片土地。

另一位著名的南不丹人士，是達紹琵爾斯曼・嘎列（Pirthiman Ghalay），其家族世代以來擔任彭措林地區的村長與村民代表。嘎列則當選為皇家諮詢顧問。他也是彭措林地區的著名地主與商人，並在逝世前幾年，成為非常富有的人物。另一位嘎列，達紹嘎列（L.B. Ghalay），擔任皇家諮詢委員之後，由殿下指派前往高等法院無限期任職，以便解決與南不丹有關的各項議題，以及該地區的煩瑣問題。

另外還有多位普拉罕（Pradhan），除了我家族的那些人士之外——

其中一位是奇朗的巴魯·普拉罕（Bhalu Pradhan）。他是一位忠誠的公務員，在家父的辦公室服務十多年，從一九五〇年代到一九六〇年代早期。他的女兒是位醫師，嫁給北不丹人。

我試圖詳述部分南不丹人士參與公務活動的貢獻。但過去與現在仍有許多人士，在軍隊、警界、醫療服務領域、學校與學院，作為醫師、工程師、電力技術人員、工業與公共工程部門，為國家的福利與福祉作出貢獻。另外還有農人生產柑橘、小豆蔻以及其他作物，為國家外匯收入以及食物儲量提供一己之力。因此可以說，南不丹人與王國內其他地區的同胞，肩並肩地共同參與國家活動。

改變心態的必要性

不丹現今離一九九〇年代已超過廿年，二〇一〇年以來，南不丹人的生活情況已有相當大的差異。新一代的洛桑人熟悉於不丹的語言與文化，並且穿著幗與旗拉而長大成人。多數人似乎都了解並熟悉不丹的不同文化環境。他們之中有些人是異族通婚的子女。現在是再次進行融合政策的時刻，這一次要牢牢地將南不丹人吸納進入國家之中。

一九九〇年到九一年南不丹示威活動之前，大部分的尼裔民眾，毫無猶豫地遵循由國會與國王所提議的融合政策。事實上他們覺得這對他們自己而言，是自然而明確的道路。他們相當願意讓子女以及後代子孫成為竹巴人，並與王國中的其他種族通婚。老一輩的問題在於年事已高，習慣生活於自己的傳統文化中，包括原有的尼泊爾服飾。要求老人家學習新語言並改穿過去從未穿過的服飾，若真能做到，也必須非常緩慢才能完成。一位王室成員以幽默但鮮明的方式說明這點。

他說：「一位著名的喇嘛突然改穿朵拉·蘇如瓦，那他會怎麼想？」

我甚至無法想像喇嘛改穿朵拉·蘇如瓦，或者事實上除了僧服以外的其他服飾。但我確定許多洛桑人卻會放棄尼泊爾服飾，而更常在家中

的其他服飾。但我確定許多洛桑人卻會放棄尼泊爾服飾，而更常在家中穿著幗服。

王室家族成員則表示，南不丹老人與婆羅門，必定發現自己處於最尷尬的處境。他強烈建議國服應該從年輕一代開始實施。即使是強制性的，但只應當在公共集會與辦公場所穿著，不必強制在家中或農忙時穿著，更不應當如同部分南部地方機構，羞辱性地強制執行。國家北部地區並非如此，只有南不丹才這樣強制實施。這明顯是不公平的。

政府最令人振奮的決定就是，南不丹因國安問題而關閉的所有學校與醫療機構，於二○○八年再度開放。所謂「無異議證書」（No Objection Certifcate，簡稱 NOC）的發放仍待解決。事實上，對於所有孩子嘗試取得入學許可及進入其他教育機構的情況下，這項措施需要徹底廢除，因為沒有人有權力阻止或延誤無辜孩童接受教育，無論是不丹人還是居留在不丹的外國人。

許多南不丹人的公民資格，在國內依舊處於懸而未決的狀態。他們的舊身分證尚未換發為新證件，從而剝奪他們及家屬的公民優惠、權力與義務。主要是因為這些家族中，有成員潛逃或離開不丹，前往尼泊爾難民營，因此政府部門猶豫於換發新身分證。這個情況造成居住於不丹的家屬，在忠誠歸向上遭受懷疑。然而這些個案在超過廿年之後，現在必須解決，因為國內新世代的無國籍住民正在產生。這群人民因忠誠受到懷疑，而受到區隔並受到歧視。事實上不丹和平繁榮黨（DPT）政府，在競選活動期間即承諾解決此事。相信他們正在尋求可接受的解決方案，同時不影響國家安全。

逝者如斯，生生長流……

個人的悲劇

俗諺云：「禍不單行」。內閣解散後不久，一切事態漸趨明朗，我個人已做好準備適應新生活，但國王卻不再提名我為部長，家母的健康狀態也轉為惡化。她洗腎多年，但腎臟還是發生了病變。雖然在桑竺·江卡時，我一週探視她一次，但她去世時，我人卻在廷布。事情突然忙碌起來。我計畫前往桑竺·江卡，然後立刻離開。大約一小時車程到達丘宗（Chhundzom，河水匯流處）之後，還要趕上六小時的車程抵達彭措林，這時我的好運用完了。雨季期間，廷布彭措林公路因土石流而多處封閉，需要數天時間才能通車，道路暫時無法使用。我返回廷布的桑透喀（Semtokha）住處，企圖改駛另一條更長且更艱鉅的東西橫貫公路。如果路面淨空且沒有其他問題發生，這條路只需要三天就能抵達桑竺·江卡。

當我準備出發駛向橫貫公路時，接到來自貢倫朗姆·多杰的電話。他說陛下已經下達指令給布姆塘、芒嘎爾、札西崗及桑竺·江卡的宗達們，所有前往目的地所需經過的中繼站，都已經為我的旅程做好一切必要安排。桑竺·江卡的宗達接獲指示，在我抵達之前先將家母遺體保存在冰上，以便我能見到她的遺容，並在火化之前進行所有必要的宗教儀式。宗達撥發公款，規劃並安排所有的火化儀式。

遭逢重大逆境之時，陛下的態度最使人感動且令人折服。這些安排的確有所幫助。他向不丹人民與官員明確表態，儘管內閣解散，但我並未失去國王的榮寵。這個訊息在此關鍵時期，對我個人至關重大，我將永遠感念陛下之情。

斯卡斯代爾、紐約以及聯合國

我失去部長級職務以及喪母之痛才剛得到同情與慰問後不久，再度接到各方的善意祝福與親友的祝賀，這是有關我的常駐聯合國代表第二任任期任命案。

不丹常駐聯合國大使的職務被視為一項殊榮。如同我的美國朋友說，儘管原有事業瓦解，但我卻安然無恙。事實上我的孩子因此而能到美國就學，對他們而言是極佳的機會與經驗。小女曲措重新開始大學教育，而小犬旺嘉・仁謙與吉德・索南・旺楚克兩人，也進入著名的斯卡斯代爾（Scarsdale）學校接受教育。

對個人而言，這是我第二次重返職位。將近廿年前的一九七九年十二月，陛下召見我，說他將指派我出任常駐聯合國代表，同時授予我副部長職級的橘領巾。事實上，我是第四任天龍嘉波於一九七二年登基後，首位獲得此級別殊榮的官員。同時，我首次擔任常駐聯合國代表時是卅三歲，被視為當時最年輕的常駐大使。將近廿年之後，我於一九九八年重返崗位，年長許多但希望能更有智慧。

回憶錄

紐約的第二任任期以及聯合國秘書處任內，給我機會回顧並追憶過去十年，也就是一九八五年到一九九八年，於政府擔任公職期間所完成的事情。我自問是否盡己所能？是否做到誠信與正直？是否達成國王的期待？回顧種種，我的答案是：我做了能做的，並且遠多於此。在貿易、工業、電力、旅遊與任何肩負的領域中，我達成國王與政府的政策與目標。

我在貿易暨工業部中的倡議與領導，達成明確的成果，許多項目大多仍持續進行，並由國王陛下英明領導。部分重要事件列舉如下：

　・孟加拉國獨立後，開啟與該國的首度貿易，並創造不丹歷史上，

雷龍之吼

透過貿易往來達成外匯收入的紀錄。此紀錄遠超過世界銀行的預期，即不丹於一九八〇年代，每年出口不具備一百萬美元的實力。最高峰時期，不丹每年甚至創下九百萬美元的紀錄，最初幾年的貿易順差則平均達六百萬美元。雙邊貿易亦為長期永續，延續至今。

· 一九九五年，與印度政府更新貿易協定。就一九七二年以來，有關不丹貿易與過境協議中，影響不丹主權與貿易障礙的措辭及議題，與印方徹底談判成功。而後，我代表國王陛下與印度國家商業部部長阿倫‧尼赫魯（Arun Nehru）先生，於廷布共同簽署協議修訂版。陛下於內閣（Lhengye Zhungtshog，倫給宗紹）欣然肯定這項成就。

· 推動私人企業之建立，例如矽鐵、三個水泥工廠、不丹木材板業製品及家具工廠。甚至為滿足原物料供應商，而以永續發展的基礎使用林場，此為不丹首見。我得知目前該企業已可支付股息。這是透過創新與利用可再生資源，而達到經濟發展的明確例證。

· 與奧地利磋商以落實巴蘇河水力發電計畫並展開建設。該計畫目前已經完成。這項投資由該國補助，當時為奧地利對發展中國家所進行的最大型援助計畫。

· 一九九一年完成旅遊業私營化，私營機構首度參與旅遊業務。在此之前，旅遊業完全由政府部門運作。

· 以百分之六十補助及百分之四十貸款的方式，與印度政府磋商並落實庫利河水力發電計畫。該計畫現已完成，並為東不丹與東部地區的社會經濟發展，作出極大貢獻。

· 以百分之六十補助及百分之四十貸款的方式，與印度政府磋商並落實塔拉河水力發電計畫，並已展開建設工作。該計畫目前已完成。

· 將楚卡河水力發電計畫的效能，從三百卅六兆瓦擴大為三百七十兆瓦，並且向印度輸出電力，大幅增進國庫收入。國內

整體電力產能與國庫收入皆創下國家收入的歷史新高。

· 設置於彭登水泥廠的污染控制措施,在丹麥官方援助機構「丹麥國際開發署」(DANIDA)的協助下已符合國際標準。廠房的性能加倍,水泥產能創下不丹歷史紀錄。總經理寧姆·多杰也應獲讚揚。

· 廷布旺楚塔巴水果保鮮工廠,由丹麥國際開發署協助設立。在財政部與農業部的要求下,我接管帕羅波蒂農場閒置的空瓶灌裝廠,將之改裝為不丹首座瓶裝水罐裝廠。現今產品已創下紀錄。前總經理索南·旺地及現任的金姆·多杰(Gyem Dorji)同樣應受到高度讚揚。

· 木材加工中心在丹麥國際開發署的協助下設立,生產歐洲品質的家具。工廠成立目的在於推動以機器製造家具的培訓中心,使私營企業有能力自行開設工廠。然而,我不再執掌董事會後,該目標已然改變。

· 以所有企業與水力發電計畫下超過百分之七十的目標,實現不丹就業最大化。

在這樣的背景下,國王陛下任命我為不丹控股與投資機構(Druk Holding and Investments)主席。不丹時報(二〇〇七年十一月)刊載了一些我擔任貿易暨工業部部長任內(一九八五～一九九八),對於推動不丹民營企業的主要成就。如同下例:

· 建立並支持不丹工商業聯合會(BCCI)之成立;

· 旅遊業民營化;

· 開放民營企業全面參與孟加拉國家貿易交流;

· 與民營企業合作建立矽鐵、碎料版以及水泥廠;

· 創立民營企業培訓方案,由國家金融機構籌措資金;

· 政府撤出投資項目,包括不丹聚乙烯、彭登水泥管理公司(PCAL)、磚造廠以及其他項目;

· 於塔拉、巴蘇河、庫瑞河以及其他計畫項目中,為私人營建公司

雷龍之吼

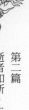

提供投資機會。

從一九八五年到一九九八年期間，與我共事過的官員都可以見證到部會的上述成就，許多人士對於本人擔任部長任內，成功推展且充滿活力極具貢獻，儘管曾共同面臨阻礙。

然而尚有一些方案是我想付諸實行，若在部內有更多時間與自主權，我樂於推動這些理念。有些計畫聽起來很宏偉但確實可行，概述如下，希望未來有人能重行思考這些項目：

・建立高散裝貨物之空中纜索網運輸：於廷布、帕羅與哈阿等地區建設空中纜索，匯聚於楚宗地區，再從該地設置更大承載量的纜索，沿河通往不丹與印度邊界，而後透過鐵路連接不丹與印度海港。纜索網可望減少重型卡車通行數量，降低進口燃料消耗。這對成本與環境將有非常正面的影響。

・以電力提供首都通往其他城鎮的公共運輸動能：由電動車負責運載首都上班族與其他旅客，可望降低廷布的車輛運輸與空氣污染。

・住宅開發：於廷布谷地上方的山坡地帶，規劃最佳住房組合與不同容積戶數，依國際標準興建，可出售私人持有。此構想可確保專業開發、適宜的道路規劃與使用，並規劃社區公共設施。廷布谷地下方用地得以盡可能建設為運動場或重要政府大樓、學校、醫院以及其他公共設施。

・於廷布山脊上的帕究汀（Phajoding）興建機場：南部（帕羅）機場雖可供較大型飛機起降，但距離甚遠，帕究汀則距離首都不到一小時車程。玻利維亞的拉巴斯機場即為良好範例 —— 其座落於一萬三千三百廿五呎高度（四千零六十一公尺高）。政府計劃於格列普、普吉喀（Phopjhikha）等地興建國際機場。我認為在這些偏遠地點興建機場，將對國內旅遊有所助益。但大多數的遊客，包括觀光客及其他國際旅客，首次造訪不丹大多前往首都參觀，車程超過一個小時以上的機場不夠便利。

‧鐵路幹線與機動車輛並駛車道：建立從不丹境內的夕索
（Sibsoo）到德芳，而後通往不丹邊境之幹線，與印度鐵道相連
接，如同近期兩國所討論到的議題。

上述皆非天馬行空的想法，但顯然需要進一步審慎思考與研擬，必
須三思而後行。

第 三 篇

第五任國王

－吉美・格薩爾・南嘉・旺楚克

意外登基

　　不丹王國第五任世襲君主，天龍嘉波吉美‧格薩爾‧南嘉‧旺楚克，於其父王第四任天龍嘉波意外退位之後，於二〇〇六年十二月十四日登上不丹王位。不丹國內一般稱他為「達紹格薩爾」（Dasho Khesar），他由王后陛下阿熙澤仁‧雍登（Tshering Yangdon）所生，為國王吉美‧辛格‧旺楚克四名王后中的第三子。

　　陛下早年受教於廷布桑天林王宮中，專為王室子弟設置的學輔機構。不丹傳統教育方式，係對學童施以嚴格紀律，御用教師毫不猶豫地對王室子弟施以嚴懲，傳言甚至使用藤條管教。在早期教育之後，達紹格薩爾前往廷布的央謙普公立學校（Yangchenphug Public School）就讀，他於該校有機會與其他王子公主直接互動，並可與一般不丹學生更大程度的交往且建立友誼。學校不允許為王室子弟提供任何特殊設施。第四任國王曾告訴外國記者，「如果學校對我的人民足夠好，那對我的孩子就足夠了。」

　　事實上，當時我是央謙普學校的家長會主席，因為小女曲措也在同一所學校就讀。我盡己所能地以各種方式協助學校，募集捐款並改善圖書館設備，並為學生額外興建更良好的衛浴設備。我詢問精力充沛的校長洛彭策旺‧唐汀（Tshewang Tandin），就有關為王儲增建特殊設備而徵得同意。他直截了當地拒絕提議，說他接獲王宮嚴格指示，不得為王室子弟提供任何特殊安排。

　　早期的教育與訓練結果，使得王室子弟腳踏實地。嚴守紀律。王儲與其他王子公主隨後進入美國及歐洲的各級學校就讀，接觸西方與國際教育。王儲轉學進入英國牛津大學取得哲學碩士學位之前，先於美國惠頓學院就讀。

殿下仍為王儲身分時，即獲加拿大新伯倫瑞克大學（University of New Brunswick）與泰國蘭實大學（Rangsit University）授予榮譽博士學位。News@UNB 中提到 [177]：

「殿下對於青年議題，以及不丹年輕人的福祉具有堅定的興趣。二〇〇二年他代表不丹出席第廿七屆聯合國大會，並在聯合國兒童特別大會期間，向一百九十位會員國領袖發表演說。這是為增進兒童福祉而舉辦的重要國際研討會。不丹皇家大學校長王儲殿下，也即將在新伯倫瑞克大學與不丹發展關係廿週年之際，獲得該校頒發的榮譽學位。新伯倫瑞克大學自一九八五年以來，對於協助不丹發展世界級的教育系統，扮演著重要角色。蘭實大學授予王儲『哲學、政治與經濟』榮譽學位，以表彰他對國家與人民發展，以及促進其生活品質等方面的領導、智慧與策略所作出的貢獻。」[178]

我曾參與王室子弟的教育規劃，特別是在一九九八年到二〇〇三年任職於美國聯合國期間。王儲母舅達紹索南・透給・多杰（Sonam Tobgye Dorji）為不丹駐紐約總領事，其妻仁謙・旺母在紐約哈里遜負責監護人與家管事務。我經常陪同達紹格薩爾與其他王室成員，前往他們的學校參觀，並參加畢業典禮。我也參與王室子弟就讀學府的評鑑，並因而參觀了哈佛、耶魯、普林斯頓、達特茅斯、威廉、史丹佛以及其他學校，評估環境是否適合王室子弟的教育培養。能以這樣的方式參與王室生活，的確是極大殊榮與喜悅。

現任不丹國王仍為王儲時，即在廿一世紀的第一年於國際社會中露面，成為不丹最重要的國際性人物。在得到通薩本洛的正式頭銜之前 [179]，如同上述新伯倫瑞克大學的引文，二〇〇二年五月於紐約舉行聯

---

177. 參見 2007 年 9 月 30 日，網址：http://www.unb.ca/news/view.cgi?id=856。

178. 參見《國家》，2007 年 9 月 30 日，網址：http://www.nationmultimedia.com/2006/11/17/national/national_30019213.php。

179. 我並不贊同總領事索南・透給・多杰使用「確措」本洛（"Chhoetse" Penlop，譯按：「確措」意指「統治者」）這個字詞，就我所知歷史上從未有這樣的用法。我樂於見到通薩本洛（Trongsa Penlop）這個用語目前再度廣為使用。

雷龍之吼

合國兒童特別大會期間，他即成為深具魅力的人物。超過七千名與會者，包括七國國家政府領袖、總理或代表，參與這場舉辦已超過十年的重要國際兒童研討會。我作為不丹大使與常駐聯合國代表，經常陪在殿下身邊。置身於世界級元老如尼爾遜・曼德拉、西班牙王后以及其他政要之中，王子廣受歡迎並舉止莊嚴。他適合置身於各國元首之中。我只能說他在聯合國的現身，為不丹形塑的外交形象，也許更勝過不丹代表團的所有發言。

王儲也在泰國一鳴驚人，當時他於二〇〇六年參加泰皇登基六十週年慶祝大典。泰國人對他的謙遜態度，以及所有與之接觸者，不論國王、大臣、官員或傭人，皆對其貼心態度印象深刻。當然，擁有出眾外貌與皇家風範的單身年輕王子，網羅女性族群的注目。

不丹擁有這樣的王室家族優勢，可以發展為國際關係中的正面形象。即使我已離開不丹政府部會，但還是努力鼓勵王儲參與聯合國會議，然而，廷布當局似乎並未留意到我的建言。我持續建議外交部，安排王儲參與重大國際會議，即使無法每年都參加，至少也要兩年一次，或者是安排他與世界級領袖會面，以提昇國家形象。我希望這樣的觀點能在適當時機得到接納，甚至在加冕成為國王之後，陛下也能現身國際舞台，而不是封閉在國內。同樣地，其他的王室成員 —— 達紹紀耶・烏金・旺楚克（Jigyel Ugyen Wangchuck）、達紹康蘇（Khamsum）、達紹吉美・多杰（Jigme Dorji）、阿熙琪彌（Chhimi）、阿熙索南・德謙（Sonam Dechan）以及其他幾位 —— 都應該參與國際聚會。事實上當我陪同王后陛下阿熙多杰・旺姆・旺楚克（Dorji Wangmo Wangchuck）於美國麻薩諸塞州，參加阿熙索南・德謙在哈佛大學法學院的碩士學位畢業典禮時，我建議公主代表不丹，出席聯合國大會第六屆年度委員會，處理國際法律議題。

類似的活動參與不僅可提升不丹在聯合國中具有較高知名度，也能讓公主認識到國際法律發展與相關議題的重要性。也許也可作為未來，不丹人有機會獲選為海牙國際法院的法官。就我見證至今，只要政府願

意推動，我深信不丹王室成員將是國家深具魅力的代表性人物，能扮演國家形象的關鍵性角色。

二〇〇六年十二月廿六日第五任天龍嘉波登基之日，正值不丹國會開議期間，薩姆奇代表表達全國各地人民的心聲，將此意外性即位訴諸下列文字[180]。

「人民的悲傷並不是因為對第五任天龍嘉波沒有信心，而是從未在世上任何地方看到這樣的戲劇性轉變。」

不丹時報在同一篇文章內描述：「人民都因第四任天龍嘉波的退位而傷心，但同時也因這個基於國家長遠利益的決定而高興。」不丹人民、媒體以及國際社會，對於第四任國王過去十年間，不時作出的意外之舉毫不陌生。例如，陛下突然於一九九八年，廢除行之已久的內閣閣員。然後在札西央策歡度國慶日的時候，他宣布民主憲法的起草，並於二〇〇八年迎接完全成熟的議會民主制度。「而後是在內閣會議中，出於所有人的意料之外，他宣布放棄政府領導人之位，並制定每年輪流選出最多數國會選舉票數之閣員，負責執行政府領導人職責。他透過憲法草案而宣布，國王將於六十五歲退休，但自己卻令所有人吃驚，陛下帶給所有人最大的意外，就是他於二〇〇六年十二月提早退位，並安排王儲於二〇〇六年十二月廿六日成為第五任不丹世襲國王。

憲法草案中規定，國王必須於六十五歲退休或退位，這的確是獨特且具歷史性的規定。在其他君主制度中，並沒有憲法或慣例對於仍在位的君主有這樣的退位要求。甚至到了今天，我們看到泰國、日本、英國、沙烏地阿拉伯、約旦、科威特以及其他國家的情況，除非壽終於王位上，王位繼承人才有機會繼位，無論年齡或健康情況如何，從未有君王提早遜位。

國王退位對於不丹人及對不丹事務有興趣的人而言，真的如同晴天霹靂。對於國王這種寬大與坦然的態度，來自於無遠弗屆的國際社會充

180.《奎塞線上》，參見 2006 年 12 月 26 日網路新聞：http://www.kuenselonline.com/modules.php?name=News&fle=article&sid=7872。

雷龍之吼

斥著欽佩與讚嘆之聲，特別在引進民主制度的部分，也引發許多人的疑惑。他們懷疑第四任國王為何要加速繼承進程，甚至連憲法都已賦予他繼續統治的權力，直到六十五歲屆齡為止。對於這樣由一個主權國家，並且是聯合國與其他國際組織成員國的國王個人所作出的重大歷史性舉措，這些疑問的產生是必然的。以下是我在紐約聯合國聽到一些詢問：

· 國王是否因健康因素而退位並急著傳位？

· 國王是否因為家族因素而採取此步驟？

· 是否有國內的政治壓力或憂慮，迫使國王退位？

· 是否有其他外來勢力導致國王退位？

· 難道僅僅是國王認為這是正確的時機，基於對王國更大利益的遠見與願景，而將大權傳給新世代？

很清楚地，只有第四任國王能明確回應這些問題。在這方面也只有透過國王吉美·辛格·旺楚克就王位繼承傳給第五任國王的「王室喀書」（Royal Kasho）才能提供解答。這份檔案的翻譯如下。

吾於去年國慶慶典期間，宣布遜位消息，並於倫紀宗紹對此決定作過簡短聲明，現將職責移交通薩本洛吉美·格薩爾·南嘉·旺楚克。

正當迎接二〇〇八年議會民主制度之際，吾輩應以全然的身、語、意起誓，以堅定不移的努力鞏固不丹主權與安全，保護自由的賜福、確保吾國正義與和平，並加強團結、幸福以及未來任何時刻，吾國全體人民的福祉。

回顧過去逾卅四年的進展，吾欲指出，吾人迄今所達成的成果皆出於不丹人民美德所成。因此，吾欲向僧伽、王室政府官員、商界成員、國防軍隊，以及廿個宗喀的所有民眾，對於吾等及吾國始終如一的支持與忠誠表達感激之情。

吾深信，極為光明及偉大的不丹遠景即將來臨，將交付新任國王，以及遵奉憲法、最適於吾國政府的民主制度所領導。吾深具信心，在第五任國王的統治下，將預見前所未見的進步與繁榮。

　　吾將重責大任交付吾子之手，並深富信心與信念，託付不丹人民照看吾國未來，此因不丹人民才是吾人傳統與文化的真正監護者，以及國防、主權與延續福祉的最終捍衛者。祈請鄔金上師仁波切、國父夏尊‧昂旺‧南嘉以及吾國護法神祇的加持，繼續指引吾國國運，護衛榮耀帕登竹巴之未來！

札熙岡宗，火狗年十月廿日即西曆二〇〇六年十二月九日

天龍嘉波

　　大多數不丹人，對於國王吉美‧辛格‧旺楚克宣布退位以及新王登基，最佳描述就是：這是憂喜參半的時刻。雖然隨著新王登基，帶來快樂之因，但看到第四任國王從卅四年的公眾生活中隱退，則不禁湧出感傷之情。無論原因為何，不丹人民別無選擇，只能接受王室的決定，並迎向王朝的時代新曙光。

　　充滿三件大事的一年就這樣過去了，第五任國王決定展開登基後的首度國是訪問。最適合的國家就是印度 —— 不丹長久以來的盟友與恩人。我榮獲陛下國是訪問代表團的成員之一。這次行程過後，我寫了一篇文章，對二〇〇九年十二月王室訪問發表感想。該文刊載於不丹時報[181]，我認為適合在此引用，因為此次出訪對陛下的國際聲譽意義重大。

---

181. 參見不丹時報《觀點透視》，刊載於 2010 年 1 月 6 日。

雷龍之吼

不丹國家的驕傲

評論陛下的印度國是訪問

　　陛下步向演講台，於馬達夫拉奧・辛迪亞（Madhavrao Scindia）紀念講座發表演說。此為至關重要的時刻。尼赫魯紀念博物館以及圖書館會議廳的三百五十個位子皆爆滿，受邀者佔滿每吋空間，包括通道，並蔓延到大廳，甚至連站立的空間都彌足珍貴。應邀聽眾包括內閣部長、政界與商界領袖、外交官員以及來自其他各行各業，前來聆聽這位廿九歲的喜瑪拉雅君王主講「變化中的世界與永恆價值」。

　　陛下於二〇〇九年十二月廿一日至廿六日期間，在印度進行國是訪問。事實上，這是他於二〇〇八年登基之後，首度出國訪問，雖然他傑出而有遠見的父親，早在兩年之前就已將象徵王權的斗篷披在他年輕的肩膀之上。陛下的聲望早他一步抵達印度。馬達夫拉奧・辛迪亞基金會的主席，馬達夫拉杰・辛迪亞（Madhaviraje Scindia）在他訪問的第三天，將他介紹為「人民的國王」。陛下與印度亦有密切聯繫，包括他各行各業的許多朋友以及他對印度文化與服飾的喜好（國是訪問行程的許多場合，陛下穿著印度服飾，使得接待單位、媒體與代表團團員感到驚喜。讓人不禁想起龐蒂・賈瓦哈拉爾・尼赫魯與英迪拉・甘地夫人於一九五八年訪問不丹時，穿著不丹服飾的照片。）

　　目前不丹國內各地的民眾都熟悉並受益於陛下，他對同胞帶有似乎永不竭盡的愛與慈悲。完全出於偶然地，筆者發現德里的貧民窟也是慈悲的受益者。當陛下尚為王儲，前往該城的印度國防學院出訪時，鮮少有人知道，陛下私自認養大約四十名左右的孩童，他們來自極為貧窮的背景，大多數遭受包括愛滋病在內的病痛之苦。

　　這也明確地顯示，新德里的政治社群已見證陛下的願景，他不斷努

力推動並維繫「追隨父祖輩足跡」的不印關係。這也正是印度總理曼默漢・辛格先生於二〇〇八年五月訪問不丹時，在離開前夕所描述的內容，那時他說：「印不關係為國家之間的邦誼典範，兩國間共享開放的邊界與自由貿易。」自龐蒂・賈瓦哈拉爾・尼赫魯於一九五八年造訪不丹以來，來自印度的援助與合作即在經濟與政治上協助不丹——兩國維持著獨立且互利互惠的關係。應該要提到，印度一貫地支持不丹，使之堅定地建立自身成為國際間邦誼的尊榮主權國家。不丹的外交與國際關係自一九七二年以來，有相當大地擴展。不丹人有希望和信心，擁有印度的後盾與支持，未來幾年持續推動不丹經濟，並與世界其他國家平起平坐。

　　陛下於紀念講座中，以政治家直截了當而謙遜的風格，出自他王室尊貴之口，向聆聽每個字語的聽眾傳達訊息。人們清楚地感受到他所傳達的方式，這令全場十分欽佩，他的演說主題帶有許多令人肅然起敬的智慧。「國王是冷靜與優雅、真正政治家的縮影」，一名觀眾如是評論。

　　綜上所述，陛下談到全世界所面臨的全球議題，必須透過人類的努力，以及吾人所共享的價值來解決。陛下避免使用到全球化與外交辭令等術語，而是回到基本的語彙，就像一位網路記者所刊載的：「這使他博得圍觀群眾的喜愛。」

　　「我相信，真正且持久的全球化議題解決之道，只能透過人類基於共同利益的同理、期待以及熱情等普遍關懷而降臨。全球問題所要面對的是，人類與我們地球的問題。政府可能只能在全球層面上居中協調，但真正的影響則留待民眾，如同你、我所決定。」陛下如是說。

　　「我真的相信，觀察生命與世界中最重要事物的唯一方法，就是利用簡單的透鏡。歸根究底，無論可能形塑出什麼樣的國家，我們同樣都是人類——無論文化與信仰為何，我們都享有同樣的需求，並恪遵相同的基本價值。」陛下希望這些基本價值能引導世界，渡過諸如環境惡化、恐怖主義以及貧窮等問題。

　　陛下提及不丹國民幸福總值（GNH）的發展哲學，這是由第四任天

龍嘉波吉美・辛格・旺楚克陛下所倡導。陛下強調此概念，意指「伴隨著價值而發展」。一名觀眾在演說後發言：「如果沒有國王的推動與努力，國民幸福總值對一般人似乎沒有什麼實質意義。國王的領導，對那些唱高調的政治人物及官僚而言是必要的。」

　　早先時候，在前任印度駐不丹大使兼外交史學作家剎利・帕萬・瓦瑪（Shri Pavan K. Varma）的提議下，國家現代藝術藝廊策劃了名為「不丹：歷史之眼」的展覽。在許多不丹歷史性的照片之中，也包括陛下工作的許多照片。許多人驚嘆陛下工作的「專業程度」，特別對於林夕（Lingshi）的岩羊驚嘆不已。展覽專書亦提供觀眾與不丹代表團閱覽。

王室婚禮

　　國王吉美・格薩爾・南嘉・旺楚克陛下的史無前例之舉，就是二〇一一年五月廿日於國會上宣布，他的王后為杰尊・貝瑪（Jetsun Pema），王室婚禮將於十月份舉行，陛下保證王后將與他共同為人民與國家服務。議會成員紛紛表達祝賀之意，不丹人民對於國王迎娶阿熙杰尊・貝瑪的決定極為歡喜。著名的致詞者包括總理倫欽吉美・廷禮、國會發言人倫波吉美・祖君（Jigme Tshultrim）、國家委員會發言人倫波南嘉・班覺（Namgye Penjore）、反對黨領袖倫波澤仁・透給（Tshering Tobgye）、國會議員達紹噶瑪・然杜（Karma Rangdol）、以及桑竺・江卡的國會議員達紹諾布・旺鄒（女士）（Norbu Wangzom）。

　　二〇一一年十月十三日，王室婚禮慶典於普納卡舉行。隔日持續於廷布、第三日則於帕羅慶祝。這無異是一場真正的童話婚禮。佈景安置於歷史悠久的普納卡宗。婚禮完全展現出不丹王室生活的風格，不論是衣著服飾、禮儀、排場或習俗，皆充滿歡喜地展示出來。受訪賓客觀賞

國內各地的文化節目，並有史無前例的不丹各地獨特美食。在國家喜慶及人民歡樂的婚禮慶典期間，陛下看來容光煥發並極為歡欣。他身著曾祖父國王吉美‧旺楚克曾穿過的傳統服飾幗服。

王后——年輕而美麗的童話公主，雖然可以理解她有些緊張，但仍華麗地身著國內織工與絲綢布商製造的上好布料。她的儀態表現出，是的，她是天生的王后。

未來的期望

如同喀書所述，第四任國王對於不丹人民是國家未來的決定者寄予厚望。這是他提議王國頒布新憲法的根本原因之一。

國王採行「為了人民、經由人民、屬於人民」（for the people, by the people, of the people.）的民選政府[182]。國際社會已達成普遍共識，視這種民主制度的型態為政府唯一可行模式，能最佳地捍衛人權，並防範甚至是民選領導人的濫權。這樣的觀點源自於脫離殖民主義統治，而取得獨立的第三世界國家的經驗。一些國家必須處理國家獨立後，自己所製造的獨裁領導人，後者通常比殖民統治者更糟糕[183]。亞洲與非洲已明顯有這些實例。

另一方面，我們亦無法簡單地百分之百，將民主制度當成最佳與最理想的政府形式以迎合民眾，特別是社會中較弱勢且最貧窮的階層。民主制度創造出一種情境，人民藉以追逐權力與地位，有些人無所不用其極以達成其目的。政黨宣傳以及競選期間的承諾，可能在政黨執政後隨

---

182. 有必要描述一些獨裁與共產主義體制都以「人民」與「民主」標榜政權合法性，但事實上人民卻扣押為人質，鮮少或根本無權選出領導人，亦無法充分而有效地投入國家政治活動之中。

183. 梅雷迪思‧馬汀，《非洲的命運：從自由的希望到心懷絕望》，Publishers: Public Affairs, USA, 2005。此書描述非洲大陸實際上如何受到領導者蒙蔽。後者為了個人權力與財富而壓迫人民，並剝奪人民與殖民者奮戰後得到的權利與自由。

雷龍之吼

即擱置一旁。政治領袖通常會把握良機（趁著太陽照耀時曬乾禾草），由於富有的私人企業可以提供政黨所需財源，並讓不擇手段的政客中飽私囊，政治人物可能也不得不維護並引介既得利益者。這種情況將演變為對公共資金的普遍濫用、貪污、賄賂以及裙帶關係。

這亦如同追問自由與私人企業以及全球化，對經濟體而言是否是最好的選項，這確實得視個別國家的情況而定。然而，這樣的體制可能無法滿足自由與開放市場環境中，連醫療照顧、兒童教育、居住及其他社會福利都無法自足的貧窮國家。

因此至關重要的是，民主制度與私人企業體系之建立，必須能增進民主效益與企業自由，但同時能為社會所有部門提供基本社會福利及安全網絡。同時，制度亦必須有效率地解決政客與官員貪污與賄賂的問題。如何達到這樣的平衡呢？

不丹首先在憲法中試圖達成此目標，其次透過選舉委員會、高等法院、反貪腐委員會、皇家公務人員委員會以及審計長辦公室等機構執行。創設不丹控股與投資公司以管理公共投資與國營企業，也是朝著此方向發展的一項策略。此外，媒體應當堅守監督政界人士與政黨活動之責，並具備道德勇氣與誠信揭露任何政黨的不法情事，以將之繩之以法。總而言之，我想在每個不丹人的內心深處都意識到，為使民主制度運作成功並使不丹免於惡質政客所污染，君王是絕對必要的因素，王室成員必須持續是人民福利與福祉的堅強堡壘。

在新憲法中，一項獨特且意義重大的法條是，公務人員、公共官員以及君主得於六十五歲由公職退休。我相信，基於人們更長的壽命以及借重官員經驗的需求，應當保留彈性到六十八歲，特別是在亟需加強並維繫國家主權與獨立等制度性的知識領域，以及缺乏醫生、工程師與其他人力的地區。儘管如此，憲法中對於年齡限制的規定，被譽為革命性創舉且影響深遠，不只對不丹君主如此，對於世界上其他君主也有同樣深刻的涵意。無論其他君主是否仿照不丹的例證，他們與其人民將受到由國王吉美‧辛格‧旺楚克在憲法中提出的判準所纏擾。

憲法草案的另一項關鍵性法條，是人民有權禁止官員不負責任地使用國庫財源。這是一項用意深遠的規定。陛下必定想確保，掌權者以及權力當局不能任意揮霍國庫資金。這對於世上的其他國家而言很清楚地也是重要課題。其他國家或地區可以提供一些例證，我注意到非洲的一些國家取得獨立之後，對國家領導人發展個人崇拜。在許多事例當中都很容易如此發展，因為這些人都是對抗殖民主義的人士，有些人在殖民者手中受苦，有些則遭受監禁。他們對於人民而言是傳奇性的人物，政治上的私相授受相當容易。人們只要看看迦納、奈及利亞、尼日、象牙海岸、中非共和國、剛果、辛巴威以及坦桑尼亞等國發生的情況就可以知道（Meredith, 2005）。少數傑出的例子，是所有非洲人或甚至是世界其他各領袖之中最偉大者──囚犯編號 466/64，納爾遜·曼德拉（Nelson Mandela），在他權力與榮耀達巔峰之際，將南非總統的職位順利移轉給年輕的政治領導人塔博·姆貝基（Thabo Mbeki）。這必定是歷史上所見的最偉大例證之一。此即非洲以及世界各國應當推崇並仿效的曼德拉。

人們若能從他人的錯誤中學習並糾正行為，通常能創造偉大的國家。國家若能從他國的錯誤中得到教訓，避免落入自己製造的陷阱中，通常能創造偉大的社會。在這樣的情況下，深入探討這些國家的歷史，通常可見到成功的發展方向係由具有遠見的領袖所激發的過程。不丹並未破壞森林或自然環境，反而採行更正行動的措施。不丹見到鄰國所發生的森林破壞與環境污染，吉美·辛格·旺楚克國王採取堅定的立場，確保不丹絕不容許走上相同的道路。他不顧龐大的商業利益，不僅禁止國內的森林砍伐，並且確保在憲法框架下，不丹林地面積至少百分六十以上得受到保護。

不丹必須持續採行積極措施，以控制公職人員與大企業主的猖獗貪腐──這是社會中摧毀國家道德素養的主要因素。它導致社會經濟發展的遲滯，並增加社會中的仇恨與犯罪。在尚為王儲時，國王吉美·格薩爾·南嘉·旺楚克於二〇〇六年，在一場對學生的演說中，展現對於不

丹社會貪腐的嚴正關切。貪腐的滋生與蔓延是政府墮落的第一個顯著標誌。部會首長未能直接承擔責任，是因為故意視而不見，或者自身亦牽涉其中——這正是貪腐如此猖獗的原因。當貪腐成為常態時，政府或部會首長如何能視為廉能？

在憲法草案中，第四任國王企圖正面迎向這個議題。這在民主體制中至關重要，權力與職權以及公帑的處置掌握在許多人手中，時有監督不力。這意味著在每一個層次上，政府機關之間必須相互制衡——查驗以確保公帑不致轉移至私人利益或私營企業手上，承包商亦不得向政府官員行賄或兜售其影響力與權力，而從政府活動中不公義地獲利。為什麼需要制衡？必定不能容許公務人員手上握有毫無進展的政府發展項目以及其他工作。事實上，應該給予政府官員特定程度的裁量權，使他們能積極主動地進一步發揮作用或更快速地推動工作——至於已確認的貪腐人員，明顯不應安置於可以濫權的職位上。

我另行提出奈及利亞的例子作為提醒。有一群年輕軍官因脫離阿布巴卡（Abubakar Tafawa Balewa）政府，而遭到政府處決。我反對任何透過國家軍隊所執行的接管行動，並且認為，軍隊在任何民主體制中，必須由文官牢牢地控制住。儘管如此，人民看待貪腐政府是如此地無奈，恩澤奧古上校（Major Chukwuma Nzeogwu）極為清楚地表達。他以奈及利亞最高革命委員會的名義發表演說，但亦適用於其他國家或當權政府：

「我們的敵人是政治牟利者、騙子、收授賄賂者，以及要求百分之十回扣的高低階政客；尋求國家永遠分裂，以便能繼續留任部會之多餘而無用的達觀顯貴們；種族主義者、用人唯親者；使國家在國際政治圈看來微不足道者；腐敗社會，並因其言行而使奈及利亞政治發展倒退者。」（Meredith, 2005 pages 193-194）

這份引述肯定深得讀者贊同。對於自己國家的相似情況與例證，不丹也不例外。不丹的情況毫無疑問地，無論政府的形式為何，只有在國王不時干預下，貪腐與濫用才能受到約束，並實現憲法的精神。

王室家族在民主體制中可能扮演的角色

　　政府引進民主制度，似乎必然削弱王室家族的傳統基本權力。但我認為不丹王室家族可在國內外，扮演著甚至比過去更為積極且重要的角色。二〇〇五年十一月，我於紐約將此想法向內人的姪女芒親·旺姆·多杰解釋，當時她對王室家族所扮演的角色，可能因新憲實施以及即將採行的民主制度所可能受到的影響而表達關切。

　　首先，王室成員可以針對政黨活動，以及代表陛下行使職權的各部會、軍隊、法律的高等與最高法院等執政政府，擔任公正的檢證者。我並不是指王室成員應該從行政或政治的觀點職掌各部會與法院，而是單純地監督或審視政府活動，以及法院伸張正義之情況，向國王報告不當行為。王室成員也必須注意並剔除政府中帶有歧視性的作法，不分貧富、性別、或種族與宗教團體。雖然媒體宣稱這是他們的責任，但他們的工作亦將受到社會中其他成員以及王室之支持而大為激勵。

　　此外，其他重要活動亦可得到王室背書。王室家族所直接參與的活動，對於捍衛兩性、弱勢者與易受傷害者的福祉與福利方面，甚至將有不同份量。人們無法否認，王室在不丹具有道德力量，無論是否存在憲政體制，政府與人民皆對國王的觀點與關懷賦予極大信任。事實上，不丹人認為在此時刻，國家主權、國防安全與人民福祉的終極責任，依然屬於君主之責。另一方面，根據第四任國王的解釋，事實上君主政體屬於不丹人民，而這正是民主的概念。儘管陛下的觀點本質上是正確的，但大多數生活在貧窮線以下，或在極度貧窮條件下的族群，尚無法成為國家的有效監護者，而只能依賴王室的社會福利基金會（kidu）。我相信這樣的解釋，當它涉及人民時，將是任何不丹的政府憲政系統解釋的內在判準。

　　王室成員也應當代表不丹出席國際盛會，例如以領袖或不丹代表團成員身分參加聯合國聚會。他們應該擔任政府的親善大使，並且在各種性質上行使聯合國勤務。為了青年、女性以及殘障人士的福祉，宜建立計畫與項目推動，如同王太后們過去所從事的社會福利事業。因此王室

雷龍之吼

家族未來幾年，在不丹社會中將扮演重要且具影響力的角色，應該賦予他們這樣的機會。

對各國政府的政策建議

筆者將在結論中闡述的內容，並非新穎或獨特的想法。在國內政府機關以及聯合國任職期間，筆者敏銳地意識到一些議題，包括國內與國際等各層面，有助於向各國建言，以確保國內外和平、穩定、人類福祉與發展。其中一些觀點如下：

過去大約六十五年以來，主權國家大多已成為聯合國或既有國際組織的成員。此趨勢提供各國在普同的架構下，成為國際家族的一份子，這在過去人類史上未曾出現過。聯合國架構下的國際交流，促使不同國家、人民、文化、宗教與法律系統，彼此間達致更良好的理解。各國正在學習和平共存，透過調整與改革舊有傳統信仰及實踐，而達成此一目標。因此，早期在宗教與社會上的實踐與信仰，對於彼此造成身心傷害，或在自己的社會中傷害他者，如今為了教化與和平共存的理由，上述作法皆必須揚棄。

不同背景的代表遭受批判並相互譴責時，宜嘗試發展共識，以作為所有人民皆可普遍接受的人類規範。因此，全球的共同進路就在於，如何透過國家與國際層級，解決並處理不同議題——以大多數國家所贊同的普遍性規範，作為人類不同活動的方向。例如，所有人類的基本前提，就是發展出「世界人權宣言」所闡明，賦予人性尊嚴的目標，並延伸保障違法者與罪犯的適當權利。而後，亦包括少數民族、女性、兒童以及殘障人士的權利。因此既存的基本權利、以有尊重及人道的基本方式對待他者——這些是目前已經生效的原則，普遍為所有國際社會的成員所接受，作為國家與國際事務的文明處理方式。上述原則都必須獲得認可，並由全世界各政府與立法機關，採取最急迫與嚴格的方式執行。

伴隨勢不可擋的全球化與人類活動達到前所未見的層次，人口遷移、移民、居留者、公民、不同程度的難民、以及不同種族、信仰教義、性別與宗教人口等少數族群等議題，宜於國際層面尋求共同點而獲得解決。即使並不經常發生，但國際上普遍認為，各國對於所有住民，不論膚色、種族、教義或性別，需確保其基本人權並採行適切公義的方式處理。所有以文明行為與人道價值之名而存在的國家，必須遵循這個判準。

歷經相當程度的人類互動與相互學習，人們廣泛認識到各國政府的最佳運行模式，是在民選政府與領導人的司法管轄範圍內，保障人民權利與福祉。民主制度意味著確保自由、公平與無歧視的選舉，選出能為人民謀福利、由人民遴選並屬於人民的政府。所有聯合國成員應當採取這種統治形式，以促進全面的人類幸福以及世界和平與穩定。民選領導人必須主動接受國家機構與憲法條文所約束。不應賦予民選領導人擁有無限上綱的權力。

與此類似，攸關基本醫療、教育、以及如何提昇並對待孩童、老人與殘障人士等議題，已有國際公認的判準。所有國家必須同意這些規範，發達國家與其他資源豐富國家在必要之時，亦必須擔保並視為自己神聖的責任。他們必須透過經濟與技術資源，支持較弱勢的成員國家。

每個國家都有責任保護自然環境，這個責任不只為了自己的國家，還包括全世界，為了人類與其他物種所賴以生存的良好自然環境與氣候條件。為解決已經降臨在我們身上的處境，為了扭轉全球暖化等不良效應，國際社群以及聯合國各成員國必須採行建議，執行聯合國氣候變遷跨政府委員會（IPCC）成果報告書中的條款[184]。全球的領導與資源必須由發達國家，以及諸如中國、印度、巴西、南非以及其他大型開發中國家，依其各自能力而無條件提供支援。

---

184. 有關上述提到的更多細節與報告，參見：http://www.ipcc.ch/。

雷龍之吼

後記

　　根據第四任世襲國王吉美・辛格・旺楚克陛下留給人民的完整民主憲法草案，於二〇〇八年三月廿四日舉行選舉，不丹和平過渡為君主立憲政體。這項草案經過多年與不丹人民廣泛磋商，並透過首席大法官倫波索南・透給主持的制憲委員會而完成。草案隨後交付討論，並於二〇〇八年由新當選的議會批准施行。

　　首次選舉有兩個政黨競選——倫波桑給・昂杜所領導的人民自由黨（PDP），以及倫波吉美・廷禮所領導的不丹和平繁榮黨（DPT）。第三個政黨不丹人民聯合黨（BPUP）則喪失競選資格，因為它並未向選舉委員會完成登記程序。DPT 贏得壓倒性的勝利——取得國會中四十七席中的四十五席。美國、澳洲、歐盟、印度與聯合國各代表見證了這場選舉。雖然是壓倒性的勝利，但所有官方觀察員包括國內外媒體，對於不丹的選舉表現及成功過渡為民主體制仍給予極高評價。前任國王吉美・辛格・旺處克陛下，被譽為對於推動並迎向這項及時的歷史性變革方面，是具有遠見的傑出領袖。現任的第五任君主，國王吉美・格薩爾・南嘉・旺楚克，監督並指導這個堪稱典範的轉型過程，他符合偉大國際政治家的條件並成為受景仰的領袖。不丹的確是幸運的國家，由第二佛蓮花生大士（鄔金咕嚕仁波切）所加持，又受到國家的宗教護法神保佑，並由極富慈悲與遠見的君王所領導。

　　令人振奮的是，得知 DPT 政府將迅速執行施政，以落實候選人及競選文宣的選舉承諾。其中大部分是有關於教育、健康、道路、電力分配、擴展銀行業務以及電信等內容，以符合各選區當選人及該黨「公平正義」宗旨架構下的承諾。選前就已準備妥當的第十個五年計劃架構中，許多競選承諾皆可望達成。額外的部分可透過計畫內的妥協及調

278

整、尋求更多國內外資源挹注，並精簡其他部門預算而達成。政府最大的挑戰在於興建發電廠，需從二〇〇八年約一千四百兆瓦的規模，擴增為二〇二〇年的一萬兆瓦產能。政府制定目標達成的方式，對不丹長遠利益極為重要。相當確定的是，不丹在有限的時間設定下，勢必無法調度如此龐大的國內、雙邊、或多邊金融機構等資源。為達成此一目標，需要投入相當於一百廿億到一百五十億左右的美元，可能必須由印度大型企業與其他多國企業加入，透過電力計畫標售或標租而由外資執行。印度政府與印度企業界，明顯必須在人力、資源以及技術方面持續協助不丹，以達成此目標。另一方面，DPT 政府亦必須敏銳地確保不丹人民的長遠利益。同時，政府必須確定永遠不會失去國家的安全與主權──包括政治以及經濟等方面。DPT 政府將面臨龐大的挑戰，國民正關注著第一屆民選政府的表現。

　　至於個人，我無意參與政治。然而第五任天龍嘉波陛下，希望我以獨特的身分繼續為國服務。陛下的第一個五年統治期，首波行動之一就是建立不丹控股與投資公司（DHI 或 Druk Miser Gyunor Zhizhung），以保護、看管並促進「人民財富」以及國營企業。在我出國九年后，陛下將我從紐約聯合國總部召回，授予極大殊榮，於二〇〇七年十一月，以主席身分領導該機構。

附 錄 Appendix

附錄一：早期藏王

　　目前所知的第一位藏王，是西元六世紀雅隆（Yarlung）地區的
南日論贊（Namri Lyon-tshen）。西元六二七年，松贊干布（Songtsen
Gempo）繼承其王位，並透過兩位佛教王后，而對佛教傳播產生重大影
響。在其主要基於政治目的而聯姻的五位王后之中，一位是長妃尼泊爾
尺尊公主（Bhrikuti），另一位則是六四〇年所迎娶的次妃中國文成公
主 [185]。文成公主對弘揚佛教有所貢獻，拉薩的小昭寺即為她所建。她相
當長壽，逝於六八〇年，遠長於松贊干布。

　　松贊干布似乎充滿著新皈依者的特性，他是七世紀時首位將佛教引
進不丹及其鄰邦錫金、阿薩姆與西喜瑪拉雅地區的人物。為弘揚佛法，
他於西藏及鄰近區域所興建的一〇八座寺廟中，據說其中兩座主要寺
廟位於不丹——即帕羅的祈楚寺（Kyichhu Lhagang）與布姆塘的賈貝
寺。其他另有三座寺廟，應該亦興建於這段時期，包括塘區（Tang）的
阿努寺（Anu Lhagang）、布姆塘宗的企隴寺（Tsislung Lhagang，亦稱
三寶寺 Kyonchogsum Lhagang）、以及楚密祖耶寺（Chhume Zung-nge
Lhagang）。我們可以由此得出結論，佛教從藏王松贊干布時代，即開
始影響不丹及鄰近喜瑪拉雅地區（Nado, 1986）。

　　中國公主對藏人的文明化產生影響。國王與貴族從身著獸皮，改為
穿著從中國進口的布疋。由於中國妻子的反對，松贊干布禁止藏人以紅
赭石打扮妝容。他也對西藏歷史產生重大影響，大約從西元六三二年開
始，他派遣大臣——來自吞彌（Thonmi）地區的桑布札（Sambhota）
——以及其他學生前往印度學習梵文，創制藏文字母與書寫體，且帶回

---

185. 藏人稱她為文成公主（Munshang Kongjo），或簡稱「公主」（Kongjo）（Stein，
　　　p.58）。

佛教經典。歷經數個世紀，以該新制文字翻譯大量梵文典籍。從世界文獻史上看來，這些文典翻譯確實是由一個語系翻譯為另一個完全不同語系 [186] 的宏大計畫。吞彌桑布札的工作，促進了世界的某個地區到另一地區之間最深遠的宗教與文化影響，特別是當時所處的那個時期。

芒松芒贊（Manglyon Mangtsen）繼承了松贊干布的王位。而後，六七六年杜松芒波傑（Dusrong Mangpoje）即位，七〇四年再由赤德祖贊（Thride Tsugtsen）繼承。接下來是七五四年，赤松德贊（Thrisong Detsen）繼位後，於七九七年退位，續由木奈贊普（Mune Tsenpo，生於七七四年）繼承。

西元八〇〇年，赤德松贊（Thride Srongtsen，生於七七六年）繼位，而後是八一五年的赤祖德贊（Thritsug Detsen，生於八〇五年）或稱饒帕千（Ral-pa-can）。最後是朗達瑪（Langdarma，生於八〇三年）於八三六年即位。他是最後一任藏王，於八四二年遭到刺殺後，最後因王位爭奪而導致吐蕃王國解體。

來自於印度的宗教導師寂護大師（Santarakshita）不僅傳授佛法教義，並且奠定雅魯藏布江北岸的桑耶寺（Samye monastery）建寺計畫與基礎。寺廟的設計以印度比哈爾邦（Bihar）的印度大佛寺歐丹達菩提寺（Odantapuri，譯按：又稱飛行寺）為藍圖。赤松德贊國王（742-797）於七七九年開始興建此寺廟。然而，由於地域限制，並且有魔羅阻礙，桑耶寺只有偉大尊者與上師蓮花生大士（或稱咕嚕仁波切），以肉身及神通的方式協助才能完成。祂來自印度的那瀾陀大學，是一位密續上師。那瀾陀大學是古代北印度的一所龐大綜合佛教大學城。雖然時至今日，只挖掘出這個古老學習場所的一部分，但看到這些遺跡時，依然可以輕易想見，它必定令人印象深刻。遺憾的是，現今已不可能將大學城的其他地區全部挖掘展示，因為如此一來，現存許多人口稠密的村莊將被迫移居他處。這在現今的政治以及經濟考量上都是不可能進行的計

---

186. 藏文為藏語語系（Bodic language），梵文則是印度雅利安語系（Indo-Aryan）。

畫[187]。

赤松德贊國王大約於七九一年，下詔並將詔文銘刻於石頭上，將佛教欽定為西藏國教。他廣邀中國與印度的宗教人士前往參與辯論，以接受更為純正的信仰。印度的教法因此更為藏人所接受，雖然有一些學者將此歸因為，這是西藏試圖降低中國影響的政治考量。

在蓮花生大士的時代，那瀾陀寺的佛教學者中，有一些人來自於中國、緬甸與西藏。蓮師不只必須教導這些學者，也必須了解他們的國家與文化。這樣的接觸為蓮師前往不丹、西藏以及其他喜瑪拉雅地區的藏人封邑等歷史性訪問，奠下良好基礎。

西元八世紀，桑耶寺興建完成後，蓮花生大士繼續於喜瑪拉雅地區弘揚密續佛教哲學與宗教實修。雖然蓮花生大士在印度罕為人知，但祂在西藏的文化與宗教世界裡，受到尊崇並視為「第二佛」。其充分理由在於，佛教真正在西藏開展，是從蓮花生大士抵達藏地、桑耶寺興建完工，再由赤松德贊國王力行佛教統治後才開始展開。

---

187. 筆者曾於 1996 年以及 2002 年分別造訪該遺址，文中對於那瀾陀遺址的評論都是出於個人觀察，以及當地導遊的見解。

附錄二：不丹人口的種族組成

　　有關不丹族群的來源存在著極完整的記載，這些資料透過已故英國藏學學者米樹爾‧阿瑞斯博士值得讚賞的嘗試後，在《不丹，喜瑪拉雅王國的早期歷史》（一九七九年出版）一書中詳細考察。阿瑞斯博士的研究以及不丹與西藏文獻等記載顯示出，不丹明顯是西藏的一個分支。甚至時至今日，大部分的不丹人追溯族譜時，都會上溯至西藏地區 [188]。歷經數個世紀以來，不丹人與鄰近族群接觸並產生血緣融合。相對於南亞人，也就是印度次大陸、包含斯里蘭卡與馬爾地夫在內的南喜瑪拉雅地區，不丹人本質上仍是中亞蒙古人種的族群。最大的例外就是洛桑人，亦即南不丹地區的尼泊爾裔移民。他們主要為中亞與南亞裔混雜的喜瑪拉雅族群。尼裔族群大約從十九世紀下半葉移入不丹，尋求土地與就業機會，正如同大多數原於其他國家定居的外來移民那般。

　　從不丹境內的早期住民特性，可以辨認出不同的族群組成 —— 差異主要來自於所使用的語言與對話方式。今日，人們看到夏丘人、庫爾第歐人、布姆塘人、康人以及昂洛人 —— 具有相同的蒙古種血源並穿著統一國服，對外國人而言很難辨認出彼此差異。然而，經常與國內不同地區族群相接觸的人們，能夠辨認出夏丘人，特別是康人，較為矮小且輪廓稍有不同，多數膚色較黑；而庫爾第歐人、布姆塘人以及昂洛人，身材較高且膚色較白。然而，來自敦桑（Dungsam）與辛喀勞瑞（Shingkhar Lauri）的南部夏丘人與康人卻似乎較矮且較黑，這可能得歸咎於營養不良，而且某種程度上較長時間曝曬於豔陽下。此外，旅行

---

188. 相關資料參見：(a)《不丹傳統建築介紹》，不丹就業、住宅暨道路建設處，廷布，1993年出版，參見第一頁。(b) 許多不丹人祈請加持時，會說「昂千博邦」（nga-che Bod-bang），意思是「我們藏人」，這可能是源自於藏地，主要由寧瑪派修行者所使用的祈請文。(c) 阿瑞斯，頁 58-59。

到札西崗、札西央策以及芒嘎爾等地，則會遇到許多較高大白晰的民眾。

同樣地，有一小部分族群主要是氂牛牧民，住在終年積雪的北疆高山酷寒氣候中。有些人穿戴鮮明的服飾與頭飾。夏季時，他們帶著牲畜同住於一萬三千英呎到一萬五千英呎海拔的高度，冬季則遷往較暖和的地區。這些住民之中，拉雅人因服飾裝扮極具特色而看似獨特，東部門拉克（Merak）與薩克坦（Sakten）的布洛克人也是如此。這些民眾主要居住在高海拔的氂牛群中，即宗喀語所稱的「布覺普」（Bjop）以及夏丘語的「布洛克巴」（Brokpa），兩者都是從確紀文或藏文的「竹喀巴」（Drokpa）衍生而來。

隨著不丹境內開設道路而增進不同族群間的互訪與接觸，異族通婚變得相當普遍。早先這類婚姻的辛苦已不再令人感到沮喪，除了偶爾發生在布洛克人之中，因其遊牧的生活型態，較易受人輕視。然而歧視布洛克人的狀況已經快速消失，他們因接受現代教育而進入國家的主流生活。

南不丹人的情況則是，政府積極鼓勵通婚，甚至到一九九一年為止，發放獎金給通婚夫妻。然而，由於某些洛桑人的異議性活動，以及抱怨政府將竹巴文化與傳統強加於他們身上，國會於是取消這類婚姻的補助。

在此所使用的昂洛（Ngalong）這個字詞，是稍加廣泛地指涉居住於國內西部宗喀（區）省份的居民，包括哈阿、帕羅、延布、普納卡、旺地頗章以及一些彭措林北部地區，普遍而言是佩勒拉（Pelela）隘口以西的區域。他們流通著不同版本的宗喀語。這些住民的祖先可能大多是來自於西藏的宗教人士以及政治避難者，或者是上述人士的隨從、士兵、家族成員或僕役。早期他們與當地原住民族群融合，現今已看不到原住民的生活遺跡。

昂洛人的居住地，是在西北地區，止於佩勒拉隘口。稍往東是少數的布洛克人，而後是通薩區的芒迪人（Mangdip），以及更往東的布姆

塘人。有時有些錯誤的觀念認為，佩勒拉東邊全部是夏丘人。然而，其實不能將芒迪人、布姆塘人、甚至康人都視為夏丘人，除非在即為廣義的情況下，相對於昂洛人的普遍性時才能這樣概略地區分。狹義夏丘人的居住地區僅僅始於越過特魯姆什格拉隘口（Thrumshingla pass），並靠近芒嘎爾的林門塘（Lingmethang）等地。一旦過了魯姆什格拉隘口，即為布姆塘人的聚居地──該族群使用布洛克語，而且是農業專家。更遙遠的東北疆界地區，夏丘族群則將空間讓給與印度阿魯納恰爾邦為界的門拉克與薩克坦布洛克人。

早期尚未有公路通行時，當地透過騎馬與徒步的旅程極為險峻，且相當耗時，人們的確能感受到族群之間的不同差異。現在國內旅途往返容易許多，當地社經交流也有所增長，許多人從家鄉移居到城鎮和國家的其他地區，特別是首都廷布。未來的發展將導向更同質的社會。甚至語言藩籬，也因國語宗喀語的通用以及各級學校中所教授的英文而克服。從其他地區派駐於當地的政府官員，包括其眷屬，很快地就學會當地語言。因而鈍化了彼此之間的差異性。

不丹人民普遍友善、幽默且熱情好客，不論對外國人或外地鄉親都是如此。在沒有旅館與民宿的地方，任何民宅都可提供旅人住宿。這種好客的天性特別與連日步行或騎乘獸力的旅程有關。即使設有旅館與民宿，也不是為了提供這些非官方旅人所設置。

整體而言，不丹人尊重並重視土地權力。如果利益受到影響時，他們毫不猶豫以私下或官方集會等方式批判政府當局。如果議題直接與其利益相關，他們會向政府請願；若有必要甚至可以上達國王，直到訴求得到正視為止。他們對此事實頗為自豪：任何公民皆有權利向王國的最高權力者請願。雖然不丹各族群之間的普遍特性只能身處國內才能深刻體會，但每個族群有時會以幽默的方式，看待其他族群的特殊行為模式。在此列舉一些特性，從而得知人民之間如何看待彼此並普遍化其他族群，儘管他們的相似性實則大於差異性。

昂洛人一般而言驕傲、野心勃勃、外向，並且非常積極於改善自身

雷龍之吼

生活條件 —— 他們存在著強烈的唯利是圖傾向。他們是首批於一九四〇年代與一九五〇年代，前往噶倫堡、大吉嶺及印度其他地方取得教育優勢的不丹人，大多數來自於哈阿與帕羅。因此，直到一九七〇年代早期，他們在政府部門、僧團、以及企業界與工業界中取得高位。到目前為止，除了現任的不丹僧團領袖（即杰‧堪布）以外，過去歷任的杰‧堪布皆來自於西部地區。近來昂洛人依舊大多擔任部會首長與軍職。應該要注意的是，這並非國王或政府的任何偏袒或歧視，而是因為這些昂洛人士擁有較佳學歷又結合極具企圖心的天性，而在生活中落實並向前邁進。

雖然所有的不丹人都有宗教傾向，並且對信仰極為重視，但夏丘人在宗教上似乎幾近狂熱，並且不乏捐贈一生積蓄興建廟宇、佛學院、舍利塔，或者供養宗教人士。許多人為了朝聖而積欠長期債務，特別是前往印度的菩提迦耶（Bodhgaya）與拉瓦爾薩爾（Rawalsar）[189]。不丹與中國邊界的官方通道仍未開放前，許多不丹朝聖者透過尼泊爾與西藏的旅行社安排，早已造訪過拉薩、桑耶寺、惹龍及其他具宗教意義的地點。他們多數傾向於寧瑪派教法，特別是追隨尊貴的西藏上師多竹千仁波切的教法與實修。然而有機會的話，他們也毫無疑慮地修行竹巴噶舉的實修與儀式。

夏丘人與康人一般極為隨遇而安。據知他們將很大部分的作物收成釀製成酒，沉迷於飲酒與盡情歡樂。涉及世間財富、權力與地位時，他們似乎不那麼野心勃勃；甚至連受過高深教育的人士，似乎都並未認真在僧團、政府部門或企業中爭取晉升機會。

布姆塘人與芒迪人（Mangdip），則如同所處的地理位置介於東西兩端，其特質也是兩個極端的混合體。

南不丹人或稱洛桑人，早期因為國家南北之間缺乏交通要道，而多

---

189. 一九九五年一月到二月，於印度菩提迦耶噶舉祈願大法會（Monlam Chhenpo）期間，將近有三萬人參加，大部分的東不丹人組團前往朝聖。這樣的朝聖型態現在幾乎已經成為年度盛事。

少有點與世隔絕。他們很少試圖了解北部鄰國，也不試著與接納他們為同胞的其他族群發展社會關係及個人往來。他們大多數生活得徹底像個尼泊爾人，比起跟北不丹人相處，他們更樂於與印度或尼泊爾的家族往來或嫁娶。他們基於多個觀點，而感到自己與北方同胞的差異。在宗教上，他們大多實施印度教的嚴格種性制度。他們的祭司，也就是巴渾族（he Bahuns）或婆羅門，堅守嚴格的社會禁忌，幾乎無法為北不丹人所了解或體會。在語言上，尼泊爾人並未學習太多其他不丹方言，而是以梵文及天城文（Devangri script）為主。種族上，雖然有一些洛桑人具有強烈的蒙古人種特徵，但許多較高種性者與族群中的領導者，則具有明顯的雅利安人特徵。在飲食方面，印度教徒懼食他們北方同胞喜愛的牛肉。

南不丹人在政府機構與企業體中，總有種受到歧視的錯覺。這種感覺或懷疑，其實並非由政府的政策與行動所認可。然而應該能理解，對一個族群而言，在種族上許多方面都異於國家其他大多數人民，並且又是由後者擔任統治家族，多少會產生懷疑不安。至少到了近期，少有洛桑人願意認真學習北不丹語言，或融入對方的生活與族群。政府與服務部門的推動工作，自然地因而延遲。

南不丹人對境況帶有高度情緒化的反應，因而將理性與現實考量拋諸九霄雲外。這個特性是當地領袖與民眾參與一九九〇年民變的主因。

不丹人口中的另一小部分，例如布洛克族群、以及具有苯教或佛教背景的蒙古人種塔巴人。基於不常出現、面對較大族群時產生自卑感、以及教育背景較差，他們似乎羞於現身在不丹生活主流中。但是如果能提供教育與健康醫療的優勢，他們亦能為國家提供更多貢獻，同時也能改善自身生活。

印度人與藏人

　　印度人與藏人是王國的兩大主要鄰邦人民，對不丹人的生活一向扮演著重要角色。過去的普納卡舊政府習慣雇用孟加拉人為翻譯及辦事員，特別用於交涉英屬印度方面的事務。早期平原地帶的人們遭俘虜帶進不丹，被作為奴隸而帶往普納卡與旺地頗章的田地間農作。不丹第三任國王吉美・多杰・旺楚克陛下於一九五三年登基後不久，即廢除農奴制度。現在除了偶爾有黝黑膚色與深陷雙眼的外地人出現，原有農奴已經融入帕羅與夏區（Sha），形成普納卡與旺地頗章人口的一部分。

　　更近期，南部邊防地區於廿世紀增設定居點後，印度人獲准開設店舖，並承接其他經濟活動，以滿足民眾需求。然而與洛桑人相比，他們依然保有更為獨特的身分。他們很少與當地人通婚，並且總是認同自己的原籍國家。他們也不希望成為不丹公民 [190]。多數商人最初來自於馬爾瓦里（Marwari）社區或拉賈斯坦邦（Rajasthan）的其他區域。他們與那些毗鄰不丹邊境，諸如阿薩姆人、孟加拉人以及博多人等印度人截然不同。

　　夏丘人，特別是來自敦桑地區的民眾，過去曾與阿薩姆的博多人──來自坎如普（Kamrup）、本噶貢（Bongaigaon）以及構帕拉（Goalpara）等區域──有特殊交情。冬季月份時，不丹人前往平原避寒並進行實物交易，博多・喀夏芮家族熱情款待他們。到了夏天，許多博多人為了避暑並躲避潮濕平原區的瘧疾肆虐，而前往涼爽的山上加入不丹夥伴的生活。這樣的情況一直持續到一九七〇年代公路開通之後。不丹首任內政部長倫波湯米・嘉卡，終於勸阻敦桑地區每年一度的三個月全村大遷徙，因為這勢必影響發展工作的進行，並且為學校、醫院以及一般行政管理帶來不便。此一禁令也終結兩地人民之間，持續數個世紀以來的獨特交往模式。

---

190. 有一個事件發生於一九六〇年代，記錄一位彭措林的著名印度商人拉瑪（Rama），穿著幗服前往札熙岡宗（Tashichho Dzong）。他因某些原因而惹惱當時的財政部長倫波確嘉，部長因而命令他立刻穿著幗服前往晉見。這個事件確定了當時居住於不丹的印度人平日並未穿著不丹國服。

　　從種族起源、宗教、以及不丹的文字書寫、語言與方言等方面而論，藏人可說是不丹人的近親。然而，由於過去兩地人民存在敵對狀態——涉及宗教對立以及西藏多次入侵不丹，再加上所居地理環境的差異，兩地人民各自發展出截然不同的特色。這可以從不丹建築的施工方式與風格、口語與書寫體發展中看到。與西藏相比，不丹已經往另一個方向發展。同樣地，女性服飾旗拉以及不丹織品，皆帶有強烈的不丹風格。兩地人民之間的飲食習慣，因各自氣候與土壤條件，所能利用與耕種的類型亦相當不同。在國家治理方面，國家法律也各自發展演變。宗教與宗教實務方面的明顯差異，還包括不丹僧團的特殊運作方式。

　　自從中國於一九五〇年代接管西藏之後，數以千計的西藏難民湧進不丹，隨之而來的是一九六二年的印中衝突。雖然許多人繼續前往印度，但大約仍有六千名藏人留在不丹[191]。最初不丹伸展雙臂，歡迎這些鄰居前來，並允許設置西藏難民營，由印度的西藏流亡政府代表派駐管理。許多藏人選擇定居於廷布附近的紅厝（Hongtsho）以及其他提供給西藏難民的土地。他們獲准自由地從事商業行為。然而，西藏流亡官員與難民營中的知名人士，似乎對不丹另有圖謀。有人懷疑，在達賴喇嘛長兄嘉華・東杜（Gyalwa Dondup），以及與藏人有姻親關係的著名不丹官員領導下，藏人想要在不丹領土上行使更大的權力，並干涉王國內政。明顯地，這樣的情況非不丹政府所樂見，因而造成與西藏流亡政府關係惡化。

　　為解決此問題，政府提議西藏難民接受不丹國籍。然而結果可能演變成，他們日後得放棄回到原有家園。雖然有些藏人決定取得不丹公民身分，但其他人則堅持原有的西藏身分，大多數人甚至決定前往印度的西藏難民營[192]。

　　多位藏族的高階喇嘛，例如已故的第十六世嘉華噶瑪巴、已故頂果

---

191. 參見第五十屆國會議期第六十四號決議案（一九七九年六月）。
192. 參見第五十一屆國會議期第四十二號決議案（一九七九年十一月）、第五十二屆議期第五十八號決議案（一九八〇年十月）、以及第六十八屆議期第七號決議案（一九八九年十月）。

欽哲仁波切、已故敦珠仁波切、多竹千仁波切、甚至包括嘉德仁波切以及其他人士，過去或者現在仍為不丹宗教的提昇作出重大貢獻。其他仍留在國內的藏人則是優秀的零售商、藝術家與生意人。他們以這些方式為國家作出具有價值的貢獻。不丹政府一向承認這些事實，並試圖透過自由地賦予公民資格，而助其渡過難關，並繼續允許境內七所難民營的運作，直到藏人自己放棄為止，同時政府亦發放護照與旅行證件給藏人，使他們得以前往第三國旅行。政府也簽發外交護照給著名的西藏喇嘛，以示尊重與關切。

附錄三：不丹歷任德布／德悉（最高行政首長）

	姓氏（與頭銜）	統治時期
1	烏策·滇津·竹嘉 Umze Tenzin Drugye	1651 ～ 1656
2	昂帕·滇津·竹克達 La Ngoenpa Tenzin Drugda	1656 ～ 1667
3	確嘉·明佑·天帕 Chogyal Migyur Tempa	1667 ～ 1680
4	迦色·滇津·壤紀 Gyalse Tenzin Rabgye	1680 ～ 1694
5	喀比·格敦·確佩 Karbi Geduen Choephel	1694 ～ 1701
6	昂旺·澤仁 Ngawang Tshering	1702 ～ 1704
7	烏策·班覺 Umze Peljore	1704 ～ 1707
8	楚克·壤紀 Druk Rabgye	1707 ～ 1719
9	格西·昂旺·嘉措 Geshe Ngawang Gyamtsho	1720 ～ 1729
10	米龐·旺波（仁波切） Rinpochhe Mipham Wangpo	1730 ～ 1736
11	庫烏·班覺（津彭）Zimpon Khuwo Penjor	1737 ～ 1739
12	薩雄·昂旺·嘎申 Sachong Ngawang Gyaltshen	1740 ～ 1744
13	確嘉·喜拉·旺楚克 Chogyal Sherub Wangchuk	1744 ～ 1763
14	楚克·彭措 Druk Phuntsho	1763 ～ 1765
15	楚克·滇津 Druk Tenzin	1765 ～ 1768
16	索南·倫杜（紀達爾） Sonam Lhundup（Zhidar）	1768 ～ 1772

雷龍之吼

17	宗洛・昆嘎・仁謙 Tshenlop Kunga Rinchhen	1773 ～ 1775
18	吉美・辛格 Jigme Sengge	1775 ～ 1788
19	楚克・滇津 Druk Tenzin	1788 ～ 1792
20	烏策・恰布企普（札西・南嘉・索南・迦申）Umze Chabchhap（Trashi Namgyal a.k.a Sonam Gyaltshen）	1792 ～ 1796
21	楚克・南嘉 Druk Namgyal	1799 ～ 1803
22	烏策・恰布恰布 Umze Chabchab	1803 ～ 1805
23	桑給・滇津 Sangye Tenzin	1805 ～ 1807
24	烏策・帕洛 Umze Parop	1806 ～ 1807
25	波普・確達（貝瑪・確達）Boep Choeda（Pema Chodra）	1807 ～ 1808
26	吉美・達帕（特瑞圖・祖君・達帕）Jigme Drakpa（Thritul Tshultrim Dragpa）	1808 ～ 1810
27	夏尊・吉美・達帕 Zhabdrung Jigme Drakpa	1809 ～ 1810
28	確列・耶色・嘎申 Chhoglay Yeshey Gyaltshen	1809 ～ 1811
29	紮普・多杰 Tshaphu Dorji	1811 ～ 1811
30	敏旺・索南・楚嘉 Mewang Sonam Drugyal	1811 ～ 1817
31	滇津・楚達 Tenzin Drugda	1817 ～ 1822
32	確基・喀申 Choeki Gyaltshen	1822 ～ 1831
33	多杰・南嘉 Dorji Namgyal	1831 ～ 1833
34	歐壤（阿達帕）・廷列 Athrang（Adap）Thinley	1833 ～ 1835
35	確基・喀申 Choeki Gyaltshen	1835 ～ 1838
36	多杰・諾布 Dorji Norbu	1838 ～ 1849

37	札西・多杰 Tashi Dorje	1842 ～ 1849
38	旺楚克・嘉波 Wangchuk Gyalpo	1849 ～ 1850
39	夏尊祖古吉美・諾布 Zhabdrung Trulku Jigme Norbu	1850 ～ 1850
40	恰帕・桑給 Chakpa Sangay	1851 ～ 1852
41	巴殊・談確・倫杜 Bachup Damchhoe Lhundup	1852 ～ 1854
42	蔣貢祖古蔣揚・天津 Jamgoen Trulku Jamyang Tenzin	1854 ～ 1855
43	崑嘎・帕登（索南・透給） Kunga Palden（Sonam Tobgye）	1855 ～ 1860
44	烏瑪・德法（喜壤・塔欽） Uma Deva（Sherab Tharchin）	1855 ～ 1860
45	納紀・帕桑・彭措・南嘉 Nagdzi Pasang Phuntsho Namgyal	1860 ～ 1863
46	策旺・錫杜 Tshewang Sithub	1863 ～ 1864
47	措君・雍滇 Tshulthrim Yonten	1864 ～ 1864
48	喀固・旺楚克 Kague Wangchuk	1864 ～ 1864
49	尊度・佩喀 Tshoendue Pekar	1864 ～ 1864
50	策旺・錫度 Tshewang Sithub	1864 ～ 1870
51	吉美・南嘉 Jigme Namgyal	1870 ～ 1873
52	基澤爾帕・多杰・南嘉 Kitshelpa Dorji Namgyal	1873 ～ 1879
53	確嘉・贊波 Chhogyal Zangpo	1879 ～ 1882
54	朗姆・策旺 Lam Tsewang	1882 ～ 1884
55	嘎瓦・贊波 Gawa Zangpo	1884 ～ 1885

雷龍之吼

56	龐・桑給・多杰 Pam Sangay Dorji	1886 ～ 1903
57	確列・祖古耶榭・昂杜 Chhoglay Trulku Yeshey Ngedup	1903 ～ 1907

資料來源：不丹皇家政府教育部，1980

附錄四：不丹邦交國一覽表

截至 2012 年 9 月為止

常駐外交關係

1. 印度：

　　1968 年 1 月：印度於廷布設立專員辦事處。

　　1971 年 5 月 17 日：建立正式外交關係前期互派代表。

　　1978 年 8 月 8 日：雙方代表正式任命為大使，原辦事處升格為大使館。

2. 孟加拉國：

　　1973 年 4 月 12 日：建立非常駐外交關係。

　　1980 年 1 月 8 日：建立常駐外交關係。

3. 科威特：

　　1983 年 5 月 23 日：不丹任命總領事派駐於科威特。

　　1986 年 4 月 23 日：總領事辦公處升格為大使館，不丹派任常駐大使前往科威特；科威特駐德里大使兼任不丹事務，直到 2010 年才於廷布設立大使館。

4. 泰國：

　　1989 年 11 月 14 日：建立非常駐外交關係。

　　1997 年 7 月 7 日：不丹設於曼谷的辦事處升格為大使館，並指派代辦官員。泰國駐新德里大使兼管不丹事務，並未於不丹設立使館。

　　1999 年 9 月：不丹於曼谷派任常駐大使。

雷龍之吼

非常駐外交關係

5. 尼泊爾：1983 年 6 月

6. 馬爾地夫：1984 年 7 月

7. 瑞士：1985 年 9 月

8. 丹麥：1985 年 8 月

9. 歐盟：1985 年 8 月

10. 瑞典：1985 年 8 月

11. 荷蘭：1985 年 6 月

12. 挪威：1985 年 11 月

13. 日本：1986 年 3 月

14. 芬蘭：1986 年 5 月

15. 斯里蘭卡：1987 年 5 月

16. 南韓：1987 年 9 月

17. 巴基斯坦：1988 年 12 月

18. 奧地利：1989 年 5 月

19. 巴林：1992 年 2 月

20. 澳洲：2002 年 9 月

21. 新加坡：2002 年 9 月

22. 加拿大：2003 年 6 月

23. 比利時：2009 年 1 月

24. 巴西：2009 年 9 月

25. 阿富汗：2010 年 4 月

26. 西班牙：2011 年 2 月

27. 古巴：2011 年 9 月

28. 斐濟：2011 年 11 月

29. 摩洛哥：2011 年 11 月

30. 塞爾維亞：2011 年 12 月

31. 車臣共和國：2011 年 12 月

32. 印尼：2011 年 12 月

33. 盧森堡：2011 年 12 月

34. 蒙古：2012 年 1 月

35. 越南：2012 年 1 月

36. 緬甸：2012 年 2 月

37. 哥斯大黎加：2012 年 3 月

38. 阿根廷：2012 年 3 月

39. 安道爾共和國：2012 年 3 月

40. 毛里斯共和國：2012 年 7 月

41. 史瓦濟蘭：2012 年 8 月

42. 亞美尼亞：2012 年 9 月

43. 斯洛伐克共和國：2012 年 9 月

44. 土耳其共和國：2012 年 9 月

45. 斯洛維尼雅共和國：2012 年 9 月

46. 阿拉伯聯合大公國：2012 年 9 月

47. 埃及阿拉伯共和國：2012 年 11 月

48. 哈薩克共和國：2012 年 11 月

49. 哥倫比亞共和國：2012 年 12 月

50. 塔吉克共和國：2013 年 1 月

51. 亞塞拜然共和國：2013 年 2 月

52. 阿曼蘇丹王國：2013 年 3 月

53. 阿根廷共和國：2013 年 3 月

常駐聯合國代表團

1. 紐約：1971 年 9 月 21 日

2. 日內瓦：1985 年 4 月 24 日

資料來源：不丹皇家政府外交部

雷龍之吼

不丹王室政府為聯合國及其他相關國際組織成員國一覽表

1. 萬國郵政聯盟（UPU）	1969
2. 聯合國（United Nations）	1971
3. 聯合國貿易暨發展會議（UNCTAD）	1971
4. 七十七國集團（Group of 77）	1971
5. 聯合國亞太經濟社會理事會（ESCAP）	1972
6. 國際農業發展基金（IFAD）	1978
7. 亞洲再保險公司（ARC）	1979
8. 國際貨幣基金組織（IMF）	1981
9. 世界銀行（World Bank）	1981
10. 國際發展協會（IDA）	1981
11. 聯合國糧食及農業組織（FAO）	1981
12. 世界衛生組織（WHO）	1982
13. 世界衛生組織東南亞區域署（SEARO of WHO）	1982
14. 聯合國教育、科學及文化組織（UNESCO）	1982
15. 聯合國工業發展組織（UNIDO）	1983
16. 亞洲太平洋郵政聯盟（APPU）	1983
17. 聯合國貿易暨發展會議貿易發展理事會（TDB of UNCTAD）	1985
18. 國際電信聯盟（ITU）	1988
19. 國際民航組織（ICAO）	1989
20. 世界智慧財產權組織（WIPO）	1994

其他國際組織

1. 科倫波計畫（Colombo Plan）	1962
2. 不結盟運動（Non-Aligned Movement）	1973
3. 南亞區域合作聯盟（SAARC）	1985
4. 南亞區域合作方案（SACEP）	1982

5. 國際山地綜合發展中心（ICIMOD） 1985

6. 世界佛教徒聯誼會（WFB） 1984

7. 國際最高審計機關組織（INTOSAI） 1987

8. 亞洲開發銀行（ADB） 1982

9. 國際植物保護公約（IPPC） 1994

10. 亞太發展籌資機構協會（ADFIAP） 1988

11. 國際通信衛星組織（INTELSAT） 1992

12. 亞洲交通發展機構（Asian Institute of Transport Development） 1991

13. 亞太種子協會（APSA） 1996

14. 國際獸疫防治局（OIE） 1990

15. 亞太電信組織（APT） 1998

16. 亞洲廣播聯盟（ABU） 1997

17. 亞太地區家畜生產暨衛生委員會（APHCA） 申請中

18. 亞太廣播發展研究中心（AIBD） 2000

19. 亞洲結算聯盟（Asian Clearing Union）

國際體育機構

1. 南亞運動聯盟（SASF） 1983

2. 亞洲奧林匹克理事會（OCA） 1983

3. 國際足球聯盟（FIFA） 2000

資料來源：不丹皇家政府外交部，2001 年 6 月

國家體育機構

1. 不丹奧林匹克委員會 Bhutan Olympic Committee（BOC），設立於 1983
年。

雷龍之吼

隸屬於不丹奧委會的體育機構

1. 不丹射箭聯盟
2. 不丹羽毛球聯盟
3. 不丹籃球聯盟
4. 不丹健美與舉重聯盟
5. 不丹拳擊聯盟
6. 不丹板球委員董事會
7. 不丹足球聯盟
8. 不丹高爾夫球聯盟
9. 不丹原住民運動會暨運動協會
10. 不丹射擊聯盟
11. 不丹桌球聯盟
12. 不丹跆拳道聯盟
13. 不丹網球聯盟
14. 不丹排球聯盟

資料來源：不丹奧委會，2010 年 8 月

附錄五：不丹重要歷史事件年表

西元 500 年以前	史前時期，現今已知的概略不丹疆域稱為蒙域或珞域
630 ～ 640	早期藏王開始興建佛教寺廟，如祈楚寺與賈貝寺
737 ～ 738	蓮花生大士（咕嚕仁波切）造訪不丹。寧瑪派佛法開始流傳。
1194	噶旺‧拉囊巴於西不丹弘揚拉巴噶舉（Lhapa sect）傳承，並建立「宗堡」（Dzong）制度
1224	帕久‧竹貢‧欽波於西不丹建立竹巴噶舉傳承
1490	西藏瘋智聖僧（瘋喇嘛）竹巴‧袞列（Drukpa Kinley）來到不丹
1616	近代不丹的建立者──夏尊昂旺‧南嘉從西藏的竹巴惹龍寺來到不丹
1620	夏尊昂旺‧南嘉於廷布建立祈瑞寺
1627	首批西方人耶穌會教士卡瑟拉以及卡布拉爾造訪不丹
1629 ～ 1647	西藏入侵
1629	建立辛透宗
1637	建立普納卡宗
1641	建立札熙岡宗
1644	蒙古固使汗（Gushri Khan）聯合藏軍入侵不丹
1646	建立帕羅宗

雷龍之吼

1649	西藏入侵不丹
1651	夏尊昂旺‧南嘉圓寂，密不發喪。
1657	西藏入侵不丹
1676	不丹入侵錫金
1700	不丹二度入侵錫金
1714	蒙藏聯軍入侵不丹
1728 ～ 1730	不丹內戰
1730	不丹支援庫奇‧比哈爾國王對抗印度蒙兀兒王朝
1760 年代	庫奇‧比哈爾成為不丹屬國；阿薩姆杜阿爾斯納入不丹控制
1733	與西藏簽訂和平協議
1767 ～ 1774	不丹內戰
1770	不丹－庫奇‧比哈爾大軍入侵莫朗（Morang）與錫金王國
1771 ～ 1772	不丹入侵並佔領庫奇‧比哈爾王國
1772	庫奇‧比哈爾反對派系尋求英屬東印度公司軍援
1773	英國遠征軍攻打不丹
1774	喬治‧波格爾（George Bogle）代表團前往不丹
1774	亞力桑德‧漢彌爾頓（Alexander Hamilton）代表團前往不丹
1776	簽署英不和平協議*
1777	亞力桑德‧漢彌爾頓二度率領代表團前往不丹與西藏
1783	薩米‧透納（Samuel Turner）代表團前往不丹
1826 ～ 1828	英國人尋釁引發英不邊界爭議

1834 ～ 1835	英國入侵不丹
1841	英國併吞阿薩姆杜阿爾斯地區
1862	不丹攻擊錫金與庫奇・比哈爾
1864	阿胥列・艾登（Ashley Eden）代表團前往不丹
1864	不丹內戰，英國企圖與不丹建立雙邊關係
1864	英不戰爭
1865	簽訂辛楚拉條約*
1883 ～ 1885	不丹內戰，通薩本洛烏金・旺楚克取得優勢成為不丹領導人
1897	普納卡宗遭地震毀損
1904	烏金旺楚克調解英藏協商，協助英國入侵西藏達致和平解決
1905	通薩本洛烏金・旺楚克之子吉美・旺楚克出世
1907	烏金旺楚克成為第一任不丹世襲國王
1910	中國入侵西藏，並向不丹、尼泊爾、錫金聲明主權
1910	不丹與英國簽署協議*
1911	烏金・旺楚克訪問德里，與英國威爾斯王子會面
1912	羅納莎勳爵（Lord Ronaldshay）訪問不丹
1926	國王烏金・旺楚克崩殂，王儲吉美・旺楚克繼任為不丹第二任世襲國王
1928	王儲吉美・多杰・旺楚克出生
1947	不丹參加於德里舉辦的亞洲關係會議
1947	印度獨立，英國終止與不丹關係
1949	不丹與印度簽署和平友好協議*

1952	國王吉美旺楚克崩殂，吉美・多杰・旺楚克繼位為不丹第三任世襲國王
1953	建立不丹國民議會
1954	國王吉美・多杰・旺楚克訪問印度
1955	王儲吉美・辛格・旺楚克出世
1958	印度總理賈瓦哈拉爾・尼赫魯訪問不丹
1961	印度協助不丹展開第一個五年發展計畫
1962	不丹於墨爾本參加科倫坡計畫會議
1962	印度軍隊於中印邊境戰爭期間穿越不丹境內
1963	不丹成為科倫坡計畫成員國
1964	總理吉美・帕登・多杰於彭措林遇刺身亡
1965	設立皇家諮詢委員會
1966	展開第二個五年發展計畫
1966	廷布制訂歲出預算
1968	國王對君主政權進行憲政改革
1969	不丹加入萬國郵政聯盟
1970	王子南嘉・旺楚克率領不丹代表團，以觀察員身分參加聯合國大會
1970	印度總統吉里（V.V. Giri）訪問不丹
1971	不丹成為聯合國會員國
1971	不丹展開第三個五年計劃
1972	王儲吉美・辛格・旺楚克任命為通薩本洛
1972	國王吉美・多杰・旺楚克崩殂，王儲吉美・辛格・旺楚克成為不丹第四任世襲國王

1974	脫離印度而建立新的貨幣政策，但不丹努幣依然與印度盧比採取固定匯率制
21 February 1980	王儲吉美‧格薩爾‧南嘉‧旺楚克出世
1989～1990	人口普查與地籍調查造成尼裔南不丹人騷動，導致反政府運動並於尼泊爾設置難民營
1998	國王引進重要憲政改革。內閣閣員由國王提名後，交付國會投票表決
1998	國王放棄政府首長的地位，他將該職位改由內閣首長每年輪替擔任。國王決定僅保有國家安全與主權等國家領導人的責任。
8 December 1998	中國與不丹邊境地區維持不中和平穩定協議*
October 2004	王儲吉美‧格薩爾‧南嘉‧旺楚克任命為通薩本洛
14 December 2006	第四任世襲國王遜位，由通薩本洛王儲吉美‧格薩爾‧南嘉‧旺楚克繼位，為第五任不丹國王。
8 February 2007	於新德里重新簽訂印不友好協議*
24 March 2007	不丹第一屆民選國民議會
April 2008	第一屆民選國會宣誓就職，不丹政府依據新憲法草案施政
18 July 2008	國王吉美‧格薩爾‧南嘉‧旺楚克與國會議員於廷布札熙岡宗，簽署不丹王國憲法
6 to 8 November 2008	第五任不丹國王吉美薩爾‧南嘉‧旺楚克陛下加冕大典
13 to 15 October 2011	第五任不丹國王吉美‧格薩爾‧南嘉‧旺楚克陛下與阿熙杰尊‧貝瑪陛下舉行皇室婚禮

英不和平協議

一七七四年

與不丹協定之執行部分包含如下規定：

不丹人應比照往例享有對壤普爾（Rangpur）的貿易優惠，准允無關稅或不設置障礙地從事貿易與馬匹販售。

自此廢除壤普爾向不丹商隊課徵關稅。

德布拉賈應允許所有印度教徒與穆斯林商家自由出入該國境內以便往返孟加拉與西藏兩地。

英國或歐洲商人不得進入德布拉賈的統治範圍。

涼鞋、靛藍染料、赤皮、菸草、檳榔與鍋盆等壟斷性貿易，應同樣在德布拉賈之統治範圍內獲得保留，總督應確認壤普爾對於靛藍染料的訂單數量。

辛楚拉條約（Treaty of Sinchula）

一八六五年

簽署日期：1865 年 11 月 11 日

簽署地點：辛楚拉

生效日期：1865 年 11 月 11 日

條件規定：不丹撤銷並終止對庫奇‧比哈爾與杜阿爾斯的宗主權聲明

有效期限：1910

簽 署 人：錫金政治官員赫伯特‧亞歷山大‧布魯斯；

　　　　　不丹王儲烏金‧旺楚克及其大臣

締 約 國：英屬印度政府；不丹

協定批准：總督約翰勞倫斯爵士（英屬印度政府）

使用語言：英語

辛楚拉條約本文：

訂立於 1865 年 11 月 11 日

協議書由爵級大十字勳章爵士（G.C.B.）、印度之星勳章榮譽騎士（K.S.I.）指揮官、英國女王陛下東印度屬地總督約翰‧勞倫斯爵士（C.B.）閣下，全權授予巴斯勳爵三等勳章爵士陸軍中校赫伯特‧布魯斯閣下為一方；另一方則由德布王全權授予德布津彭薩姆‧多杰與滇樹‧仁謙‧東內代表。

第一條

今後英國政府與不丹政府之間應永久和平且友好。

第二條

鑑於不丹政府多次入侵，且拒絕承擔侵略後之賠償，甚而羞辱委員

雷龍之吼

會總督閣下為善意調解兩國既存歧異所派遣的官員，英國政府被迫以武力奪取杜阿爾斯全境以及出入不丹的特定高地邊防隘口。現因不丹政府對過去不當行為表達歉意，希望與英國政府建立友好關係，特此同意將稱之杜阿爾斯的所有十八處通道，亦即毗鄰朗布爾、庫奇‧比哈爾、阿薩姆，連同安巴瑞‧伐寇達的塔魯、以及堤斯塔河左岸的高地，綿延至英國駐軍可能設立據點等所有地區，由不丹政府永久割讓給英國政府。

第三條

不丹政府同意，引渡違反其意願而關押於不丹的所有英國、錫金與庫奇‧比哈爾等國臣民，並且得阻礙任何人士返回英國領土。

第四條

顧及本協議第二條中不丹政府同意割讓領土，並且歉於過去不當行為而保證未來將制止所有惡意人士，於英國、或錫金與庫奇‧比哈爾拉賈領土內犯罪，並願對這類藐視命令的所有罪狀提供迅速且全面的賠償，英國政府同意提供不丹政府每年五萬元盧比的年度限額，由不丹政府代表接受，用以支付宗彭職等以上官員執行勤務所需。特此進一步同意具體支付項目如下：

不丹政府履行協議訂金	兩萬伍千元盧比（25,000盧比）
首次津貼於翌年一月十日支付	參萬伍千元盧比（35,000盧比）
次年的一月十日支付	肆萬伍千元盧比（45,000盧比）
爾後每年一月十日支付	伍萬伍千元盧比（55,000盧比）

（不丹）與英國協議

一九一○年

宜修訂一八六五年十一月十一日，即不丹曆木牛年九月廿四日，英國政府與不丹政府於辛楚拉締結協議，其中第四條與第八條，同意訂立下述修訂版。一方由印度總督明托伯爵、樞密院顧問吉爾伯特‧詹‧艾略特－默里－基寧蒙德閣下，全權授權錫金政治官員 C.A. 貝爾先生為代表；另一方則由印度帝國爵級司令勳章爵士、不丹瑪哈拉賈烏金‧旺楚克閣下為代表。

下列為一八六五年辛楚拉條約第四條條款增修條文。

英國政府對不丹政府之年度補助津貼，從伍萬元盧比增加為十萬元盧比，自一九一○年一月十日生效。

一八六五年辛楚拉條約第八條，修訂條文如下：

英國政府保證不干涉不丹內政。不丹政府方面，則同意就外交關係以英國政府的建議為指導。與錫金以及庫奇‧比哈爾瑪哈拉賈所產生的爭議或抱怨情事，將送交英國政府仲裁。後者要求以公義方式處置，遵守瑪哈拉賈所指明之決定。

本協議書一式四份，西元一九一○年，即不丹曆土雞年十一月廿七日於不丹普納卡簽訂。

錫金政治官員，C.B. 貝爾　　　　法王簽章（簽章）
錫金政治官員簽章（簽章）
一九一○年一月十八日　　　　　不丹瑪哈拉賈殿下簽章（簽章）

塔桑喇嘛簽章（簽章）

通薩本洛簽章（簽章）

帕羅本洛簽章（簽章）

雷龍之吼

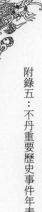

宗眾耶簽章（簽章）

廷布宗彭簽章（簽章）

旺地頗章宗彭簽章（簽章）

塔卡本洛簽章（簽章）

德布津彭簽章（簽章）

印度總督明托伯爵

本協議於一九一〇年三月廿四日，由印度總督於威廉堡之顧問委員會批准。

印度政府外交部秘書，S. H. 布特勒。

印度政府與不丹政府兩國永久和平友好條約

大吉嶺，一九四九年八月八日

以印度政府為一方，天龍嘉波陛下政府為另一方，基於英國政府結束對印度統治，雙方均熱切期待以友好方式，在穩固持久的基礎下協調兩國事務，為了兩國人民的福祉而迫切需要推動並培養邦誼與睦鄰關係，茲以締結下列協議，並特此任命雙邊代表，即哈瑞史瓦‧達亞閣下代表印度政府，以印度政府之名義全權同意本協議；德布津彭索南‧透給‧多杰、揚洛索南、碓津東杜、仁津唐汀、以及哈敦吉美‧帕登‧多杰等人，代表不丹瑪哈拉賈天龍嘉波陛下，以不丹政府之名義同意同份協議。

第一條

印度政府與不丹政府之間應當永久和平且友好。

第二條

印度政府保證不干涉不丹內政。不丹政府方面，則同意就外交關係遵循印度政府建議為指導。

第三條

為取代辛楚拉協議第四條支付不丹政府之抵償金、一九一〇年一月十八日協議修訂版中所增加額度、以及一九四二年准予每年支付十萬盧比的臨時補助費等條文，印度政府同意每年支付不丹政府五十萬元盧比。特此同意年度抵償金應於每年一月十日交付，首次付款日訂於一九五〇年一月十日。於本協議持續有效期間，得按時遵守條款支付款項。

第四條

為進一步展現兩國政府間既存且持續發展的邦誼，印度政府應從本協議

雷龍之吼

簽署日起壹年內，將通稱為德旺奇力地區約卅二平方英哩的土地歸還不丹政府。印度政府應指派一至多位適任官員劃定歸還不丹政府之區域範圍。

第五條

如同既往，印度政府與不丹政府管轄區之間應維持自由貿易與通商往來；印度政府同意提供不丹政府，途經印度轄區內的貨物陸運及水運等種種便利，包括即時協商而指定的林間公路使用權。

第六條

印度政府同意，不丹政府在印度政府的協助與許可下，為增強不丹國力與福祉，無論必須或企求之武器、彈藥、機械、軍事物資或儲備，得自由從印度或透過印度輸入不丹，只要印度政府認為不丹政府意圖友好，且這類輸入品不致危及印度安全，本項協議應永久有效。另一方面，不丹政府同意，不丹政府或個人不得將這類武器、彈藥輸出至不丹境外。

第七條

印度政府與不丹政府同意，居住於印度境內的不丹國民得享有與印度國民之同等權利，居住於不丹境內的印度國民亦同樣得享有與不丹政府國民同等權利。

第八條

(1) 當不丹政府提出正式書面要求時，印度政府得依照一九○三年「印度引渡法」（應向不丹政府提供副本），引渡避難於印度境內，犯有該法中第一項列表所規定之任何犯罪情事的不丹國民。

(2) 當印度政府或經印度政府授權的任何官員提出正式要求時，不丹政府得引渡藏匿於不丹政府管轄範圍內，被控犯有一九○三年第十五號法案第一列表中所列罪狀的任何印度籍或它國國民，後者的引渡

可能需依據印度政府與其國訂立的協議或安排而進行處置；同時，在犯案地區之地方法院罪證確鑿的情況下，也應當引渡在印度領土上犯有任何前述罪狀，而後逃逸返回不丹的任何不丹國民。

第九條

引用或解釋本協議時若發生任何歧異與爭論，應在第一時間內透過協商而加以解決。若協商開始後三個月內無法達成共識，事務應交由三名仲裁人裁決。仲裁人應同時包括印度與不丹公民，遴選方式如下：

(1) 由印度政府提名一人；

(2) 由不丹政府提名一人；

(3) 由不丹政府遴選印度聯邦法院或高等法院法官一人，作為主席。

本法庭所作出的判決應視為最終定案，雙方必須立即執行。

第十條

本協議應永久持續有效，除非雙方同意終止或修改。

製成一式兩份，一九四九年八月八日，即不丹曆土牛年六月十五日於大吉嶺。

簽字

印度駐錫金政治官員　哈瑞史瓦‧達亞

德布津彭　索南‧透給‧多杰

揚洛　索南

碓津　東杜

仁謙　唐汀

哈敦　吉美‧帕登‧多杰

雷龍之吼

交換批准書

鑑於促進並培養邦誼與睦鄰關係，由印度政府代表以及不丹瑪哈拉賈天龍嘉波陛下政府代表，一九四九年八月八日於大吉嶺簽署協議，該協議逐字如下：

經印度政府審議上述協議，特此確認並批准本協議，並承諾將如實履行且執行所有明載條款。

茲證明本批准書由印度總督簽署蓋章。

一九四九年九月廿二日訂立於新德里。

印度總督嘎帕拉恰瑞 C. RajaGOPALACHARI,

鑑於促進並培養邦誼與睦鄰關係，由我方政府代表以及印度政府代表，一九四九年八月八日於大吉嶺簽署協議，該協議逐字如下：

我方政府審議上述協議，特此確認並批准本協議，並承諾將如實履行且執行所有明載條款。

茲證明本批准書由本人簽署並據此蓋章。

一九四九年九月十五日訂立於通薩。

天龍嘉波 J. 旺楚克

蓋章

引渡協議

印度外交部公報特刊（i）

決議案

一九九七年五月廿一日，新德里

G.S.R. 268 (E). —— 一九九六年十二月廿八日，印度共和國與不丹王國簽
署新版引渡協議，並於一九九七年五月廿日於新德
里交換批准書，協議規定如下：

印度共和國與不丹王國間引渡協議

序言

印度共和國政府與不丹王國政府，以下簡稱「方」：

為全力維護彼此安全與穩定；

為審理影響領土內的和平與穩定，所從事的恐怖、分裂、犯罪以及其他
非法活動等升高情勢；

期待有效地合作以防範並禁止這類影響國家安全與穩定的恐怖、分裂、
犯罪以及其他非法活動；

同意保有雙方永久邦誼與共同密切合作的精神，彼此訂立引渡協議如
下：

第一條　引渡之義務

受本協議規定，締約各方同意引渡他方國民於一方領土內受指控或獲判
犯有任何可引渡罪狀，而於另方領土內查獲，所有犯罪情事於本協議生
效前後皆適用。

雷龍之吼

第二條　得予以引渡之罪行

一項罪狀，若締約國依法懲處剝奪其自由，包括監禁超過一年以上或更重大之刑責者，則為可引渡罪行。

引渡亦應賦予請求國對於境外罪行，依照請求國之法律，被請求國有責任於該國進行犯罪起訴。

第三條　複合罪行

引渡應適用於可引渡罪行，當引渡人之行動或行為完全或部分發生於被請求國，但犯罪事實傾向發生於請求國境內，或透過委員會之性質而於請求國境內發生，或可預見犯罪後果將於請求國境內發生，口述皆視為於被請求國領土內犯下罪行。預謀或企圖犯下如第一段所定義的複合罪行，或為共同正犯、支持者或煽動者，被請求國得於該國領土起訴可引渡罪行。

引渡也應適用於，經請求國法律聲明為參與非法組織中的個人，並涉及教唆或推動非法活動、組織或協會之目的。

第四條　相互協助

雙方得在最大程度上向彼此提供相互協助，透過適當的情資交流與專業知識，以及相關合作措施，例如適當地防止並遏制於彼此領土中危害雙方安全之活動，各方可引渡人屬於：

請求國可引渡人，但於被請求國領土中發現；

被請求國可引渡人；以及

第三國可引渡人，但於被請求國領土中發現；

為對本條款中，涉及上述指涉事務，在持續的基礎上推動並促進合作，雙方應建立適當的聯合機制。

第五條　拒絕引渡

被請求國所聲請之引渡人，若已經釋放或經懲處，或為了引渡聲請而仍

於被請求國接受審理者，得拒絕引渡。

第六條　引渡程序

本協議下的引渡聲請和／或相互協助，得依據一方對另一方，或為一方授權官員提出要求。引渡聲請得透過書面提出，並依照被請求國之法律審理。為此，可由法院或任何其他請求國之機構授權，發出逮捕令，即已足夠充分。締約雙方從而同意免除表面證據之要求。

第七條　臨時逮捕

遇緊急情事時，引渡聲請於外交途徑呈交被請求國之前，締約任一方可申請被請求引渡人之臨時逮捕。臨時逮捕之申請得透過外交途徑而執行，並依照被請求國之法律審理。

第八條　被引渡人之解交

若引渡聲請已獲許可，被引渡人之押解得於雙方相互同意之時間與地點內執行。

第九條　費用

依據本協議所要求之任何逮捕、居留或解交費用，得由請求國負擔並支付。

第十條　批准與終止

本協議應經批准，批准書得儘速於廷布／德里互換。本協議經互換批准書之日起生效。

締約任一方可透過外交途徑，提前於六個月前通知終止本協議。通知屆滿後，本協議得終止失效。

為此，經締約雙方政府正式授權，爰於本協議簽字，以昭信守。西元一九九六年十二月廿八日訂立於廷布札熙岡宗。本協議以印度文、宗喀

雷龍之吼

文以及英文繕成，各版同一作準。然而，遇有歧異，概以英文文本為準。

據此篇行使 1962 年引渡法第 12 條第 2 項所授予之權力，以及 1969 年 8 月 26 日外交部印度政府公報超級論壇編號 G.S.R.2093，中央政府現予指示該法條款（第 11 章除外），應適用於不丹王國，自本通告公佈日起生效。

呈交不丹國王南不丹人愛國請願書[193]

密件

謹呈　不丹國王陛下

　　　廷布札熙閰宗

尊貴的國王陛下，

1. 作為您忠誠的子民，並自豪有幸代表南不丹人民而任職於皇家諮詢委員會，屬下謹此提交這份對於國家和平與發展具有極重要意義的請願書。我們以最謙恭之意所呈之議題，亟需王室政府謹慎與迫切之考量。屬下相信，若未將此事稟明陛下，將對陛下與不丹人民皆有損失。

2. 對於當前正於南部宗喀進行的普查工作，屬下已掌握一些驚人的報告。根據這些報告我們了解到：

2.1 人口普查隊以過度脅迫的態度質問民眾，並將之區分為不同類別。

2.2 普查人員要求民眾出示一九五八年以前定居於國內的證據，甚至要求兒孫輩出生於不丹之年長者，必須提出抵達不丹之證據，否則即列為非本國籍身分。

2.3 茲有許多個案，已簽發的公民身分證遭到沒收或撤銷。

2.4 之前被視為民間知識與權威來源的格普（Gup）[194] 及希米（Chimi）在普查事務中不受信任，亦不允許他們為村民作證以視為憑據。甚至有部分人士於地區發展委員會會議上遭到訓斥，建議宜以更合理的方式進行普查。

---

193. 此為上呈國王陛下的請願書標題。

194. 格普（Gup）：此即「區長」，管轄數個村寨，不丹語稱為「格窩」gewog，相當於「鄉鎮市區」級單位。──譯註

雷龍之吼

2.5 文盲與單純的村民被迫簽署文件，他們對所簽署的內容毫不知情。此舉係對民眾恐嚇並灌輸恐懼。

3. 接獲上述通報後，屬下擅自向移民與人口普查部門詢問此事。該部門秘書告知，這些皆為例行性人口調查活動。儘管該司向民眾傳達出如是解釋，但依然引發疑慮，其因普查隊的執行方式與該項陳述不符。因此請容我們提出，也許普查隊已逾越職權，造成民眾的恐慌與混亂。這些措施已擾亂由政府開明政策領導下，陛下忠誠子民心中原有的和平與穩定。既有政策清楚地反映陛下於一九七八年，在格列普的國慶演說中所提出，南不丹居民是真正的公民，不能視作他國人民或以其他方式對待。然而，透過陛下溫和政策而重拾民心並因而產生對國家之榮譽感，卻因此次普查行動而破壞殆盡。

4. 民間普遍的看法顯示，普查隊胡亂將民眾分類的行徑，影響許多公民的身分狀態，這些皆是不公平且違背陛下所作出的保證。請容人民謙恭地提出：

4.1 民眾的類別依本國人、非本國人，以及因檔案不全或道聽塗說而將之列為無國籍者等類別。執行公務時的傲慢態度，並非基於個案嚴重性，此為蔑視人民尊嚴，背棄王國公民的既有權利。

4.2 分類判準出自對公民法的狹隘與字面解釋。這導致絕大部分南不丹民眾的公民地位遭到剝奪，特別是不丹籍父親於一九八五年之前所生之子女，由於對公民法條款溯及既往，甚至連任職於王室政府的忠實子民皆成為無國籍者。

4.3 民眾擔心，非本國籍配偶與其他申請入籍者之間未予以區分。在部分個案中，普查隊與當地政府官員甚至告知當事人，其子女與配偶將驅逐出境。這成為民間極大的焦慮來源，並且動搖家庭與社會基礎甚鉅。歸咎於社會禁忌，此地區罕見異族婚姻。由於習俗與傳統，南不丹地區甚至連異種姓婚姻亦屬罕見。受限於環境條件及溝通困難，迫使許多南不丹人轉而尋求外籍配偶。陛下可能知道，依照南不丹的習俗，婦

女為夫家的一份子，因此實際上婚後即與原生家庭斷絕往來。但隨著現正進行的各項措施，許多家庭正深陷於國家忠誠與家庭的親情與責任之間掙扎。

4.4 人民擔心，正巧在普查進行時，同時公佈一項法令，此即，與非本國籍人士結婚的不丹公民禁止成為國會參選人。這項法令懲罰並剝奪其參與國家論壇的權利。也令人感覺到，該項法令將破壞人民對此莊嚴機構的信任。

4.5 普查人員的執行方式以及對古普與希米權威的不尊重，使人民認為此非例行事務，而是刻意為之。遺憾的是，這甚至已透過皇家諮詢委員會的南不丹人民代表諮詢，對此重大事件做過協調。

4.6 造成王國內南不丹社群定居的歷史因素，以及透過人民與土地之間牢不可破的連結演進過程，強調國籍與身分議題的重要性。多年來，人民既有的財產權與基本權益，以及透過向國家納稅、勞役與其他為國服務等相應義務，在在強調國家與南不丹人民之間的連結。而今人口普查的執行方式，卻似乎質疑這些牢不可破的連結關係。

5. 當前迫切需要關注的所有議題在於，我們不禁回顧，南不丹人民最初所渴望的國家安全與穩定，自一九七七年公民法施行的過程即已開始。這充分證明，人民完全贊成政府阻止南不丹非法移民者定居。然而控制非法移民的根本責任一向由政府負責。在這緊要關頭，卻以懷疑與責難的態度對待人民，指稱他們涉嫌勾結移民者並私自藏匿於國家境內，這是不公平且不公正的指控。我們也不能不回憶起許多場合中，陛下如此仁慈地向南不丹民眾保證，他們的利益與福祉將在王國中完全受到法律與政策的施行而獲得保障。基於這樣的背景，議會中的南不丹代表提議修訂一九七七年公民法部分條款，以符合南不丹人民的切身利益。然而，也許由於南不丹議員在國會中聲勢微弱，一九八五年公民法修正案逕行通過。這令南不丹民眾更為惶惶不安，這部公民法反映出他們最深層的恐懼。修正案甚至較先前的公民法規更為嚴峻，尤其對於南

不丹人民而言更是如此。這並非指稱法律具有歧視意含，或者基於種族或民族理由而修訂。然而，事實在於立法方向引發南不丹民眾感到法律條文中隱含偏見，儘管是出於無意識的意圖，這導致民眾之間更多的恐慌。

6. 在此艱困的處境下，南不丹人民以最謙恭之情懇求陛下的保護與救度。我們一向皆以堅定信念、始終不渝的忠誠以及全心奉獻，為陛下王室與王國效勞，屬下熱切期盼未來能繼續如是貢獻。我們在深切痛苦之中祈求陛下的指示：

6.1 一九八五年公民法的追溯效力，即一九八五年十二月卅一日截止日期，准予修正為一九八五年六月十日，作為該法的生效日期。

6.2 一九八五年公民法條文准予修訂為，任何不丹公民所出生之孩童將自動具有不丹公民身分。

6.3 一九八五年公民法條文准予修訂為，對不丹公民之非本國籍配偶提供優先審理程序，以盡可能在最短時間內取得不丹公民身分。

7. 我們冒昧地向陛下提交上述議題，以尋求您最慈悲的考量。我們將陛下視為命運唯一賦予者，南不丹人民的命運與未來亦取決於王室之所願。我們向陛下表達最深切的感恩，出於陛下睿智的決定，我們從未有機會對自己的生活感到絲毫失望。在此關鍵時刻，正當南不丹民眾面臨重大困境而危及王國的穩固根基時，我們只得以全心的信念轉向陛下，以求祈願得到最親切的支持。我們恭謹地身為陛下最忠順的僕人。

諮詢委員，
泰克‧納特‧瑞薩爾
B.P. 邦達瑞
一九八八年四月九日，廷布

不丹－中國維持中不邊境地區沿線和平與安寧協議

一九九八年

中華人民共和國與不丹王國政府之間，就中不邊境地區沿線維持和平與安寧訂定協議。中華人民共和國與不丹王國政府，依據對雙方主權與領土完整的相互尊重、互不侵犯、互不干涉對方內政、和平共存等五項原則，為達中不邊境沿線保持和平與安寧之目的，達成如下協議：

第一條

雙方認為，所有國家不分大小、強弱，皆一律平等，應相互尊重。中方重申，完全尊重不丹的獨立、主權與領土完整。雙方隨時準備以和平共存之五項原則為基礎，發展睦鄰友好的合作關係。

第二條

雙方認為，迄今舉辦十輪的會談期間，本著互諒互讓、互信與合作的精神，透過友好協商，兩方對於解決邊界議題，縮小對邊界問題所存在的歧見已達成共識。兩國間的相互理解與傳統邦誼得到深化。雙方願遵循上述精神，就兩國邊界問題早日得到公正解決而共同努力。

第三條

雙方同意，在邊界問題最終解決之前，邊界沿線的和平與安寧應當得到維護，並應維持一九五九年之前的邊界現狀，而非片面地予以改變。

第四條

雙方回顧十輪邊界會談之後所取得的進展。如同雙方已就爭議地區闡述各自立場，同意透過友好協商來解決這些議題。

雷龍之吼

第五條

本協議自簽署日起即刻生效。

本協議一九九八年十二月八日於北京簽署，一式兩份，以中文、不丹文以及英文書寫，三種語言經確認依法有效。若有分歧，則以英文版本為正式依據。

唐家璇 　　　　　　　　　　　　　吉美・廷禮

簽署 　　　　　　　　　　　　　　　簽署

中華人民共和國代表 　　　　　　　不丹王國政府代表

印度不丹友好協議

二〇〇七年

印度共和國政府與不丹王國政府，重申對彼此獨立、主權與領土完整的尊重。回顧兩國既存之歷史關係，深切地承認兩國關係所演變的方式，以及多年來成熟的睦鄰友好模式。基於真切善意與邦誼、共同利益、以及緊密理解與合作，而全面致力於進一步加強此長久互利關係，企求清楚地反映當前所代表的這個典範關係。

為促進並培養印度與不丹之間的友好與睦鄰關係，經由雙方同意，決定修訂一九四九年協議。

達成協議如下：

第一條

印度與不丹之間應存在永久和平與邦誼。

第二條

保有不丹與印度之間密切邦誼與共同合作的持久關係，不丹王國政府與印度共和國政府，應就有關國家利益等議題相互密切合作。雙方政府皆不容許利用領土，而作出傷害對方國家安全與利益等活動。

第三條

如同既往，印度政府與不丹政府的領土之間，應存在自由貿易與商業往來。

第四條

印度政府同意，不丹政府得自由從印度進口，或透過印度輸入不丹，任何所需或所企求的武器、彈藥、機械、軍事物資或儲備，以增強不丹的

雷龍之吼

國力與福祉，只要印度政府確認不丹政府的意圖友好，且這類輸入品不危及印度安全。不丹政府亦同意，不丹政府或個人不得將這類武器、彈藥等物品出口至不丹境外。

第五條

印度政府與不丹政府同意，居住於印度境內的不丹國民得享有與印度國民的同等權利，居住於不丹境內的印度國民亦得享有與不丹政府國民之同等權利。

第六條

影響該國安全的犯罪或非法情事，因而遭該國通緝的罪犯引渡聲請，得依照兩國引渡協議執行。

第七條

不丹政府與印度政府同意促進兩國間文化交流與合作。這些項目應擴展到教育、健康、體育、科學與科技等領域。

第八條

為了長期共同利益，不丹政府與印度政府同意持續鞏固並擴展經濟合作。

第九條

解釋並援引本協議書時若產生任何歧異與爭論，為符合傳統邦誼之緊密聯繫，並維繫不印基礎關係的互惠合作，應透過信任與理解的精神進行雙邊協商而解決。

第十條

本協議應於廷布簽署後一個月內，由兩國政府交換批准書後生效。

本協議應永久持續有效，除非雙方同意終止或修改。

特此證明，經各自政府之正式授權簽署人，已簽署本協議。

二〇〇七年二月八日完成於新德里，兩份正本以印度文、宗喀文與英文書寫，各本皆具同等效力。然而，若遇有歧異，概以英文文本為準。

印度共和國　　　　　　　不丹王國政府

簽署　　　　　　　　　　簽署

外交部長慕克吉　　　　　不丹王儲

　　　　　　　　　　　　吉美‧格薩爾‧南嘉‧旺楚克

附錄六：參考書目

1. Mangeot. Sylvain. Adventures of a Manchurian - The Story of Lobsang Thondup. COLLINS. St James's Place, London, 1974

2. Rustomji, Nari. BHUTAN - The Dragon Kingdom in Crisis. Oxford University Press. New Delhi, 1978

3. Centre for Bhutan Studies. Journal of Bhutan Studies (Volume 1. Number 1. Autumn 1999). The Centre for Bhutan Studies. 1999

4. Baillie, Luiza Maria. Father Estevão Cacella's Report on Bhutan in 1627. Journal of Bhutan Studies Autumn Vol. 1 No.1 1999. Centre of Bhutan Studies, 1999.

5. Collister, Peter. Bhutan and the British.Serindia Publications, London. 1987.

6. Aris, Michael. Sources for the History of Bhutan. Universitat Wien, 1986.

7. Aris, Michael. Bhutan, the early history of a Himalayan Kingdom. Warminster, England: Aris & Phillips. 1979.

8. Nado, Lopon.Druk Karpo. (Tharpaling and New Delhi) 1986.

9. Tsewang. Lopon Padma. The History of Bhutan. (Thimphu and New Delhi) 1994.

10. Dorji. C.T. History of Bhutan based on Buddhism. First Edition. Thimphu: Sangay Xam in collaboration with Prominent Publishers, 1994.

11. Ura, Karma. The Hero with a Thousand Eyes. Bhutan and Thailand. 1995.

12. Rahul, Ram. Royal Bhutan. ABC Publishing House, New Delhi, 1983.

13. Rose, Leo. E. The Politics of Bhutan. Cornell University Press, 1977.

14. Pastor, Robert A,Ed. A Century's Journey – How the Great Powers Shape

the World. New York: Basic Books. 1999.

15. Eliade, Mircea. The Encyclopedia of Religion. Volume 2. Macmillan Publishing Company, New York, 1987.

16. Wahid. Siddiq. LADAKH Between Earth and Sky. New York and London: W.W. Norton & Company, 1981.

17. Robinson, Francis (Ed.). The Cambridge Encyclopedia of India (pp 161-164). New York: Cambridge University Press. 1989.

18. Basham, A.L. The Wonder that was India. London, 1954.

19. Stein, R.A. Tibetan Civilization. (Translation) Stanford University Press, 1972.

20. Snellgrove, David and Hugh Richardson. A Cultural History of Tibet. New York, 1968.

21. Savada. Andrea Matles, Ed. Nepal and Bhutan country studies. Federal Research Division, Library of Congress. Third Edition, 1993.

22. Aris, Michael. The Raven Crown: The origins of Buddhist Monarchy in Bhutan. Serindia Publications, London, 1994.

23. Dhakal, D.N. Bhutan: A Movement in Exile. Nirala Publications, Jaipur, India, 1994.

24. Das, B.S. Mission to Bhutan: Nation in Transition. Vikas Publishing House, New Delhi, 1995.

25. McWilliams, Wayne and Harry Piotrowski. The World Since 1945 - A History of International Relations.

26. Vasquez, John A. (Ed.) Classics of International Relations. Third Edition. Prentice Hall, New Jersey, 1996.

27. Esposito,John L. The Islamic Threat: Myth or Reality. Third Edition. Oxford University Press, 1999.

28. Rennie, D.F. Bhutan and the Story of the Dooar War. John Murray, London. 1866 (repr. Manjusri, New Delhi, 1970).

雷龍之吼

29. White,J.C. SIKKIM AND BHUTAN-Twenty-one Years on the North-East Frontier 1887-1908. London, 1909.

30. Hasrat, Bikrama Jit. History of Bhutan - Land of the Peaceful Dragon. Education Department, Bhutan, 1980.

31. Mehra, G.N. BHUTAN. Land of the Peaceful Dragon. Vikas Publishing House Pvt. Ltd., New Delhi, 1974.

32. Rahul, Ram. Royal Bhutan. A.B.C. Pub. House, New Delhi, 1983

33. Gupta, Bhabani Sen. BHUTAN Towards a Grass-root Participatory Polity. Konark Publishers Pvt. Ltd., Delhi. 1999.

34. Guha, Ramachandra. India after Gandhi. Pan Macmillan, London, 2007

35. Friedman, Thomas L. The World is Flat - A Brief History of the Twenty-First Century. Farrar, Straus and Giroux, New York, First edition 2005

36. Meredith, Martin. The Fate of Africa - From the Hopes of Freedom to the Heart of Despair. Public Affairs, a member of the Perseus Books Group, USA, 2005

37. Hutt, Michael. Unbecoming Citizens: Culture, Nationhood, and the Flight of Refugees from Bhutan. Oxford India Paperbacks, 2005

38. Cooke, Hope. Time Change: an autobiography. Simon and Schuster, New York 1980.

39. Datta-Ray, Sunanda K. Smash and Grab: Annexation of Sikkim. (Book not presently available from publishers as it was officially banned in India)

40. Dorji,Sangay."Palden Drukpa Rinpoche Zhabdrung Ngawang Namgyal gi Namthar" issued by Dzongkha Development Commission, Dzongkha second edition,Thimphu, 2001

41. Tshewang, Lopon Pema. Drukgi Gyalrab (History of Bhutan) Dzongkha translation. KMT Printers & Publishers, Bhutan 2008.

42. Personal Records maintained from 1969 to 2000.

43. Internet sites

(i) http://www.kingdomofbhutan.com/ accessed on October 6, 2000.

(ii) Intetrnet site: Bhutan -A Country Study. http://www.lcweb2.loc.gov/frd/cs/bttoc.html accessed on October 6, 2000

(iii)http://www.bhootan.org accessed between October 1 to 31, 2000

(iv) http://www.kuenselonline.com accessed daily in May and June, 2001

(v) http://www.un.org accessed during 2000 till June 2001.

(vi) www.apfanews.com accessed 1 January 2007

(vii) http://www.mea.gov.in/pressrelease/2007/03/treaty.pdf accessed 5 August 2007

(viii) COLUMBIA ENCYCLOPEDIA. See http://topics.nytimes.com/top/news/international/countriesandterritories/bhutan/index.html as accessed on 1 August 2007.

幸福地球系列 01

不丹的幸福密碼 11-11-11

不丹人心目中的仁王，國家幸福力的創始者：
四世國王吉美・辛格・旺楚克

主編：噶瑪・慈仁　譯者：曾育慧 / **NT$1111**（精裝）

　　守護不丹國土的神秘護法：「每念・甲巴」，當人們向祂誠心祝禱，投下骰子求問卜卦時，如果出現「11」的數字，就代表所求吉祥願滿。不丹人心目中的仁王—四世國王旺楚克陛下的生日 11 月 11 日，正好與每念・甲巴的骰子吉數冥合，構成了不丹神秘的幸福密碼：「11-11-11」。本書珍藏多幅四世國王照片、政策、演講等第一手史料，及不丹全國各階層人民眼中的仁王身影。看 16 歲國王的幸福之心，如何帶領不丹、感動世界！

幸福地球系列 02

雷龍之吼　不丹王國生存奮鬥史

作者：翁姆・普拉罕
譯者：崔可欣 / **NT$450**（平裝）

　　本書描寫不丹國家主權發展的歷程，使讀者首次得以掌握不丹王國的誕生及對外關係，目睹不丹歷經內戰、強鄰與帝國主義覬覦下的生存奮鬥史。

　　作者不丹前總理翁姆・普拉罕娓娓道來，將不丹歷代國王一脈相傳，奮力創造國家幸福力的足跡，首次呈現於世人眼前。

幸福是什麼？

不丹總理吉美 • 廷禮國家與個人幸福 26 講

作者：吉美 · 廷禮　譯者：陳俊銘　導論：洪啓嵩 ／ **NT$380**（平裝）

　　以國家幸福指數（Gross National Happiness）立國的高山王國不丹，不丹前總理吉美·廷禮，被喻為「GNH 的傳教師」，馬不停蹄地在世界各國分享不丹的幸福治國理念，2011 年，更促使聯合國通過，將「幸福」這一概念納入國家「發展指數」之一，代表了越來越多的國家，開始思維生命的完整幸福。本書結集了吉美·廷禮在聯合國及世界各國重要會議中演說 GNH 的菁華選集，是台灣實施國家幸福力之際，第一本原汁原味的國民幸福指數聖經！

地球企業家之道

地球企業家的核心、願景與實踐

作者：洪啓嵩　譯者：龔思維等 ／ **NT$480**（平裝）

地球企業家的典範—向稻盛和夫先生致敬！
2015 稻盛和夫先生訪台紀念版
深心共祈：天下大同 • 人間幸福 • 地球和平！
本書特以雙書封設計，齊享中、英、日三語言
　　本書將以佛教的經濟思想作為心要引路，以日本經營之聖稻盛和夫的典範，及不丹國度之地球幸福願景作為實例探究，為現在乃至未來的地球企業家們所寫，可以說是一部幸福地球的美麗願景與實踐之書。

幸福地球系列2

雷龍之吼─不丹王國的生存奮鬥史
BHUTAN—The Roar of the Thunder Dragon

作　　者　翁姆・普拉罕 Lyonpo Om Pradhan
譯　　者　崔可欣
序文英譯　龔思維、Nydia Kung
藝術總監　王桂沰
執行編輯　蕭婉甄、莊涵甄
美術編輯　張育甄
編輯顧問　黃孝如
出　　版　覺性地球文化事業有限公司
　　　　　訂購專線：(02)2913-2199
　　　　　傳真專線：(02)2913-3693
　　　　　發行專線：(02)2219-0898
　　　　　E-mail：EEarth2013@gmail.com
　　　　　http://www.buddhall.com
門　　市　覺性會館・心茶堂
　　　　　新北市新店區民權路95號4樓之1（江陵金融大樓）
　　　　　門市專線：(02)2219-8189
行銷代理　紅螞蟻圖書有限公司
　　　　　台北市內湖區舊宗路二段121巷19號（紅螞蟻資訊大樓）
　　　　　電話：(02)2795-3656　傳真：(02)2795-4100

初版一刷　2017年07月
定　　價　新台幣450元
I S B N　978-986-90236-4-1

國家圖書館出版品預行編目資料

雷龍之吼：不丹王國的生存奮鬥史 / 翁姆.普拉罕
(Lyonpo Om Pradhan)作；崔可欣譯. -- 初版. --
新北市：覺性地球文化, 2017.07
面；　公分. -- (幸福地球；2)
譯自：Bhutan-The Roar of the Thunder Dragon
ISBN 978-986-90236-4-1(平裝)
1.政治 2.不丹史
574.3753　　　　　　　　　　106006968